Mosaik

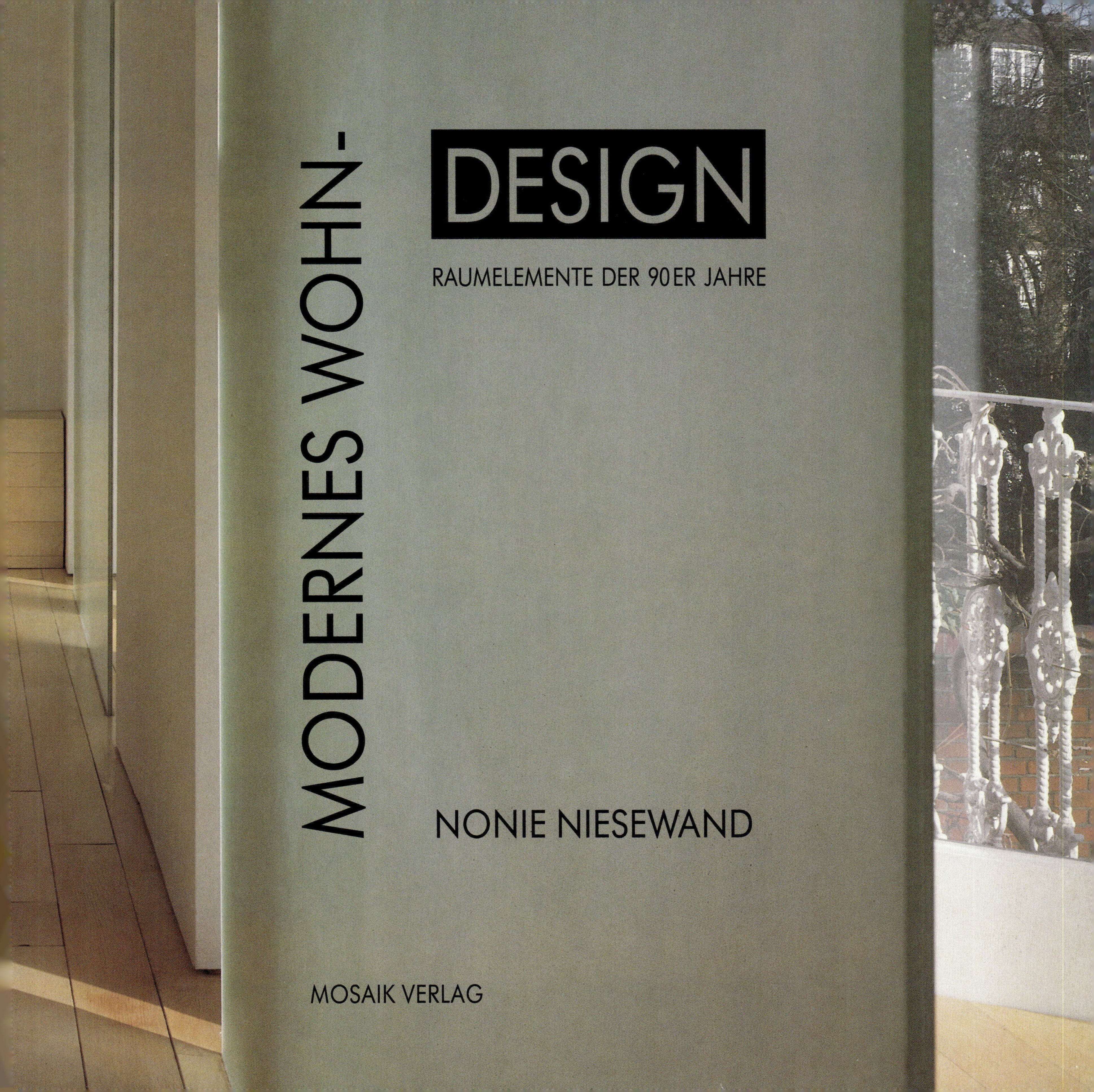

MODERNES WOHN-DESIGN

RAUMELEMENTE DER 90ER JAHRE

NONIE NIESEWAND

MOSAIK VERLAG

Die englische Originalausgabe erschien 1992 unter dem Titel
»Contemporary Details« bei Mitchell Beazley Publishers, London.

Redaktionsleitung: Judith More
Redaktion der Originalausgabe: Jonathan Hilton, John Wainwright
Grafik/Layout: Jacqui Small, Town Group Consultancy Ltd
Herstellung: Ted Timberlake

Übersetzung aus dem Englischen: Schamma Schahadat, Konstanz
Redaktion der deutschen Ausgabe: Kirsten Spieldiener

Seite 1 Stahlgeländer beherrschen die Galerie in einem Aufnahmestudio, das ehemals ein Kraftwerk war. Von Julian Powell-Tuck.

Seite 2 und 3 Holzboden, weiße Wände und Glas sind die minimalistischen Elemente in einem modernen Interieur der ehemaligen Partner Claudio Silvestrin und John Pawson.

Rechts Lamellen-Jalousien filtern das Licht, das auf die Galerie eines Hauses von David Wild fällt.

Der Mosaik Verlag ist ein Unternehmen der Verlagsgruppe Bertelsmann

Satz: Filmsatz Schröter, München
ISBN 3-576-10120-9
Printed in Hong Kong

INHALT

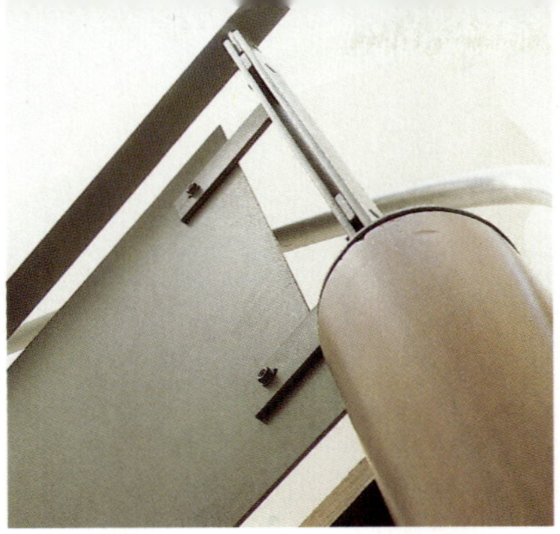

USSLAND-EUROPA-AMERIKA

EINLEITUNG

Vorangehende Seiten
Die Materialien, die die bautechnischen Elemente in John Youngs Wohnung bestimmen, zeugen vom Einfluß des Industriedesigns auf die moderne Wohnkultur.

Diese erste Darstellung modernen Wohnzubehörs zeigt eine Vielzahl innovativer Ideen, die jeden Liebhaber von modernem Design begeistern werden. Das Buch präsentiert ungewöhnliche Designs und technologische Entwicklungen, die in Serie gefertigt werden, weil sie nützlich und zugleich schön anzusehen sind. In den exakt geschnittenen, klar umrissenen Interieurs von heute paßt sich die Form der Funktion an; antike Stücke sind in diesem Ambiente genauso fehl am Platz wie ein viktorianischer Kamin in einem Raumschiff. Dieses Buch ist für Menschen gemacht, die in der Gegenwart leben und in die Zukunft blicken möchten. Es wendet sich ab von einer Tradition, die Heizkörper hinter Gitterverkleidungen und Fernseher unter gesäumten Deckchen versteckt, von einer Tradition, die Stuckverzierungen zum absoluten Muß erhebt. Eine akribische Spürarbeit hat bei den besten Herstellern in Europa, Japan und den USA eine Vielzahl patentierter Erfindungen zum Vorschein gebracht, die im folgenden vorgestellt werden: gepanzerte Sicherheitstüren, die den freundlichen Anschein getäfelter Eingangstüren haben; Türgriffe, die sowohl Tageslicht als auch künstliches Licht speichern und im Dunkeln leuchten; Material, das ursprünglich für Mikrowellengeschirr verwendet wurde und heute zur Herstellung einer schlanken Heiztäfelung und geometrischer Schamottsteine für rauchfreies Feuer dient. Zu den originellen und ungewöhnlichen Ideen gehören ein Ofen mit einer konkav gewölbten Vorderseite, flache Lautsprecher, die in Badezimmerkacheln eingebaut werden und das Duschen durch Musik angenehmer gestalten, Röhrenleuchten, die als Treppengeländer fungieren, lichtempfindliche Lampen, die sich anschalten, wenn man den Raum betritt. Technisch unauffälliger, aber nicht weniger innovativ sind beispielsweise Energie-Rollos, die tagsüber Sonnenlicht speichern und es nachts freisetzen, um die Fenster zu erwärmen, oder Kochherde, die gleichzeitig als Heizungen dienen.

Neue Fertigungsmethoden lassen von Maschinen hergestellte Massenprodukte wie Handarbeit wirken. Mosaikkacheln oder Parkettböden erhält man als fertige Sets, die bereits auf Unterlagen aufgeklebt sind und in geometrische Muster gefügt

1

1 David Wilds Details haben Bestand: Metallgeländer, Fensterbretter aus Granit, Holzböden und ein Kaminrohr aus Edelstahl.

2

2 Kleine Stadthäuser brauchen minimalistische Küchen, wie in dieser Stadtwohnung von Pierre d'Avoine. Viele Hersteller bieten schmale Geräte für beschränkten Raum an.

3

3 Andrée Putman renovierte das Interieur von Le Corbusiers Villa Turque als »Wohnmaschine«, ganz im Sinne des Architekten.

4

werden können. Die neuesten Acrylgarne von Timbrelle lassen Teppiche zu Kunstwerken werden, die so fein gewebt sind, daß von Künstlern und Architekten entworfene Designs akkurat als Meterware produziert werden können und dabei noch billiger sind als Linoleumböden. Natürlich werden diese in Fabriken hergestellten Produkte weltweit vertrieben und sind demzufolge preiswerter als spezielle Einzelanfertigungen, doch geht das Buch auch auf einige solcher Einzelstücke ein. Dennoch ist die Serienproduktion keineswegs starr – vielmehr sind es wohldurchdachte Konzeptionen ausdrucksvoller neuer Details, die zeigen, daß auch funktionale Formen ästhetisch ansprechend sein können. Betrachten Sie einen gewöhnlichen Türgriff und hören Sie, was der Designer Jasper Morrison dazu zu sagen hat: »Wenige Gegenstände hängen so eng mit der Architektur zusammen wie der Türgriff. Sobald er befestigt ist, wird er zu einem Teil des Gebäudes und beeinflußt stark die Wirkung des ganzen Hauses.« Dabei sind jedoch keine Verkünstelungen gefragt: »Wenn der Benutzer bei jedem Öffnen der Tür den Türgriff bemerkt, dann stimmt etwas nicht.« Diese Türgriffe, die Raum für den Zeigefinger, den Daumen und die Handwölbung lassen, sind also eher *High Touch* als *High Tech*. Technologische Innovationen gehen jedoch nicht auf Kosten des Stils: Küchengegenstände, die seit jeher weiß sind, werden jetzt schwarz gefärbt, um sich den elektrischen Schaltern anzupassen; isolierende Aluminiumfensterrahmen werden mit Holzverkleidungen versehen; keramikverkleidete Öfen, die aussehen, als würden sie mit Holz gefeuert, sind mit Oberhitze ausgestattet; dreieckige Badewannen passen sich in Ecken ein und bieten Whirlpool-Massage-Düsen.

5

6

7

8

Die Geschichte des modernen Wohnens reicht bis in die Mitte des 19. Jahrhunderts zurück, als die Fabriken anfingen, ihre Erzeugnisse mit Maschinen und nicht mehr per Hand herzustellen. Als bei Thonet der erste heißdampfgeformte Bugholz-Stuhl vom Fließband ging, neigte sich das Zeitalter des Handwerkers seinem Ende zu. Die Fertigkeiten des Kunsttischlers,

4 Die Beleuchtung ist des Inneneinrichters liebstes Kind – in Form von eingebauten Wand-, Boden- und Deckenleuchten über sich drehende Spots bis hin zu gezielter Beleuchtung und modernen Kronleuchtern. Tadao Ando setzt all diese Formen in seinen kargen Interieurs ein.

5 Ausziehbare Chromspiegel und Marmorflächen sind typisch für John Pawsons minimalistischen Stil.

6 David Chipperfield kombiniert unterschiedliche Bodenbeläge wie Schiefer, Granit und Holz miteinander, um die verschiedenen Bereiche eines offenen Hauses abzuteilen.

7 Arata Isozakis Entwurf für die Leiter zu dem Schlafplatz auf der Galerie nimmt wenig Platz in Anspruch.

8 Ein von Eva Jiricna entworfenes Spinnennetz aus Metall erzeugt bei der Treppe eine dynamische Wirkung.

Rechts Philippe Starcks Entwürfe für das Royalton Hotel in New York sind jetzt auch für den privaten Verbraucher erhältlich. Das Hornmotiv der »Royalton«-Kollektion wurde in Form von Lampen, Türgriffen, Vasen, Kamingittern und sogar Kaminzangen realisiert.

des Steinmetzes und des Vergolders wurden überflüssig, als sich die Technologie Hand in Hand mit den naturwissenschaftlichen Entdeckungen weiter entwickelte. Als Reaktion darauf kam es in den achtziger Jahren des 19. Jahrhunderts, als die Maschinen Möbel und Zubehör als Massenware erzeugten, zu einer ästhetischen Revolution. Sie ging von der englischen *Arts-and-Crafts*-Bewegung aus und verbreitete sich schnell in Europa und Nordamerika. Die Künstler wollten zu den handwerklichen Fertigkeiten und einfachen Entwürfen des Mittelalters zurückkehren. Der englische Künstler und Sozialreformer William Morris predigte Einfachheit, kunstvolle Handarbeit und den Glauben, daß ein gutes Design allen Menschen zugänglich sein sollte, unabhängig von ihrem sozialen Status. Seine Wünsche waren zwar bewundernswert, aber dennoch zum Scheitern verurteilt – im Maschinenzeitalter muß jede Antwort auf die Frage der Maschinenästhetik mit der Maschine arbeiten, nicht gegen sie.

Ein Ableger dieser Bewegung war der Jugendstil, der sich der Natur als Inspirationsquelle zuwandte. Das 1895 eröffnete Pariser Geschäft von Samuel Bing, *La Maison d'Art Nouveau*, stand mit Tiffany-Glas, Beardsley-Plakaten und Lalique-Schmuck in einem Interieur von Henry van de Velde an der Spitze dieses Stils, den Le Corbusiers Grabschrift kommentiert: »Der Jugendstil war eine unerträgliche Periode – eine Zeit, die bürgerliche Werte im Materialismus versenkte, sie mit mechanischer Dekoration verzierte und zerdrückte.« In Wien dagegen begegneten die Künstler dem Dilemma des Maschinenalters auf ihre Weise. »Jeder Zeit ihre Kunst, jeder Kunst ihre Freiheit« – das war die Devise, die über der Tür der Sezessionistischen Galerie eingraviert war, wo Adolf Loos und Josef Hoffmann ihren Protest gegen den pompösen, historistischen Stil der Neoklassizisten der Ringstraße manifestierten. Hoffmanns Stil entwickelte sich in eine geometrische und strukturale Richtung; seine Türgriffe und Lampen, die 1905 für das Brüsseler Palais Stoclet hergestellt wurden, werden noch heute produziert.

In Deutschland änderte die in der Tradition der *Arts-and-Crafts*-Bewegung stehende Hochschule für Gestaltung ihren Namen 1919 unter Walter Gropius, dem Vater der Moderne, in Bauhaus. Die immens einflußreiche Bauhaus-Gruppe griff das Prinzip »Die Form folgt der Funktion« des amerikanischen Architekten Louis Sullivan auf und hatte eine hochqualitative maschinelle Produktion zum Ziel, in der sie Industrie und Kunst vereinen und zu einem Prototyp der Massenerzeugnisse machen wollte. Neue Techniken und Materialien ermöglichten dies, und die Bauhaus-Künstler schufen eine Reihe von epochemachenden Beispielen – man denke nur an den Freischwinger oder die Wagenfeld-Tischlampe. Als Le Corbusier dasselbe Prinzip auf die Wohnarchitektur anwandte und die Wohnung als eine Wohnmaschine bezeichnete, hatte der weltweite Siegeszug der Moderne begonnen.

Zwischen den Weltkriegen hatte ein weiterer Stil, Art Deco, seine Blütezeit. Art Deco war die große Sensation der *Exposition des Arts Décoratifs* 1925 in Paris, und zunächst handelte es sich um einen eher modernistischen als historischen Stil. In der Inneneinrichtung wurden Plastik, Chagrinleder, gefärbtes Glas und Milchglas eingesetzt; Jacques-Emile Ruhlmann und Pierre Chareau fanden großartige Lösungen für Heizung und Stauräume. In den dreißiger Jahren dagegen machten die Art-Deco-Künstler sowohl bei der Popkultur als auch beim Bauhaus Anleihen. Die Ikonographie des Transportwesens, Jazz und Kinos spielte im Art Deco eine große Rolle. Und als die

Rechts Jedes Detail in Sir Richard Rogers Londoner Haus – vom Wasserhahn bis zum Schrank, vom Treppengeländer bis zum Fußboden – ist nach den Kriterien der Einfachheit hinsichtlich der Pflege und Verwendung ausgewählt worden.

Begeisterung über die Entdeckung der Grabstätte des Tut-Ench-Amun zu der Übernahme von Sonnenmotiven und anderen Symbolen aus ägyptischen Papyrusrollen führte, wurden die Formen so verspielt, daß es fast unmöglich war, einen Türgriff anzufassen oder gar zu bewegen.

In den frühen vierziger Jahren kamen organische Formen aus Skandinavien auf, führend war der finnische Architekt Alvar Aalto. Heute noch werden einfache, aber dennoch kräftige Stoffe, gerundetes Glas, schlichtes Bugholz und schlichte, funktionale Bäder und Küchengegenstände aus Stahl mit dieser Bewegung in Verbindung gebracht.

In der Zwischenzeit entwickelte sich in Italien eine rationalistische Bewegung, die sich Gruppo 7 nannte. Sie griff die einfachen Formen von Alvar Aalto auf und stellte Ziegelsteine, Holz und große Glasplatten demonstrativ zur Schau. Die exponierten technischen Elemente für Heizung und Beleuchtung waren Vorläufer des Minimalismus der siebziger Jahre.

Das »Case Study House«-Experiment, das Ray und Charles Eames 1948 an der Canbrook-Akademie in den Vereinigten Staaten durchführten, verband unterschiedliche Materialien in einer konsequent modernen Ästhetik miteinander – Ziel war ein preiswertes Wohnhaus aus fertigen Fabrikteilen. Holz und Leder nahmen die Formen von Tragflächen eines Flugzeugs an, die Preß- und Formtechniken der Luftfahrtindustrie wurden eingesetzt, um Möbel herzustellen, die sich stapeln, biegen, falten und zusammenrollen ließen.

Um 1950 wies das moderne Interieur in der ganzen Welt Steinwände oder Mosaikkacheln auf, Linoleumböden, die Terrazzo imitierten und von versteckten Lampen oder einer Reihe von Hängelampen beleuchtet wurden, während Möbel mit hohen, staksigen Beinen auf dicken Florteppichen in Neonfarben standen und ein Fernseher den Mittelpunkt des ganzen Raumes bildete.

Mit der Geburt einer gegenläufigen Kultur in den sechziger Jahren kam es zu einer Auflockerung der Formen. Diese Strömung wurde von den neuen fließenden Materialien unterstützt – geformtes Plastik, Fiberglas und Drahtgeflecht. Die Italiener entwickelten langsam ihren glatten modernen Stil. Das Holz verschwand, statt dessen wurden neue Lichtquellen zum zentralen Einrichtungselement, Primärfarben und fließende Formen entwickelten sich zu wichtigen Bestandteilen des Interieurs. Nach solch einer Üppigkeit war der Minimalismus der siebziger Jahre die natürliche Folge. Die Designer arbeiteten mit schlanken Linien, und die Dinge wurden kleiner, leichter und beweglicher, als Materialien wie Kohlefaser entdeckt wurden. Gelochtes Metall kam zum Einsatz – der industrielle Lochkarten-Look entsprach dem neuen High-Tech-Stil. Verkleidungen wurden abgerissen, das Innere der Gebäude – Klimaanlage und Heizung, Treppen und Fahrstühle – wurde als zierendes Element nach außen hin sichtbar.

Als der Wind sich aufs neue drehte, wandten sich die Designer der achtziger Jahre unter dem Banner einer raffinierten klassischen Moderne der Masse und dem Volumen zu. Ein verspielteres Pop-Design kam auf. Plötzlich wurden Oberflächen sehr wichtig – polychrome Glaspaneele, Silberfolien und vergoldete Accessoires. Die Funktion lag im zugegebenermaßen mächtigen Detail: Sessel bekamen riesige Ausmaße und Flügel, Kamingitter erinnerten an Wikingerhelme.

Während die Postmodernen die Skyline in den Hintergrund treten ließen, erlebten die achtziger Jahre die Architekten auch als Inneneinrichter – und diese Architekten haben unseren Blick bezüglich der Innenausstattung verändert. Inwiefern un-

terscheiden sie sich von den klassischen Dekorateuren? Einer von ihnen, Pierre d'Avoine, bringt es auf den Punkt: »Der Inneneinrichter spielt mit Räumen, der Dekorateur mit Tarnungen.« Schöne, zeitgemäße und dennoch dauerhafte Interieurs sind nicht länger eine Frage von Stuckverzierungen, Decken- und Fußleisten, Farben und Volants – all das sind alte Dekorationstricks, die man als Tarnung bezeichnen kann. Heute ist das Design funktional, technologisch hoch entwickelt und steht vor allem im Einklang mit architektonischen Prinzipien. Die innovativen, jungen und modernen Designer verwerfen jegliche Künstlichkeit, statt dessen heben sie die Eigenarten des Materials hervor. Im ganzen Buch werden Beispiele ihrer Arbeiten diesen Ansatz illustrieren. Kirchen, Kaufhäuser und Bürogebäude – überflüssig gewordene Bausubstanz – wurden in Wohnraum verwandelt.

Man benutzt Produkte, die so gestaltet sind, daß sie das Leben angenehmer machen; und so repräsentieren die Produkte nicht einen bestimmten Stil, sondern eine Einstellung. Im Zusammenhang mit uns vertrauten Materialien – Treppen aus Stahlbalken, Wände und Decken aus Wellblech und gewelltem Plastik, aus Preßspan und gewalztem Aluminium – lassen die Dinge Freiraum für den individuellen Ausdruck.

Die Produkte spiegeln wider, wie wir heute leben wollen – mit weiten Ausblicken, großzügigen Räumen und eindrucksvoller Beleuchtung. Der britische Architekt Julian Powell-Tuck glaubt: »Einstellungen reflektieren die Tatsache, daß mehr Frauen berufstätig sind als füher.« So sind die neuesten Küchengeräte extrem vielseitig, und es hat eine »neue Aufteilung des Wohnraums stattgefunden. Ein großer Raum dient zum Essen, Kochen und Wohnen und abgetrennte Zellen zum Arbeiten, Schlafen und Baden«.

Das architektonische Erbe der Modernen hat Form und Funktion der Wohnung für alle Zeiten verändert: Ehrlichkeit, Einfachheit und Integrität sind die neuen Werte. Schließlich stammen die kunstvollen Stoffdrapierungen, die bis heute von historisierenden Designern mit Hilfe alter Musterbücher hergestellt werden, aus einer Zeit, in der sie die einzige Möglichkeit waren, Zugluft abzuwehren.

Heute ist der Designer anderen Herausforderungen ausgesetzt: Wie kann man den Raum effizient heizen, ihn ohne sichtbare Kabel beleuchten und in ein anderes Stockwerk gelangen, ohne dafür viel Wohnraum zu verschwenden? Angesichts der steigenden Grundstückspreise in den Städten stellt sich ganz einfach die Frage, wie man Platz sparen kann. Zum Beispiel produzieren die Hersteller heute schlanke Küchengeräte, die auch in Mini-Küchen Platz finden und den kleinen Familien Rechnung tragen. Ein anderer Aspekt ist das veränderte Umweltbewußtsein unserer Gesellschaft, dem sich die Hersteller anpassen müssen.

In der industrialisierten Welt stieg im 20. Jahrhundert das Einkommen stetig, vergrößerte sich die Mobilität, und so sind wir der Realisierung von William Morris' Idealen etwas näher gekommen. »Gutes Design für alle« ist auch die Devise von Philippe Starck, Frankreichs wohl erfolgreichstem Innenausstatter und Architekten. 1978 hob er sich durch den Auftrag von Präsident Mitterrand, seine Privatwohnung im Elysée-Palast zu gestalten, von der Masse der Designer ab. Und dennoch bezeichnet Starck bis heute eine niedrigpreisige Möbel-Kollektion, die er für das Versandhaus *Trois Suisses* geschaffen hat, als seinen besten Entwurf. »Funktional, erschwinglich, passend« – nach diesen Kriterien wurden die innovativen Designs, die dieses Buch vorstellt, ausgewählt.

WÄNDE UND DECKEN

Vorangehende Seite Die Interieurs des Architekten Steven Holl zeugen von der Faszination, die Materialien auf ihn ausüben. Hier kontrastiert er blaugefärbte Holzschränke mit der milchigen Undurchlässigkeit des Plexiglases, das die Leuchtröhren verkleidet.

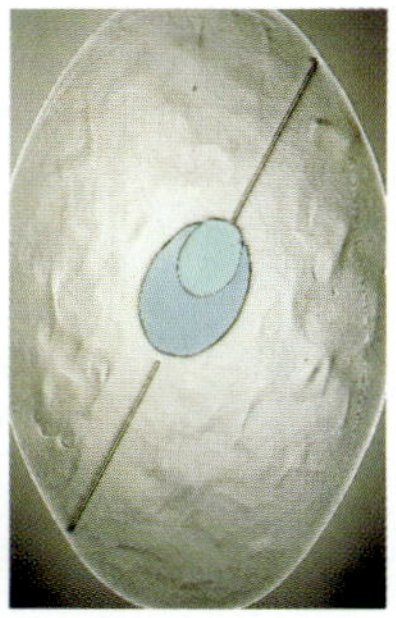

1 Glasplatten lassen gefiltertes Licht eindringen. Durch den Farbtupfer wird die Textur der Glaskachel »Polifemo« (R. Lucadamo für Mito) zusätzlich betont.

Die von Inneneinrichtern bevorzugten Räume weisen einige gemeinsame Eigenschaften auf: Sie sollen großzügig geschnitten und ihre Wände nicht von Öffnungen durchbrochen sein. Am liebsten sind ihnen Galerien, und viele Innenarchitekten versuchen, einen »fließenden Raum« zu schaffen, indem sie die Wände entfernen. Dazu werden tragende Innenwände durch verstärkte Stahlträger, der modernen Version von Dachbalken, ersetzt; sie untergliedern die Decken. Der zusätzliche Raum, der durch diesen einfachen Trick geschaffen wird, erhöht nebenbei auch die Wirkung der raumteilenden Wände, da der Architekt das Gitterprinzip, auf dem die Bauweise der meisten modernen Kastenhäuser beruht, neu überdenkt. Flächen, Kanten und Wellenlinien dringen in Wohnräume ein, wie es bereits zu Beginn des 20. Jahrhunderts der Fall war, als Frank Lloyd Wright eine »organische« Architektur entwickelte. Wright betrachtete Bauen als Herausforderung: »Amerikaner, auf der Suche nach Kultur, konnten weder akzeptieren, daß Pfosten und Balken zugunsten von gefalteten oder beweglichen Flächen verworfen werden können, noch daß eine organische Architektur

2

2 Moderne Architekten bevorzugen Wände, die sich entfernen lassen, so daß der Raum geöffnet werden kann. Gleitwände sind eine beliebte Lösung. In seinem Haus hat der Architekt Sir Richard Rogers als Rahmen und Befestigung für die undurchsichtigen Glastrennwände Rollsysteme auf Schienen eingesetzt.

3

3 Zimmer, die man nur bei künstlichem Licht sieht, wie es bei diesem Zeichen- und Arbeitsraum der Fall ist, erlauben auffällige Wandbearbeitungen, die im Tageslicht leicht zu schrill wirken würden. Malcolm Last strich die Wände in seinem Jazz Club Pink und Türkis, bei nächtlicher Beleuchtung wirken die Farben gedämpfter.

4

4 Tadao Andos Markenzeichen ist der Einsatz poröser Betonwände. Bar jeglicher Verzierung bilden sie den perfekten Hintergrund für die moderne Interpretation der traditionellen japanischen Shojis in modernem Glas – lichtdurchlässige Glaswände, die vom Boden bis zur Decke reichen und aus Wänden Türen machen. Kahler Beton mit groben Rissen und Löchern in regelmäßigen Intervallen wird zu einer Leinwand, auf der sich bei Sonneneinfall Lichtmuster zeigen.

5 In diesen beschlagenen Wandplatten in David Chipperfields Büro treffen Orient und Okzident aufeinander. Chipperfield liebt Kontraste, zum Beispiel Beton mit Edelstahl oder Marmor. Er setzt auch bemalte Stahlrahmen, die Platten aus sandgeblasenem Glas halten, in Betonwände ein.

5

1

1 und 2 Diese Beispiele aus John Pawsons Arbeit enthüllen Aspekte seiner Herausforderung an die Moderne. Dünne weiße Wände (oben), die die Treppen flankieren, zeigen, daß nichts den Fluß dieses Ganges unterbricht. Bei seiner monolithischen Wand (rechts) schweben die raumteilenden Platten knapp über dem Boden; eine schmale Säule scheint den ansonsten leeren Raum zu stützen.

2

4 In der Regel ist das Atrium die größte Glasfläche eines Gebäudes, doch Frank Fitzgibbons dreht diese Regel um – er setzt einen monumentalen Aufgang mit massiven Wänden ein, die sich nach oben verjüngen. Die Röhrengeländer betonen den Aufstieg.

5 Ron Brinkers läßt sich bei seiner geschwungenen Wand, die in der Ecke in einem Taubenschwanz ausläuft, von Lehmhäusern inspirieren. Die Rundung wird durch einen dreieckigen Mauervorsprung hervorgehoben; die schmalen Glasplatten betonen die Dimensionen der Gipswände.

sich von dem hohen Präriegras des Mittleren Westens inspirieren läßt.« Frank Lloyd Wright hinterfragte als erster die traditionelle Unterteilung des Hauses in getrennte Zimmer. In den Häusern, die er im ersten Jahrzehnt des 20. Jahrhunderts bei Chicago baute, waren alle Räume miteinander verbunden und zugleich in die äußere Landschaft integriert. Die Wände wichen einem weiträumigen, nicht unterteilten Wohnbereich; Schlaf-, Arbeits- und Badezimmer wurden zu kleinen Zellen. Die Moderne, dieser allumfassende Begriff für diverse Stile seit der Industriellen Revolution, hat eine Bewegung von der frühen Phase Le Corbusiers und dem Bauhaus der späten zwanziger und der dreißiger Jahre über die extravaganten Fassaden und Wandbemalungen der Postmoderne bis hin zur neuen Einfachheit der spätmodernen Strömung erlebt. Die Veränderung von Glas zu Glanz, von Glanz zu Glitzer in regelmäßigen Abständen von etwa 20 Jahren hat sich vor allem in den Materialien manifestiert.

Heutzutage werden faszinierende Materialien eingesetzt, zum Beispiel lichtempfindliche Filter, die sich wie Kameraobjektive je nach Lichteinfall öffnen oder schließen. Der französi-

3

3 In diesem Raum von David Wild verleiht die gewellte Zinkdecke, die an eine Garage erinnert, dem Eßzimmer seinen Stil. Die Bauhaus-Stühle unterstreichen das Ambiente.

4

5

8

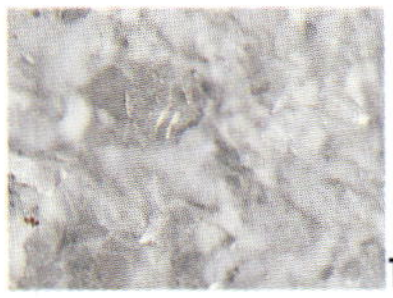

9

10

11

8, 9, 10 und 11 Id-Ekor ist auf Wandverkleidungen spezialisiert. Ihr Material »Sajade« besteht aus Baumwolle, Mineralien und Pflanzenfasern. Es gibt auch wasserfeste Varianten.

12 »Plastline« von Id-Ekor ist ein Wandbelag aus Marmor und Acryl, der resistent gegen Temperaturveränderungen, Abnutzung und Feuchtigkeit ist.

13 Charles Rutherfoord kaschierte eine unebene Wand mit diesem weichen, fließenden Rauchfang; der Schieferkamin wiederholt die Form des Klaviers, das in diesem Zimmer steht. Der Effekt wird durch die in den polierten Gips eingeriebenen roten Pigmente noch eindrucksvoller.

6 Der neue Gebrauch moderner Baumaterialien, die meist mit Putz verkleidet werden, dient, ebenso wie die exponierten Balken, der strukturellen Gestaltung der Räume. Im rechten Winkel eingesetzte Balken untermalen die Richtungsänderung und markieren die ungewöhnlichen Fußleisten. Der massive Türpfosten ist aus rauhem Stein; der Boden wechselt von Holz zu Schiefer.

6

7 Charles Rutherfoord bezeichnet sich selbst als Designer und Architekt in einer Person. Unbearbeitete, harte Materialien bilden die Oberflächen seiner Interieurs. Als besonderer Akzent wurden Pigmente in die Platten eingerieben, die durch die oben angebrachte Lichtquelle ein Spiel von Licht und Schatten auf dem Zinn erzeugen.

7

sche Architekt Jean Nouvel hat damit die Vorderfront des Arabischen Instituts in Paris ausgestattet; sie besteht aus reflektierendem Glas, das transparent wird, wenn nachts im Inneren des Gebäudes das Licht eingeschaltet wird. In seiner Vision von London im Jahr 2066 sagt der britische Architekt Nigel Coates voraus, daß die Gebäude in der Mitte des 21. Jahrhunderts eine Reihe von Kokons oder Zellen aus DNA-Membranen sein werden, die sich in tragende Rahmen verwandeln. Die Trennwände werden sich so einsetzen lassen, daß sie die einzelnen Räume je nach Bedarf abteilen.

Coates Visionen erscheinen zwar wie Science-fiction, aber das Prinzip, Räume innerhalb von Räumen aus massenproduzierten Teilen zu schaffen, kennt man schon heute. Einige moderne Bauten bestehen bereits aus einem System von Trennwänden, Fußböden mit erhöhten Plattformen und veränderlichen Deckenplatten. Die Tatsache, daß Stahlrahmen große Flächen ohne weitere Stütze tragen können, führt dazu, daß Wände nur noch dazu dienen, den Raum zu strukturieren sowie Wärme- und Schallisolierung zu bieten. Es wird deutlich, wie wenig Phantasie die Zeitschrift

12

13

1

1 In den achtziger Jahren, als farbige Oberflächen sehr in Mode waren, wurden viele Maltechniken entwickelt, unter anderem antikisierende Effekte, die durch das Auftragen der Farbe mit Lappen, Schwämmen und durch hauchdünne Farbaufstriche erzeugt werden. In den Neunzigern arbeitet man mit neuen Techniken – man erzeugt metallische Effekte und benutzt Farbpistolen. Ingrid Stegmann setzt, wie viele andere Designer, spezielle Oberflächen wie diese bronzefarbene mit Goldeinschüssen ein.

2

2 Vico Magistrettis »Sinbad«-Sofas sind, wie er behauptet, von Pferdedecken inspiriert worden. Das Zitronengelb wird durch die weichen Farbschattierungen der Wand noch stärker betont. Die Farbtupfer müssen trocknen, bevor andere Farben mit dem Schwamm aufgetragen werden. Der Effekt erinnert an Pergamentpapier.

3

3 Abet Laminati bietet farbige Muster an, die sich wie geologische Schichten durch das Material ziehen. Das Muster »Serifragia« ist bei Architekten sehr beliebt. Alessandro Mendini setzte Abet-Laminate im Museum in Groningen ein, wo die Interieurs von Frank Stella, Philippe Starck und Michele de Lucchi entworfen wurden.

4

4 Charles Rutherfoord hat in einem schmalen Raum die Decke mit Hilfe von Spanholz-Platten niedriger gesetzt. Spezielle Farbeffekte heben die Wände hervor.

5 Ingrid Stegmann hat mit golddurchsetzten Farben einen Sonnenuntergang kreiert. Ein ganzes Team von Handwerkern hat die vergoldete Oberfläche aufgetragen. Doch hat der Effekt nichts gemein mit den manieristischen Stilen vergangener Epochen, vielmehr bildet er den Hintergrund für moderne Möbel und zeitgemäße Beleuchtung.

5

6

6 Die Säule verdankt ihr scharf geschnittenes Relief dem Postamentwürfel mit Abets Laminat »Straticolor«, das, wenn es graviert wird, eine andere Farbschicht unter dem Finish enthüllt.

7

7 Die Deckenleiste – ein schmaler Glasstreifen auf farbigen Wänden – und die gewellte Aluminiumdecke, die nur von einer Säule gestützt wird, läßt von allen Seiten Licht in David Wilds Haus eindringen.

8 Charles Rutherfoord schafft mit einer Collage aus alten Manuskripten und poliertem Gipsputz abstrakte Kunst an der Wand. Hochqualifizierte Dekorateure und Designer, Nobby Clark & Partners, erzeugen viele der Spezialeffekte für Rutherfoord.

8

9

Vogue 1961 mit einem Artikel über die »Mode des Wohnens« bewies. Dort behauptete der Dekorateur Esteban Cerda von Green & Abbot: »Selbst in einem leeren Zimmer verwandelt eine Tapete die Wände, eine bloße architektonische Einheit, in etwas ganz Neues.«

In der modernen Raumgestaltung dagegen setzen die Architekten Licht – die vierte Dimension der Architektur – so ein, daß die Wände hervorgehoben werden und Masse und Volumen in den Hintergrund treten. Der einfache Trick, fluoreszierende Lampen am Fußboden und in der Raumdecke versteckt einzusetzen, nimmt den Wänden ihre Schwere und macht sie zu »Seen aus Licht«. Dieselbe Wirkung wird erzeugt, wenn man in Höhe der Bodenleiste eine rillenförmige Vertiefung in den Verputz ritzt und in diese einen sauberen schwarzen Strich malt. Dadurch wird die Illusion erzeugt, daß die Fußböden zu fließen beginnen; der Raum erscheint schwerelos.

Die Art der Beleuchtung beeinflußt auch die Raumdecke, da niedrige Voltzahlen Transformatoren erfordern. Man hängt die Decke niedriger, versteckt dahinter die Transformatoren und erreicht durch das Abhängen

10

11

9 Der Pfeiler wird von Gipsplatten, die mit Pigmenten eingerieben wurden, eingeschlossen, dann geätzt und mit Metallic-Streifen versehen. Charles Rutherfoords Entwurf ist wirklich aufsehenerregend.

10 Der Architekt Franklin D. Israel schafft durch die gedämpften blauen Wände, die zu den Glaswänden führen, einen kühlen Zugang zum Garten. Die Wände berühren nur an einem Punkt die niedrige, abgehängte Decke.

11 Die mitternachtsblaue Wand mit den goldenen Schatten bildet einen aufregenden Hintergrund. Eine einzige, nach oben gerichtete Lampe produziert ein Lichtspiel auf den schimmernden Wänden von Ingrid Stegmann.

1 Im Eingangsbereich mit einer schräg angewinkelten Trennwand auf Stahlstäben hat Stefano de Martino zwei weitere Trennwände installiert. Sie stehen in der Mitte des Gebäudes vor der Giebelwand. Diese Zwischenwände sind ein flexibler Raumteiler.

2 Der Künstler Terry Flowers gießt Trennwände aus klarem Fiberglas, ihre patinierte Oberfläche wird durch die Gußform erzeugt. Der Architekt Stefano de Martino legt großen Wert auf die natürliche Beschaffenheit der Materialien, vor allem in einer Welt, die so sehr auf Künstlichkeit beruht.

3 Für diese Büros hat Stefano de Martino klare Glaswände ausgewählt. Die Schiebetüren bilden eine flexiblere Grenze zwischen den Räumen als richtige Wände. Sie durchschneiden den Fußboden und sind erst im darunterliegenden Betonboden verankert; da sie nicht an die Decke stoßen, scheinen sie frei im Raum zu schweben.

und Isolieren der Decke außerdem eine Schall- und Wärmedämmung. Durch indirekte Lichtquellen befreit man die Decke von einzelnen Beleuchtungskörpern und somit auch von störenden Schatten, die von einer solchen zentralen Lichtquelle in der Regel ausgehen.

Die Glasindustrie hat es den Architekten ermöglicht, natürliches Licht auf neue Weise optimal einzusetzen. Das Angebot reicht von Glas, dessen Durchlässigkeit je nach der Intensität des Lichts variiert, bis hin zu Milchglasblöcken, die gefiltertes Licht auf angenehme Weise einlassen. Als man in den fünfziger Jahren Wege fand, große rahmenlose Glaswände herzustellen, wurde Glas zu einem Symbol für die klaren Linien der Moderne.

Mies van der Rohe, der 1929 eine idealisierte Version vom »Haus ohne Wände« für eine Ausstellung in Barcelona schuf, perfektionierte seinen Stil 1959 mit dem Farnsworth House.

4 Alle Farben des Meeres und des Himmels tauchen in diesen Glaskacheln des venezianischen Glasbläsers A. V. Mazzega auf. Ein Entwurf von Massimo Rioda.

5 Pilkington stellt Glasbausteine für große Wandflächen her. Gwathmey/Siegel haben hier eine ganze Wand aus Glasbausteinen geschaffen; dahinter erahnt man den Innenhof.

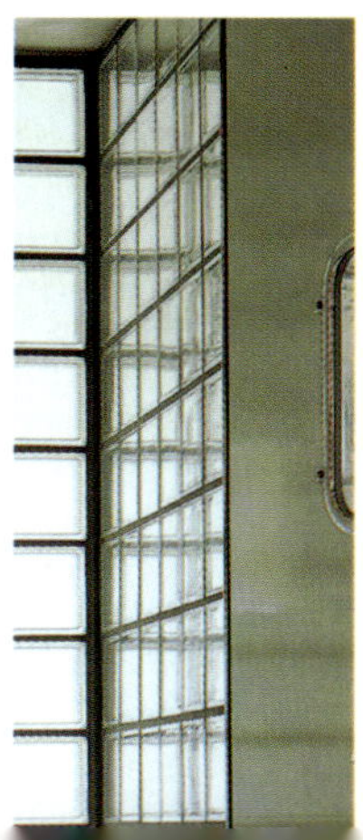

6 In ihrer eigenen Wohnung rahmt Eva Jiricna eine Schwingtür aus Metall mit Glasbausteinen ein.

7

7 Der Architekt Jo Crepain nutzt die Tatsache, daß Glasbausteine wie ein Gitter wirken, wenn man sie mit Leisten oder einem schwarzen Rahmen umgibt. Die Rahmen können die horizontale oder die vertikale Linie betonen. Der Effekt ist faszinierend – man sieht eine Glasfront, ohne daß ein Baustein hervorsticht.

8, 9 und 10 Die Kollektion »Heroes« von Mito, entworfen von Fraboni, zeigt Glasschichten, die in Formen gegossen werden und so unterschiedliche Effekte erzeugen: sie schälen sich, brechen, splittern und wellen sich. Hier zu sehen sind »Tebe« (ganz rechts), »Itaca« (oben rechts) und »Cartago« (unten rechts).

8

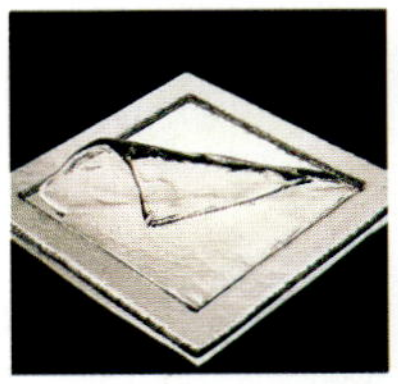

9

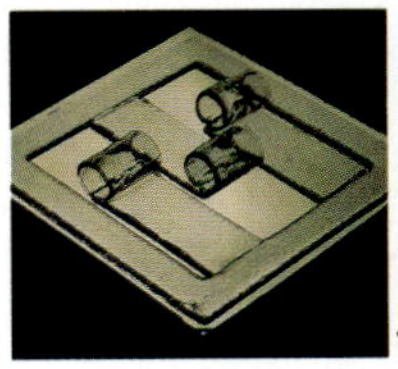

10

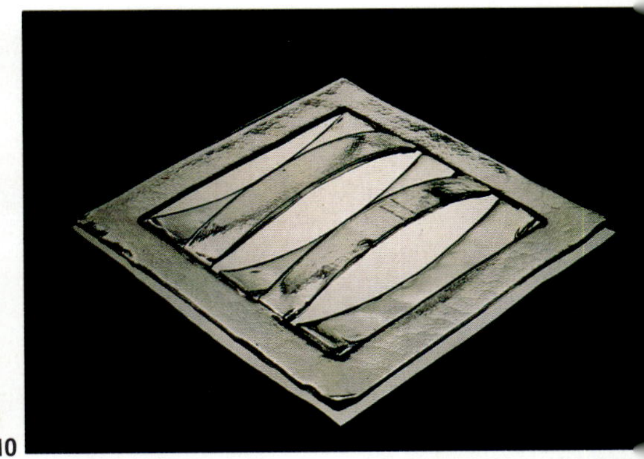

11 Armstrong Associates setzen in diesem Interieur der Architekturfirma Elementer Glaswände ein. Der Vorteil von Glas ist, daß Licht ohne Behinderung eindringen kann. Die technologischen Fortschritte in der Glasherstellung und bei dem Installationszubehör (siehe **12**) ermöglichen einen flexiblen Einsatz von Glas.

12

12 Pilkingtons Glasbausystem umfaßt eine der vielseitigsten Wandklemmen, die es gibt. Flexible silikonversiegelte Gelenke zwischen den einzelnen Glasplatten ermöglichen eine Verglasung ohne Rahmen oder Pfosten.

11

1

2

3

4

Er setzte darin große Platten aus klarem Glas als Wände ein, um so die Struktur des Hauses unsichtbar zu machen. In solideren Strukturen wird die Harmonie großzügiger Räume durch Licht reflektierende Lackoberflächen oder, in Küchen und Bädern, durch den Einsatz von Marmor, Granit und Schiefer erzeugt.

Die Designs der Kacheln reichen von den auffallendsten Kontrasten wie schwarzem Lack mit weißem Mörtel bis hin zu den dezenteren quadratischen, matten Kacheln, die wie ein Mosaik wirken. Mit Hilfe eines Farbpulvers, das vor dem Streichen in die Wandfarbe gegeben wird, kann nackten Betonwänden ein zarter Glanz verliehen werden. Dieser Effekt wirkt wie alte Patina auf einem neuen Material.

Farbige Wände wirken in manchen Fällen wie abstrakte Gemälde (beispielsweise Jean Michel Franks frühes farbenfrohes Art-Deco-Interieur

5

1 Diese innovativen Paravents bestehen aus Aluminium und haben Rollen. Jacques Borris hält seine Ideen immer »auf der Rückseite von Briefumschlägen« fest und verkauft sie dann an Interessenten.

2 Diese Trennwände namens »Paravent« aus der Mito-Kollektion bestehen aus 20 quadratischen Kacheln. Die Wände sind beweglich und lassen sich als Raumteiler oder vor Fenstern einsetzen.

3 und 4 Mit ihrer Glaskollektion huldigt die Firma Dimensione Fuoco einer alten Kunst. »Notte« (links) und »Giardino« (rechts) wurden von den Architekten Afra und Tobia Scarpa für eine limitierte Serie von zehn Stücken entworfen. Sie sind in Bleifassungen eingesetzt.

5 Das Wohnen ohne Wände hat sich grundlegend verändert, seitdem der Architekt Michael Hopkins in seinem eigenen Haus, das keine traditionellen Wände hat, die Baugewohnheiten auf den Kopf gestellt hat. Die Außenwände sind bis auf ein Minimum, das Küchen- und Badezimmerinstallationen trägt, aus Glas. Die Räume werden durch Jalousien von Faber unterteilt.

6

6 Dieses Wandsystem »Colora« wurde von Carlo A. Urbinati Ricci und Alessandro Vecchiato für Foscarini entworfen. Die Anordnung der Glasscheiben kann nach Belieben verändert werden.

7 Ein Paravent aus vier Paneelen verwehrt die Sicht in den Garten eines Hauses von Franklin D. Israel.

7

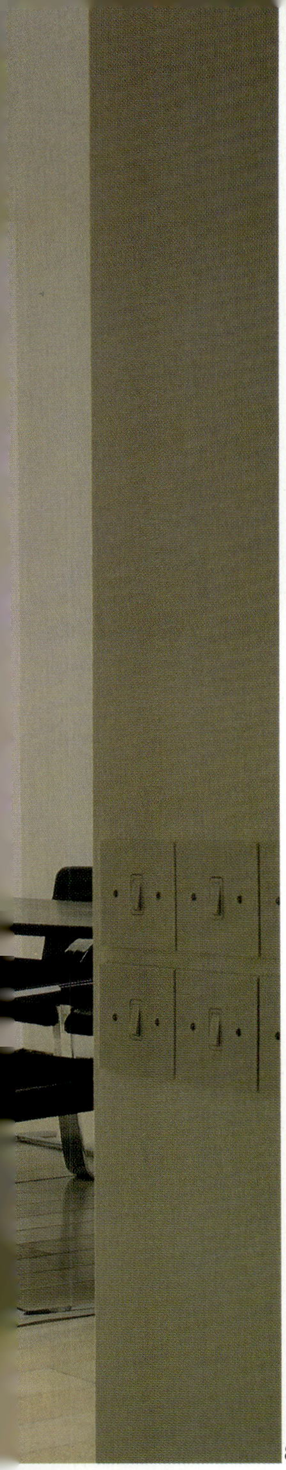

10

10 In Japan verwendet man zur Raumunterteilung in der Regel Shoji-Wandschirme, lichtdurchlässige Papierwände in einem Holzrahmen. Das japanische Vorbild inspirierte dieses amerikanische Schlafzimmer von Gwathmey/Siegel.

11 Pierre d'Avoine hat sechs kleine Häuser entworfen, die hell und offen wirken. Die Küche verschwindet hinter einer zusammenklappbaren Trennwand, die Treppen führen ganz unauffällig zur oberen Galerie, und auch die niedrige Decke zwischen den Stockwerken ist ein kluger Trick, um mit wenig Raum zurechtzukommen.

8 Eine schmale, undurchsichtige Schiebetür von John Pawson und Claudio Silvestrin dient zur Abtrennung dieses Raums, ohne jedoch aufdringlich zu wirken.

9 Der aufwendig verzierte Paravent »Pompiana« von Piero Fornasetti stellt klassische architektonische Elemente dar. Trotz seiner Größe läßt er sich dank der Industrierollen mühelos bewegen.

in Paris, das aus einer pinkfarbenen, einer blaßblauen, einer meergrünen und einer gelben Wand besteht), Dekorateure jedoch haben immer Muster bevorzugt. Allerdings erleben die auffälligen Hintergründe eine Renaissance, so die gemusterten Laminat-Paneele der italienischen Firma Abet, die von dem Maestro Ettore Sottsass jr. eingefärbt wurden und das Licht auf eine völlig neue Weise streuen. Die Kollektion trägt den Namen »Diafos«.

1972 stellte Sottsass im New Yorker *Museum of Modern Art* »Habitat« vor, eine Struktur aus beweglichen Blöcken, von denen jeder über eine eigene Funktion verfügt. Alle Blöcke konnten geöffnet, geschlossen, verpackt und sogar gelagert werden – »Habitat« hat das Konzept traditioneller tragender Wände völlig aufgegeben.

9

11

Der Architekt Alessandro Mendini bezieht sich sowohl auf die Innen- als auch auf die Außenwände seines Groninger Museums in Holland, wenn er von seiner Vorliebe für Farben und Muster auf riesigen Flächen sagt: »Backstein, Aluminium, Beton und Laminat, die dezent in Blaßblau, Ocker, Gelb und Pink, Gold und Silber gefärbt sind, erzeugen auf unge-

12 Dieser dreiteilige Paravent von De Pas, d'Urbino und Lomazzi für Zanotta steht auf vier Füßen. Das mittlere Paneel zeigt unregelmäßig gezackte Linien, die das Muster der äußeren Paneele wieder aufnehmen.

12

13

13 Die fächerförmigen Intarsien verraten die spanischen Ursprünge von »Abanicos«. Die sechsteilige Trennwand von Jaime Tressera Clapés ist eine traditionelle valenzianische Tischlerarbeit.

1

1 Die Fendi-Kollektion der doppelt gebrannten Wandkacheln »Astrologie« ließ sich von den zwölf Sternzeichen inspirieren.

wöhnliche Weise kubistische Anklänge.«
Materialien, die ursprünglich eher mit Design und Bildhauerei als mit Architektur in Verbindung gebracht wurden – beispielsweise Laminat, mit Seide bezogene Paneele, Mosaike und Aluminium – erfreuen sich als Wandverkleidung immer größerer Beliebtheit.
Anhänger der Moderne, die ornamentalen Styroporverzierungen niemals Zugang in ihr Haus verschaffen würden, setzen statt dessen »Cornice« ein, einen Entwurf der beiden Spanier Ramón Bigas und Pep Sant. In das schlanke Profil sind fluoreszierende Leuchten bzw. Halogen-Lampen sowie Glasregale eingelassen. Auf diese Weise haben die Leisten im Haus unterschiedliche Funktionen: Sie dienen als Treppengeländer, das der Form der Treppe folgt, als architektonisches Element, entweder am Fußboden oder an der Decke, oder auch als beleuchtete Stellfläche im Badezimmer.

2

2 Eine Holzwand im Baukastensystem und Deckenpaneele von Tilo können so zusammengestellt und farblich abgestimmt werden, daß sie die Proportionen des Zimmers optimal strukturieren. Mögliche Materialien sind Eiche, Esche, Mahagoni, Birke, Teakholz, Kirschbaum (wie hier abgebildet), Lärche, Fichte und Kiefer.

3

7

8

4

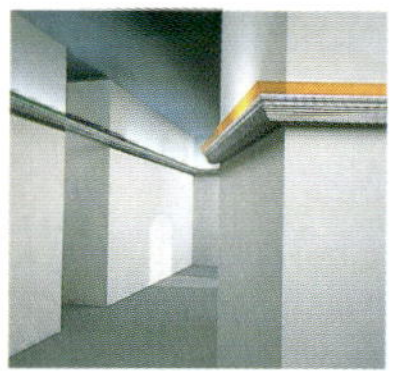

5

6

3 Stuckleisten von Orac Decor erzeugen eine klassische Wirkung. Der Stuck besteht aus leichtem Polyurethan und ist einfach anzukleben.

4 Das System »Domino« von Glass Design integriert drei Platten mit säuregeätztem Muster in eine Spiegelwand aus insgesamt neun Platten.

5 Diese innovative Leiste namens »Cornice« ist Teil eines vielseitigen Systems von Formstücken von Bigas und Sant.

6 In diese Decke von Svedbergs sind Lautsprecher eingebaut, die sich an die Stereoanlage anschließen lassen. Auch Niedervolt-Lichtkacheln mit vier Halogenlampen einschließlich Transformator sind lieferbar.

7 Diese an eine Sonne erinnernde Decke aus Eschenholz von Tilo hebt bestimmte Bereiche hervor und schafft auf diese Weise einen Raum im Raum – wie diese Bibliothek im Wohnzimmer.

8 In dem schmalen Büro, das ursprünglich ein Treppenabsatz war und sich in einem Haus von Peter Wilson befindet, sind die Holzpaneele im Schachbrettmuster angeordnet. Eine orangefarben gestrichene Wölbung der Decke ist das optische Pendant zum Schreibtisch, der von Floris van den Broeke, Professor am Royal College of Art, entworfen wurde.

9

10

9 Eine Holztäfelung bedeckt die Korridorwand in einem Haus von Peter Wilson.

10 Orac Decor stellt dekorative Medaillons, Decken- und Paneelleisten, Ecken, Säulen, Kapitelle und Sockel her, die Wände und Decken dynamischer wirken lassen. Der Stuck aus Polyurethan läßt sich leicht anbringen, wie in diesem Pseudo-Art-Deco-Interieur; eine Leiste mit zwei Säulen und weißem Stuck erzeugt abgestufte Wandpaneele, die Bilder einrahmen.

1

2

1, 2 und 3 Frostbeständige und rutschsichere Pflasterbeläge von Blockleys lassen sich als ungewöhnliche Wandverkleidung einsetzen. Das Muster »Rope« (**2**) wurde speziell in Auftrag gegeben, strukturierte Steine werden auf Bestellung entworfen und gebrannt. Das Modell »Corduroy« (**1 & 3**) hat ein Rippenmuster.

3

4

4 Blockleys Pflasterstein »Tactile« kann ebenfalls als Wandverkleidung eingesetzt werden, wenn er auch ursprünglich als Hilfe für Blinde im Straßenverkehr entworfen wurde.

5

5 Ein vorfabriziertes, mattgraues Paneelsystem aus Beton an den Wänden von Tadao Andos Haus wird durch polierten Beton an den Decken ergänzt; dadurch wird natürliches Licht im Raum reflektiert.

7

6

6 Moderne Designer wie Ron Resik setzen Beton sowohl für Außen- als auch für Innenwände ein. Andere Architekten verwenden Ziegelsteine oder verkleiden Schlackenstein mit Beton.

8

9

10

8, 9 und 10 Blendsteine von Blockleys – »Saffron Yellow, Mellow Grain« (oben), »Black Mixture, Wrekin Briar« (oben links) und »X Mixture, Wirecut« (oben rechts) – eignen sich sowohl für Innen- als auch für Außenwände, weil sie frostresistent und witterungsbeständig sind und wenig Wasser absorbieren.

11

7 und 11 Ursprüngliche Industrieoberflächen werden freigelegt und sind in ihrem Rohzustand in einem ehemaligen Kraftwerk zu sehen, das Gary Cunningham in ein Wohnhaus verwandelt hat.

12

12 Charles Rutherfoord hat in eine Schlafzimmerwand kleine Nischen eingebaut, die zum Aufstellen liebgewordener Gegenstände oder als nützlicher Stauraum dienen.

1, 2 und 3 »Metropolis« aus Gianfranco Salvis Serie »Reflection of Italy Collection« sind geprägte PVC-Tapeten.

1

2

3

4

4 »Pergamena Intarsio« von Riflessitaliani setzt Pergamentmaserung in abwaschbares Vinyl um, das eine weiche, samtartige Oberfläche hat. Gianfranco Salvi entwickelte »Intarsio« aus seinem »Karta Pergamena«-Papier (siehe **9**), um vielseitigere Anwendungsmöglichkeiten zu finden.

7

8

7 und 8 »Rivet« ist eine Metallic-Vinyltapete aus der »Heavy Metal«-Kollektion von Riflessitaliani. Diese simulierten Metalloberflächen stellen, im Gegensatz zu richtigem Metall, keine Probleme für elektrische Leitungen dar.

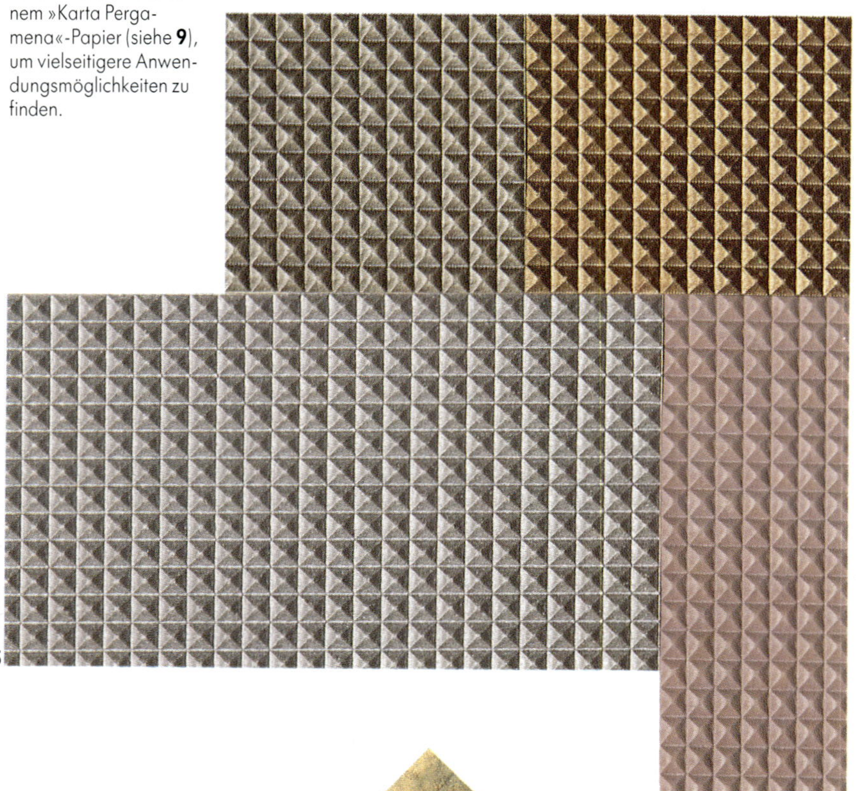

5

5 »Pyramid« aus der »Heavy Metal«-Kollektion von Riflessitaliani ist ein metallisch wirkender PVC-Belag. Diese tief geprägten Wandbezüge sind schalldämmend.

6

6 Für die Tapete »Graniti« hat die Firma Riflessiatliani eine spezielle Herstellungsmethode entwickelt, um das Aussehen von Granit zu erzeugen. Sie ist für Wände geeignet, die das Gewicht von echtem Granit nicht tragen können.

9

9 Riflessitaliani ist bekannt für die Kollektion »Karta Pergamena«, die aus nichtbrennbarem, handbemaltem Papier in 21 verschiedenen Farbtönen besteht. Die schönsten sind mit reinem Gold und Silber bestäubt. Der Entwurf ist unter dem Namen »Museum« auch als Bodenbelag erhältlich.

BÖDEN

Es gibt keine einfachere Methode, den Blick auf einen bestimmten Punkt zu lenken, als durch ein Muster. Früher haben die Venezianer alle Böden mit auffälligen Mustern versehen, vorwiegend mit Mosaiken aus Marmor und Terrazzo; die Spanier schmückten die Innenhöfe ihrer Häuser mit maurischen Kacheln in Türkis und Orange. Die Franzosen verwendeten in ihren Flora- und Faunadarstellungen der Aubusson-Teppiche Sorbetfarben wie Lime und Himbeer; in Brüssel wurden Gobelins mit riesigen Jagdszenen gewebt. Die Engländer vervollkommneten die Kunst der Petit-point-Arbeit, die Moslems spezialisierten sich auf Stickereien und entwarfen geometrische Muster, die regional variierten. In Holland waren gemusterte Teppiche weit verbreitet. Kelims aus Buchara, Berberteppiche aus der Sahara, Dhurries aus indischer Baumwolle, gewebte peruanische Teppiche und mexikanische Umhänge – all dies liest sich wie ein Reiseführer; die Beschreibungen erinnern an Zauberteppiche aus orientalischen Märchen, und doch dienen diese Stücke zugleich modernen Designern als wertvolle Quellen für Farben und Muster.

1

2

3

4

Vorangehende Seite Entwürfe berühmter Künstler und Architekten können heute als Meterware zu erschwinglichen Preisen von Vorwerk erworben werden. Die Teppiche kommen dem Original in Farbgebung, Linien- und Pinselführung und in den Schattierungen sehr nahe. Der Entwurf namens »Dialog 2« stammt von dem Graphiker Milton Glaser.

1 Die glasierte Kachel in Grautönen mit rindenartigem Relief stammt von Rex Ceramiche für Trussardi, Italien.

2 »Negro« von Azuvi gehört zur Kollektion »Grofisimi« – eine Kachel mit Marmormaserung. Die einfache Glasierung verleiht ihr einen Struktureffekt, obwohl die Oberfläche glatt ist.

3 Die limitierten Auflagen handgeknüpfter Teppiche mit der Kette aus reiner Wolle und dem Schußfaden aus Baumwolle werden von jungen Künstlern und berühmten Designern für Elio Palmisano entworfen. Beppe Catureglis »Magdalena« zeigt Tanzschritte in einer Farbgalaxie.

5

5 Dieser Holzboden von Rowi Parket mit dem Muster »Marie Antoinette« liegt auf einer schallschluckenden Schaumunterlage. Austauschbare Quadrate geben den Designern die Möglichkeit, einzigartige Muster zu erstellen und eine Vielzahl aufregender Effekte zu erzielen.

4 Ein Ausblick hoch über den Dächern auf die Londoner Themse ist die Attraktion in dem von John Young entworfenen Penthouse. Die Stahlgeländer auf dem Dach erwecken den Eindruck eines Schiffdecks. Die Bullaugen am Fußboden lassen Licht in das darunterliegende Stockwerk durchdringen.

6

6 PVC-Beläge imitieren jede Art von Holz- oder Steinfußböden. Amticos »Alabaster SM6« aus der Kollektion »Perspectives« wirkt mit seinen grünen Streifen und den »Florentine NM 7«-Rändern fast wie handgearbeitet.

7

7 Das Design eines Vorwerk-Teppichbodens stammt von dem Künstler Gerhard Richter. Es greift seine Bilder aus den siebziger Jahren auf, bei denen er mit Farbkarten von Farbherstellern experimentierte.

1

1 Traditionelle braune Bodenbretter wurden mit einem eingelegten Marmormosaik aus braunem, weißem, schwarzem und grauem Stein kombiniert. So wird eine große, regelmäßige Bodenfläche im Haus von Roberto Serino aufgelokkert.

5

5 Geöltes Buchenholz wird von Junckers versiegelt, um Flecken vorzubeugen, so daß es auch in Küchen eingesetzt werden kann. Andere Beläge mit versiegelter Oberfläche von Junckers sind aus Esche, Ulme und Eiche.

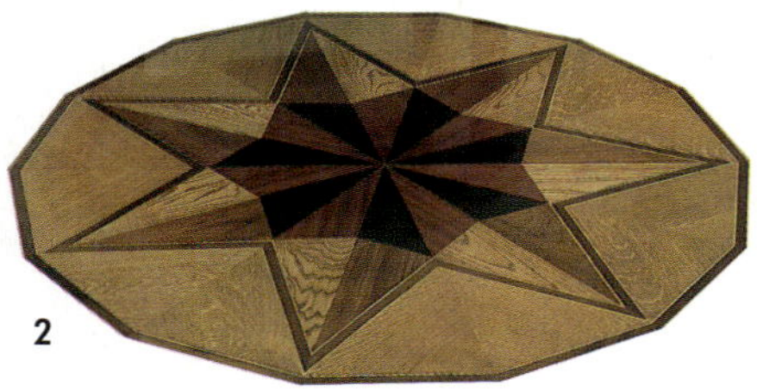
2

2 Kentucky-Holzböden reichen von heller Esche bis hin zu dunklem Zebrano. Die Harthölzer stammen aus gemäßigten Zonen der Vereinigten Staaten und bringen die tropischen Regenwälder nicht in Gefahr. Dieses Medaillon aus verschiedenen Holzarten bildet den Mittelpunkt des Raumes.

3 Das klassische Parkettmuster von Tarkett ist nur 7 mm dick und besteht aus drei Schichten von geklebtem Furnier. Der Bodenbelag ist in Esche, Buche, Birke, Ahorn, roter oder rauchfarbener Eiche erhältlich und wird in langen Streifen verlegt.

3

4 Der Glanz des gebleichten Buchenbodens wurde mit weißen Pigmenten abgemildert. Er ist von Junckers, einem Hersteller stabiler Holzböden, der auch Spezialböden, etwa für Turnhallen, produziert.

4

Frühen amerikanischen Häusern fehlten solch reiche Materialien, was die Entwicklung einer neuen Technik begünstigte. Die Oberfläche des Bodens wurde mit Farbpigmenten eingerieben und diente so als Untergrund für Schablonenmuster wie etwa Stechpalmenzweige, Vögel oder Blumen. Diese alte Technik wird seit kurzem auch in der modernen Raumgestaltung wieder aufgegriffen, um den Räumen Individualität zu verleihen. Die Muster werden entweder als Umrahmung oder als zentraler Mittelpunkt eingesetzt.

Die Vertreter der Moderne unterbrachen allerdings die Tradition der gemusterten Böden. Holzböden, Betonflächen, schlichte weiße Kacheln oder Steinplatten kamen in Mode. Auch Ziegelsteine, das beliebteste Baumaterial der sechziger Jahre, wurden in der Bodengestaltung eingesetzt.

Moderne Architekten investieren viel Zeit – und oft auch viel Geld – in den Bodenbelag und entwerfen ihn häufig sogar individuell. Kein Wunder, denn der Bodenbelag ist einer der kostspieligsten Punkte beim Bau eines Hauses; deshalb ist die richtige Auswahl von Farben, Texturen und Mustern sehr wichtig. Bei der Planung

6 Ein schallschluckender Ahornboden hat Betonplatten ersetzt, als das Elektrizitätswerk für einen Musiker umgebaut wurde. Der Probenraum wird durch verstellbare Fensterläden »akustisch erhellt« – so der Architekt Gary Cunningham.

6

7 In einer kleinen Stadtwohnung, die in einem Altbau entstand, hat der Architekt Ron Brinkers die ursprünglichen Birkenbretter abgezogen und abgeschmirgelt. Sie bilden nun einen rauhen Kontrast zu einer schmalen schwarzen Holzbrücke, die zu einer lockeren Sitzgruppe führt.

9 Dieser echt wirkende Holzboden in einem Badezimmer ist in Wirklichkeit PVC von Amtico. PVC ist wesentlich unempfindlicher als Holz und bestens für Badezimmer geeignet. Es gibt echt wirkende Imitationen 19 verschiedener Hölzer.

10 Der Eichenboden von Rowi kann sowohl über einen schon vorhandenen Holzfußboden als auch direkt auf Beton verlegt werden.

8 Der Ahorn-Parkettboden von Tibbals Hartco in Tennessee wird in horizontalen und vertikalen Streifen gelegt und erzeugt auf einfache Weise ein raffiniertes Muster.

des Belags muß die Gesamtstruktur des Gebäudes berücksichtigt werden – Betonböden können jeden Belag tragen, aber wenn Sie Steinkacheln auf einen Holzboden setzen wollen, so sollten Sie sich bezüglich der Tragfähigkeit von einem Spezialisten beraten lassen.

Als in den Webereien von Axminster die ersten flächendeckenden Teppiche ausgestanzt wurden, bekamen die Interieurs ein einheitlicheres Aussehen. Beigefarbene oder braune Teppichböden bestimmten die Hotelzimmer von Krakau bis Kairo. Es wurde üblich, das ganze Haus, mit Ausnahme der Küche, mit Teppichboden auszulegen. Für die Küche wurde im Fliesendekor geprägte Meterware in Vinyl produziert.

Während das Maschinenzeitalter die ganze Welt mit Teppichböden überschwemmte, beließen die Designer die Böden schmucklos. Das Ergebnis waren gute Holzfußböden oder, vornehmlich in südlichen Ländern, gekachelte Böden. Schmale Birkenplanken wurden allerorts zum beliebtesten Fußboden, dazu kamen mattgraue oder weiße Keramikkacheln im Badezimmer. Manchmal wurden die Planken diagonal verlegt, um einen ungewöhnlichen Aspekt mit einzu-

1 Regelmäßige, scharfkantige Marmorfliesen wurden diagonal verlegt; eine große Fläche wird durch einen schmalen schwarzen Travertinstreifen hervorgehoben. Der Streifen ist im rechten Winkel zu den Platten eingesetzt worden. Der Entwurf von De Maria wirkt wie ein im Raum ausgelegter Teppich. Marmor ist ein außerordentlich belastbares Bodenmaterial, und, in versiegelter Form, sogar schmutzabweisend. Da Marmor sehr kalt ist, eignet er sich vor allem für wärmere Länder.

2

1

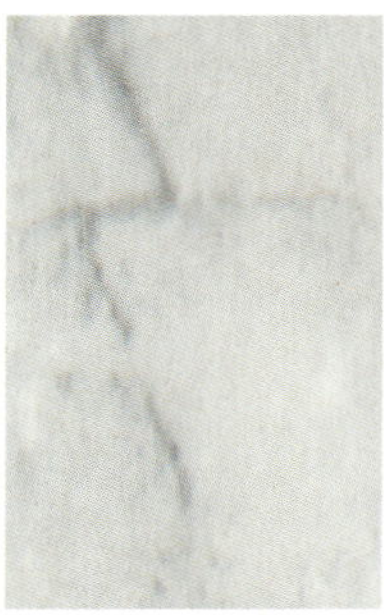
3

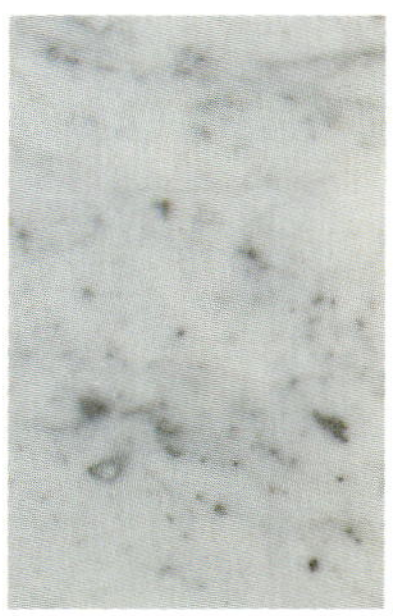
4

2, 3 und 4 Was häufig als Marmor bezeichnet wird, kann auch ein synthetisch hergestelltes Material sein, das aus Harz und Marmorstükken besteht. Dieser Bodenbelag von Reed Harris hat einen akzeptablen Preis und ist in Form von Fliesen erhältlich. Echter Marmor jedoch ist das natürliche Baumaterial schlechthin.

5 Ein schmaler Korridor wirkt leicht eng und dunkel, aber Ingo Maurers trapezförmige Lampen, die an den Türdurchgängen angebracht sind, sowie das Leitermuster des Marmor- und Polyesterharzbodens von MARBO lassen den Gang hell erscheinen und verleihen ihm eine interessante geometrische Spannung. Dieser Entwurf von Studio Epton lädt eher zum Verweilen als zum Passieren ein.

bringen. Oft tauchen großzügig breite Bretter aus alten Sporthallen oder vom Schrottplatz in modernen Interieurs auf; die solide Handarbeit, die Patina und die schöne Farbe, der Glanz und die Maserung machen sie zu einem Bodenbelag, der keine Konkurrenz kennt.

In den siebziger Jahren kam es zu einer Renaissance der gestrichenen Holzböden; doch ändern sich die Modefarben, ist es schwierig, einen bereits in einer Farbe gestrichenen Holzfußboden neu einzufärben. In den Siebzigern bevorzugte man kräftige Farben; die heutigen Holzfußböden sind schlichter. Weiches Holz wie Fichte, Tanne oder Kiefer wird durch Paneelierung oder Stoßfugen zusammengehalten, Hartholzblöcke sind in Fischgrät-, Korb- oder Ziegelmustern angeordnet. Furnierholz oder Preßspanplatten sind preiswerte Alternativen zu massivem Holz. Preßspanplatten, die aus in Harz eingesetzten

5

6

6 Kirkstone ist ein meergrüner vulkanischer Stein aus Englands Lake District. Er ist ein beliebter, harter Bodenbelag, der jetzt auch exportiert wird. Neue Entwicklungen im Diamantschneiden ermöglichen auch die Herstellung von Kacheln.

Holzspänen gefertigt werden, können, versiegelt oder unversiegelt, in verschieden dicke Quadrate gelegt werden. Ein nicht zu leugnender Nachteil von Holzböden ist die Tatsache, daß sie keine schalldämmenden Eigenschaften aufweisen – deshalb mögen sie für eine Stadtwohnung eher ungeeignet sein.

Wenn Ihnen Holz nicht zusagt, so ist ein Bodenbelag aus Keramikkacheln eine Alternative. Keramikkacheln werden bei hoher Temperatur aus Ton gebrannt, manche von ihnen haben eine rutschsichere Oberfläche. Kacheln sind robust, wasserbeständig und verfärben sich nicht. Doch obwohl sie sich von unten beheizen lassen, sind sie für wärmere Länder

7

7 Große Schieferquadrate sind mit schmalen, dreieckigen Travertinesplittern durchsetzt, die in diesem Raum des berühmten Royalton Hotels in New York als Wegweiser (zum Ausgang, zu den Möbeln, zum Ofen) dienen. Von Philippe Starck.

8

8 Man sagt, daß schmale Bodenflächen mit einem einheitlichen Material bedeckt sein sollten, da angeblich ein Muster- oder Materialwechsel die Räume noch kleiner wirken läßt. Doch der Architekt David Chipperfield wechselt sowohl die Richtung als auch das Material und schafft so in Küche und Eßzimmer eines kleinen Hauses eine sehr ansprechende Komposition aus Eichen-, Schiefer- und Terrazzoflächen.

9

10

11

9, 10 und 11 »Quarzline« von Id-Ekor besteht aus farbigem Quarz, der in Harz gesetzt ist. Diese Harz-Kiesel-Mischung wird auf schon vorhandene Bodenbeläge aufgetragen.

1

3

4

5

1 Sergio Puente setzt gemusterte Kacheln wie einen Teppich ein, indem er die Muster mit hellen Linien und grauen Betonkacheln umrahmt. Jede Kachel besteht aus einem diagonalen Kreuz in Pastellfarben und ist mit einem gewundenen Band umrahmt, das auf der weißen Keramikglasur wie ein Pinselstrich wirkt.

3, 4 und 5 Keramikkacheln von Matteo Baldini sind in einer Reihe sehr aufwendiger und eleganter Muster erhältlich. »Impallinato« (oben links) ist von Michele de Lucchi, »Intrecciato« (oben rechts) von Adolfo Natalini und »Cinque« (links) von Andrea Branzi.

6 und 7 Kleine Tesserae aus Marmor und Stein sind jetzt in vorgefertigten Mosaikmustern

6

auf einer Papierunterlage und mit numerierten Klebstellen, die das Verlegen erleichtern, erhältlich. »Lux« (oben) ist aus der Serie »Gemmae« von SICIS und besteht aus Marmor- und Granittesserae.

besser geeignet. Durch die sehr auffälligen Muster, die Keramikkacheln häufig zieren, sind sie als Bodenbelag weniger beliebt als Steinkacheln. Steinkacheln werden aus Ton mit hohem Quarzanteil zu einer fast glasartigen Härte gebrannt und sind als quadratische oder rechteckige Fliesen in Dunkelbraun, Bernstein, Terrakotta, Dunkelblau oder Schwarz erhältlich.

Neue Produkte sind Mosaikplatten, die auf einer Papierunterlage angebracht sind und sich deshalb leicht verlegen lassen, sowie farblose oder gefärbte Terrazzo-Marmor-Stücke, die in Zement eingesetzt und dann glattgeschliffen werden. Kacheln aus Sandstein, Yorkstein, Granit und Kalkstein sind ebenfalls geeignete Materialien für Fußböden. Schiefer ist eine sehr beliebte Alternative, aber wegen des hohen Preises eignet er sich nur für kleine Räume.

2

2 Andreas Weber verwendet große Terrakottaplatten, die auf hellgrauem Zement in ein regelmäßiges Muster gelegt werden. Er variiert das Muster, indem er einen cremefarbenen Teppich diagonal dazu legt und ein niedriges Bett in entgegengesetztem Winkel zu den Kacheln aufstellt.

9

8 »Scritture« von Ceramica Bardelli bildet auf seinen Terrakotta-Kacheln griechische Schlüsselmotive und ägyptische Hieroglyphen ab. Diese auffälligen geometrischen Muster lassen sich gut in Umrandungen fassen.

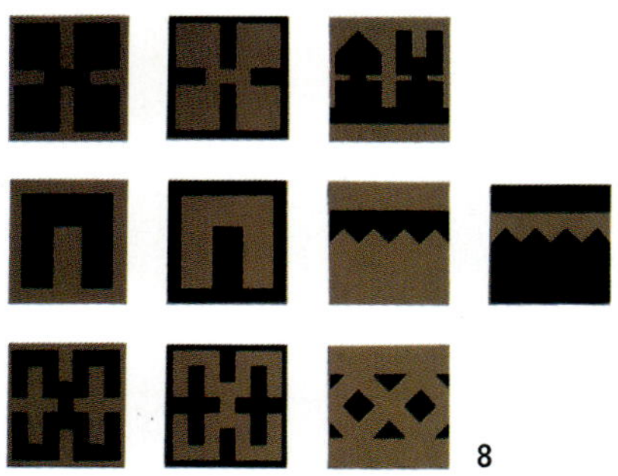
8

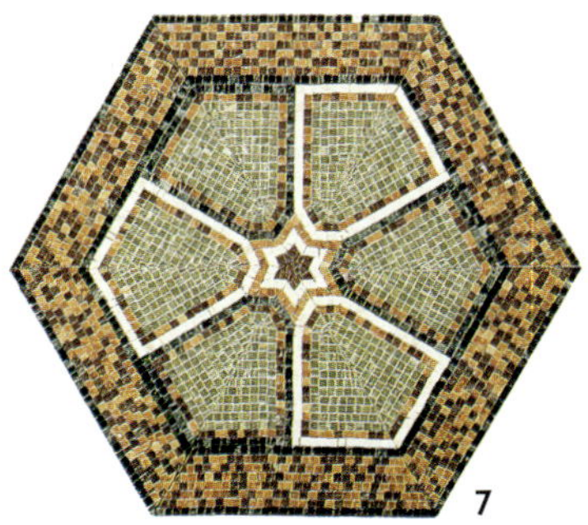
7

9 Diese weißen Kalksteinplatten – sie sind lediglich 2,5 cm dick und eignen sich deshalb gut für Innenräume – sind von Paris Ceramics. Die Kacheln können in verschiedene Formen geschnitten werden; die Standardgröße beträgt 40 × 40 cm. Ihre dekorative Struktur wird durch sanfte Farbtöne oder eine spezielle Oberflächenbehandlung betont.

10

10 In dem Rahmen einer strengen, ikonoklastischen Architektur präsentiert Andrew Holmes ein interessantes Bodenmotiv. Der Entwurf greift das halbrunde Fenster auf. Das Schachbrettmuster, dessen schwarze Quadrate die gleiche Größe haben wie die Fensterscheiben, spiegelt Licht und Schatten wider.

11

12

11 Kühles, graugefärbtes Holz, das in großen Platten verlegt wird, ähnelt Steinplatten, hat dagegen jedoch den Vorteil, daß es wärmer und leichter ist und so auch auf größeren Flächen verwendet werden kann.

12 Die Serie »Tiffany« von Ceramica San Agostino ist einmal gebrannt, frostbeständig und wird mit einer harten Stratos-Glasur, die reich an Aluminium und Quartz ist, gehärtet.

13

13 Mexikanische Terrakotta-Kacheln von Corres sind weltweit auf dem Markt. Der kalkhaltige Coahuila-Lehm läßt sich an seiner sanften, rosabeigen Färbung erkennen.

1

3

1, 2 und 3 In diesem Haus hat Studio Epton die ausgefallensten Kombinationen von Bodenbelägen eingesetzt. Einfacher Beton wird mit Pigmenten eingerieben und mit in Messing gefaßten Glas- und Holzintarsien versehen. Halbrunde Glaswirbel und -splitter erzeugen dekorative Muster, während eine Holzmanschette neben einem Splitter aus undurchsichtigem, dickem Glas traditionelle Tischlerarbeit anklingen läßt. Das Einlegen von feinen Metallstäben in den Beton nach dem Vorbild islamischer Kunst (unten) erzeugt eine sechsstufige Leiter.

Eine der interessanten Erfindungen dieses Jahrhunderts sind die PVC-Kacheln oder PVC-Platten, ein harter Bodenbelag, der sich seiner jeweiligen Umgebung anpaßt. Parkett, Marmor, Terrazzo, Backstein, Keramik und Stein sind nur einige der Materialien, die PVC imitieren kann. PVC kam zuerst als schwarz-weißes Marmor-Schachbrettmuster in Mode, an dem man sich allerdings schnell sattgesehen hatte.

Kein anderes Material ist so vielseitig wie PVC. Es kann je nach Geschmack als Holzmaserung, als Steinplatten oder als Backstein-Fischgrätmuster ausgelegt werden. Dieser Belag beinhaltet auch echte Materialien wie Furnierholz, Kiesel, Perlmutt, die in durchsichtiges Vinyl eingeschlossen sind und durch eine harte, glatte Schutzfläche sichtbar sind.

Korkplatten, die aus Korkkörnchen und einem Bindemittel bestehen und dann zusammengepreßt und gehärtet werden, waren in den siebziger Jahren bei den damals jungen Modernen sehr verbreitet. Heute werden diese Kacheln oft durch Linoleum ersetzt, ein hochwertiges, natürliches Material, das aus geriebenem Kork, Holz, Mehl, Leinöl und Harzen auf einem Untergrund aus Jute oder Juteleinen

2

4

4 Die Vertiefungen in dem polierten Betonboden dieses ehemaligen Elektrizitätswerks waren ursprünglich für Stromleitungen gedacht. Als Gary Cunningham es in ein Privathaus umbaute, setzte er dort die elektrischen Kabel ein und deckte sie mit Dreifachglas ab, was eine Überraschungswirkung auf den Betrachter hat. Der Tisch auf Rollen verstärkt das Gleismotiv.

5 Dieser metallene Treppenabsatz, der einer Taucherplattform auf einer Bohrinsel ähnelt, hat ein Geländer aus Drähten, die an Trapezkunst denken lassen. Auf Giebelhöhe bieten begehbare Stahlflächen zusätzliche Sicherheit.

5

besteht. Gummibelag, der auf Platten aufgetragen und dann gemasert oder verziert wird, war in den siebziger Jahren ein Liebling des High-Tech-Stils. Mit modernen Kacheln aus synthetischen Harzen, die mit einem Vinylbindemittel vermischt sind, lassen sich viele Muster erzeugen, oft imitieren sie den Boden einer italienischen Piazza oder erzeugen einen *trompe-l'oeil*-Effekt.

Eine aufregende Neuheit unter den modernen Bodenbelägen sind die gemusterten Teppichböden der Firma Vorwerk, die ihre Kollektionen bei Künstlern, Architekten und Modedesignern aus der ganzen Welt in Auftrag geben. Sie verwenden konventionelle breite Webstühle und

6

7

6 und 7 Jan Kaplicky von Future Systems hat Aluminiumfolie auf Spanplatten aufgezogen, die auf dem Holzboden einer Stadtwohnung aus dem 19. Jahrhundert ausgelegt wurden (oben). Der Blick durch die Space-shuttle-Tür zeigt die Wirkung des glänzenden Bodens und des schwarzen Laufstegs, der zu einem Rietveld-Stuhl führt. Unter der Plattform sind Gas-, Elektrizitäts- und Wasseranschlüsse verborgen. Da der Boden aus Metall ist, müssen Elektrogeräte geerdet werden.

8

8 Dieses seltsam anmutende Haus im mexikanischen Dschungel, entworfen von Sergio Puente und Ada Dewes, wirkt wie ein Bühnenbild aus Herzogs Film »Fitzcarraldo«. Grobe, aus Baumwurzeln geschlagene Architrave, die mit dem regelmäßigen modernen Gittermuster der Fenster kontrastieren, werden im Fußboden wieder aufgegriffen. In den naturbelassenen Beton sind opake Glasbausteine eingesetzt.

9

9 Das fließende Gesims mit einem riesigen Dachfenster, das Licht einläßt, macht den Raum schwer begehbar. Deshalb haben Munkenbeck & Marshall an dieser Stelle den Boden entfernt, was das Licht auch nach unten einfallen läßt. Ein strategisch günstig angebrachter Laufsteg aus Stahl mit einem Stahlrohrgeländer ist breit genug, um als Abstellplatz für einen Fernseher zu dienen.

1 Der Architekt David Wild hat sein eigenes Haus mit einem graublauen, genoppten PVC-Boden ausgelegt. Der Boden ist unempfindlich, praktisch und verleiht diesem Arbeitszimmer eine professionelle Atmosphäre.

2 Dezent abgetönte Farben aus dem Repertoire der holländischen Meister des 17. Jahrhunderts werden auf den PVC-Entwürfen von Tarkett präzise eingesetzt. Das Sonnenmuster »Eminent« ist auch als Bordüre, Fries und in Form dekorativer Einfassungen erhältlich, mit denen man große Bodenflächen auslegen kann.

2

3, 4, und 5 Viele Architekten sehen in Linoleum mehr als nur einen strapazierfähigen Belag – es ist ein extrem vielseitiges Material, das zum Entwerfen einzigartiger Designs in Form geschnitten werden kann. Krommenies Linoleum-Entwurf »Marmoleum« von Forbo Nairn wird heißgeschweißt, so daß keine Nähte sichtbar sind.

3

4

5

1

eine neue Faser, die sich »Timbrelle« nennt. Mit Hilfe des Computers kann jede Farbschattierung erzeugt werden, so daß das Ergebnis den ursprünglichen Entwurf exakt wiedergibt. Die auffälligen Designs lenken von niedrigen Decken ab, dem wunden Punkt vieler moderner Wohnungen, da der Blick nach unten, nicht nach oben gelenkt wird. Nur ein sehr betuchter Sammler kann sich einen Hockney an der Wand leisten, aber dank der neuen Technologien in der Teppichproduktion können Sie auf einem solchen laufen.

In der konventionelleren modernen Raumgestaltung bevorzugt man unauffälligere natürliche Materialien wie Binsen, Kokosmatten, Coir oder Sisal, die aus praktischen Gründen auf einer Latexunterlage angebracht sind. Die weicheren, goldenen Farben von Seegras oder Jute eignen sich ausgezeichnet als Untergrund für eine Teppichsammlung, bei der jeder

6, 7 und 8 Die synthetischen Gummikacheln »Metro« von Gerland sind in verschiedenen Reliefmustern und Dicken (in 2,5 mm in Rund, Quadratisch und Rechteckig, und in 3,5 mm in Rund oder Quadratisch) erhältlich. Es gibt eine große Auswahl an Farben für alle Räume.

6

7

8

9 Forbo Nairns »Diamond 1036«, ein Polster-Vinyl-Material in sanften Schattierungen von Flieder und Grau, ist eine ebenso attraktive wie praktische Alternative für einen Küchenboden.

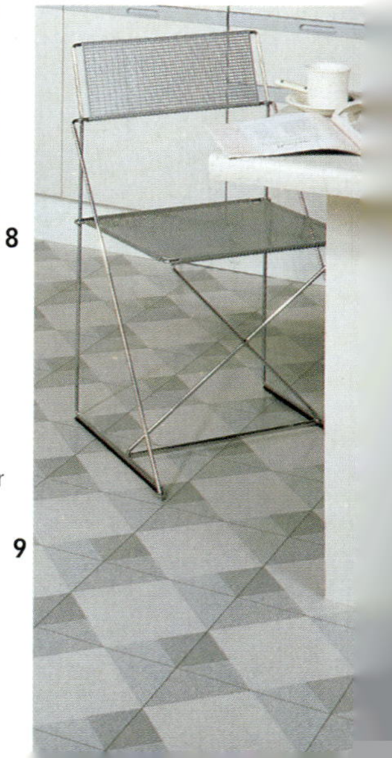
9

10

12

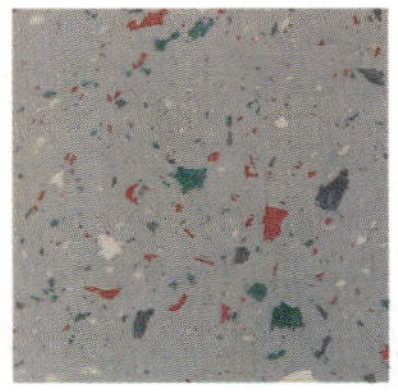

13

10 Der Architekt Andreas Weber hat in seinem Eßzimmer einen Kunststoffbelag in hellem Grau verlegt. Er akzentuiert das Zimmer durch übertriebene Größenverhältnisse – der niedrige Heizkörper, der übergroße Tisch und die restlichen Möbel. Der Boden bildet einen neutralen, schallschluckenden Untergrund.

12 Linoleum ist die Grundlage der aufregenden Designs von Forbo Nairn. Das Material besteht aus Leinöl, Kiefernharz, Holz von Laubbäumen und Kork, die mit Füllstoffen wie Lehm und Kreide vermischt und dann auf einen Juteuntergrund aufgetragen werden.

14

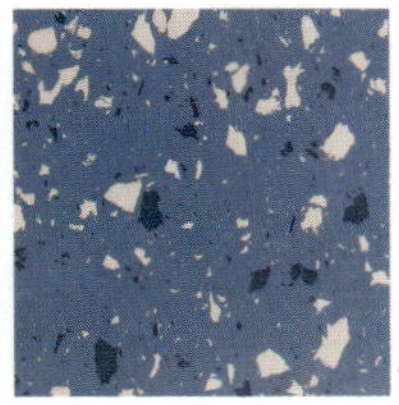

15

13, 14 und 15 Die Kunststoffkacheln »Prism« von Gerland haben eine weiche Oberfläche, eingelegte Dekorationen und sind geeignet für stark strapazierte Flächen.

16 Die Kunststoffkacheln von RIAB sind insofern ein »grünes« Produkt, als sie aus wiederverwerteten Autoreifen hergestellt werden. Es gibt sie in vielen Farben; die gesprenkelte Oberfläche läßt Schmutz nicht so leicht auffallen.

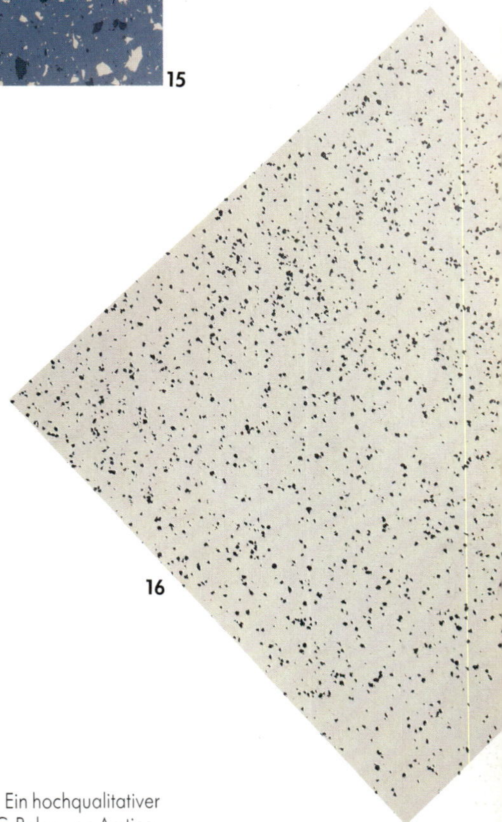

16

11 Dezente Abstufungen von natürlichen Braun- und Grauschattierungen werden in »Rocky« miteinander kombiniert, einem PVC-Belag aus Tarketts Serie »Manhatten«. Die Farbe erzeugt so gleichzeitig den Eindruck von Gewicht und Stabilität sowie von Gemütlichkeit und Wärme.

11

Teppich selbst ein Kunstwerk ist. Die heutige Mobilität unserer Gesellschaft unterstützt solche Teppiche, denn moderne Stadt-Nomaden können sie einfach zusammenrollen und mitnehmen, wenn sie umziehen.

In Zimmern mit einer langweiligen Architektur und schlichten Möbeln lenkt ein reich gemusterter Teppich die Aufmerksamkeit auf den Fußboden und führt einzeln herumstehende Möbel zu Gruppen zusammen. Ein einfacher, gestreifter Teppich kann ein Zimmer viel breiter oder länger erscheinen lassen, als es eigentlich ist; ein runder Teppich gibt einer Sitz- oder Eßgruppe nicht nur den optischen Zusammenhalt, sondern bildet zudem noch einen interessanten Rahmen für Tisch und Stühle. Die Farben und die Größe des Musters müssen so eingesetzt werden, daß sie ein dynamisches Schema erzeugen, auf ganz ähnliche Weise, wie ein abstraktes Gemälde es tut.

17

17 Ein hochqualitativer PVC-Belag von Amtico, dessen Imitationen natürlicher Materialien zugleich schön und praktisch sind.

1

1 Zu Ege Art Lines »20th Century Masters Collection« (siehe **3**) gehört auch »Woman/Femme 1923« von René Magritte.

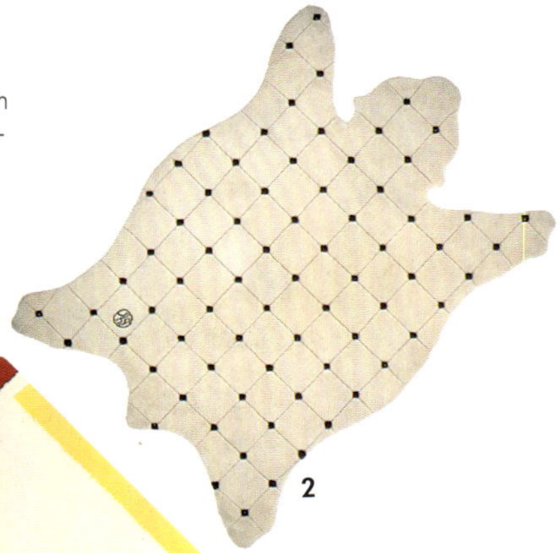

2

2 Der Wollteppich »Peau d'ours« von Pucci de Rossi für Néotu ist der Form eines Polarbären nachempfunden. Die schwarzen Linien und Knöpfe erzeugen die Illusion von Kacheln, was der weiße Untergrund noch unterstützt.

3

3 Ege Art Line produziert die »20th Century Masters Collection«, 48 Wollteppiche mit Entwürfen berühmter Künstler. Dieses Beispiel heißt »Composition 1952« und ist von Gunnar Aagaard Andersen.

4

4 Dieser Entwurf, »Blue Eye«, stammt von Gianni Veneziano von der Gruppe Oxido für Sisal Collezioni, einen der führenden italienischen Teppichhersteller.

5 Christine van der Hurds Kollektion eleganter Bodenbeläge erinnert an die luxuriösen zwanziger und dreißiger Jahre. Dieser Entwurf heißt »Earth«.

5

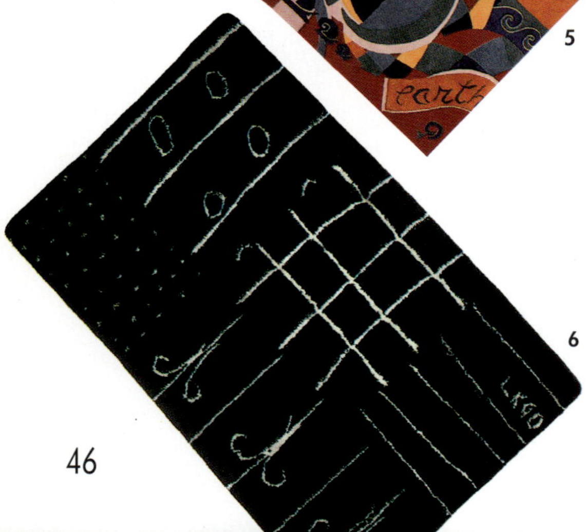

6

6 »Rustic Ruins Number 2« stammt von Liz Kichting, deren Designs auf Leinwand gemalt, in Wollteppiche eingewebt oder eingestickt werden. Ihre Modelle bestehen ausschließlich aus recycelten Materialien.

7 In allen Bereichen des Designs läßt sich eine Tendenz zum Aufbrechen glatter Oberflächen und regelmäßiger Linien beobachten. Der Cartoon-Zeichner und Designer Javier Mariscal hat ein kleines Kunstwerk entworfen: eine Pink-Panther-Figur namens »Leon«.

7

8 Pascale Mourgues »Espace du Temps« für Toulemonde Bochard verweist auf den Ursprung der Gattung, wie er behauptet. Seine Technik verrät selbst auf diesem Wollteppich seine Herkunft von der *École des Arts Décoratifs* und vom Holzschnitzen an der *École Boulle*.

9 »Yuyuka« von Sergio Calatroni für Sisal Collezioni hat einen hellbraunen Grund mit kabbalistischen Zeichen und blauen Pfeilen und ist von roten und grünen Rändern umrahmt.

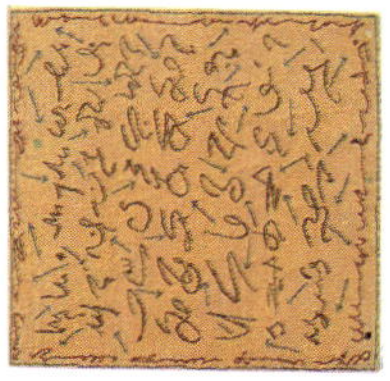
9

8

10

10 Christine van der Hurd hat in Großbritannien studiert und mit Jack Lenor Larsen, Angelo Donghia und Kenzo zusammengearbeitet. Dieser Teppich, »Present Moods Number 3«, ist ein knalliger Entwurf in Lila und Gelb auf grauem Grund.

11 Der Architekt Michael Graves aus Princeton ist berühmt für seinen postmodernen Klassizismus. Er entwarf »Rug Number 2« für V'Soske Joyce, deren Kollektion »Visions« limitierte Kunstwerke auf Teppichen mit handgearbeitetem Tufting umfaßt.

11

12 »Au bord de l'eau« von Sergio Calatroni ist ein Puzzle aus Schnörkeln in feinen schwarzen, ineinander verwundenen Linien auf einem cremefarbenen Quadrat. Das Muster scheint den Rahmen sprengen zu wollen, wie Wellen, die duch einen Windstoß aufgerührt werden.

12

13 »La Natura di Oxido« von Oxido für Sisal Collezioni bildet zwei Hände ab: Die Handfläche mit dem Mondgesicht zeigt nach oben, die andere mit der Harfe nach unten. Sie berühren einander nicht, sind aber positives und negatives Gegenbild.

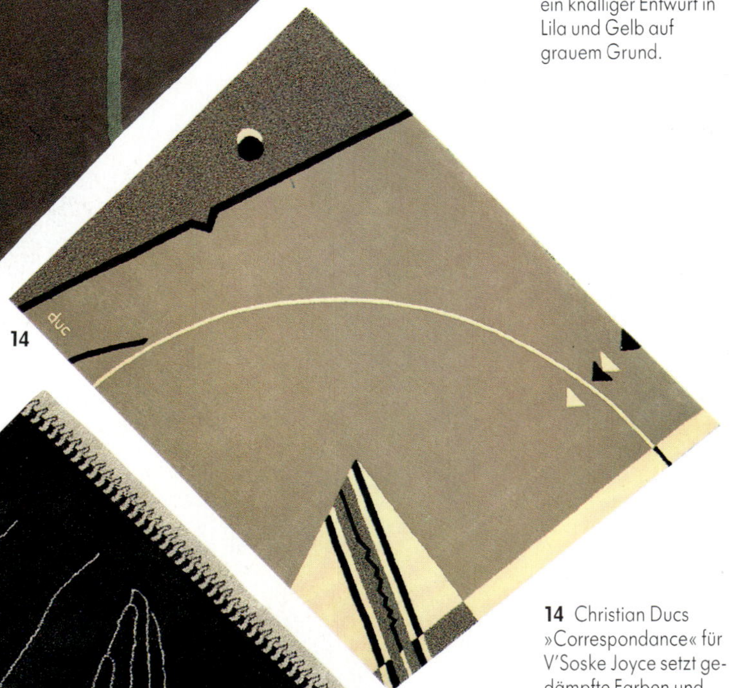

14

13

14 Christian Ducs »Correspondance« für V'Soske Joyce setzt gedämpfte Farben und Kontraste zwischen Licht und Schatten in einem selbsterklärten Umgang mit Balance und Symmetrie ein.

BÖDEN

1

»Dialog 1«, »Dialog 2« und »Classic« sind Teppichboden-Kollektionen von Vorwerk. Diese serienproduzierten, erschwinglichen Acrylteppiche bilden Entwürfe von Künstlern, Architekten und Modedesignern nach und kommen den Originalen in Linienführung, Farbe und Schattierungen sehr nahe.

2

1 Ergänzend zu der Kollektion »Dialog« produziert Vorwerk auch in der Serie »Classic« Meisterwerke wie dieses Motiv von Josef Hoffmann, einem Mitglied der Wiener Sezession.

2 Der Pop-Art-Künstler Roy Lichtenstein verlangte einen absolut weißen Hintergrund, eine Forderung, die in der Teppichherstellung unmöglich ist. Vorwerk löste das Problem mit der Reproduktion von Lichtensteins kleinem quadratischen Design, wo die diagonal schwarz und weiß gestreiften Quadrate die Grenzen ihrer Form sprengen.

3

3 Gerhard Richter trägt glänzende Farbe sowohl mit dem Pinsel als auch mit dem Palettenmesser auf. Dieser Effekt wird in seinen Vorwerk-Designs reproduziert, die aus Quadraten in sechs verschiedenen Farben bestehen und an Richters Experimente mit Farbkarten erinnern. Ein Rapport dieses Musters mißt 14 × 19 cm, die Gesamtgröße beträgt 100 × 92 cm, was 255 Quadraten entspricht. So wirken selbst die wiederholten Sequenzen unregelmäßig und zufällig.

6

4

4 Zaha Hadid ist ein Architekt, dessen schwindelerregende Sicht von Städteplanung in diesem Vorwerk-Teppich für einen am Hang liegenden Ferienclub über dem Hafen von Hongkong deutlich wird.

5 Die Faszination des Architekten Richard Meier für Geometrie – alle seine Gebäude basieren auf einer klar definierten Gitterstruktur – ist in den Mustern, die er für Vorwerk entworfen hat, nicht zu übersehen.

5

6 David Hockney überträgt seine Pinselstrich-Variationen auch auf Teppich-Designs, wo sie fast zufällig wirken. Vorwerk ist es gelungen, auch auf den Teppichen den Eindruck entstehen zu lassen, als seien viele kleine Farbtupfer schnell aufgetragen worden.

7

7 Das dodekadische Muster, das O. M. Ungers als Grundlage für sein Teppich-Design wählt, umschließt ein vielflächiges Muster, das mal näher zu kommen scheint, mal weiter zurücktritt. Das verwirrende Gesamtbild verschiebt buchstäblich die Perspektive. Wie auf italienischen Renaissanceböden lassen *trompe-l'oeil*-Bänder Hell und Dunkel alternieren und erzeugen einen unruhigen Effekt.

9

8

8 Das Teppich-Design des Architekten Arata Isozaki ließ sich von historischen japanischen Kimonomustern inspirieren, die geometrische, kosmische und florale Elemente in Punkte aufbrechen und so einen verschränkten, pointillistischen Effekt erzeugen.

9 Dieses Design stammt von dem Architekten Jean Nouvel, der an der Fassade des Institut du Monde Arabe in Paris lichtempfindliche Linsen anbringen ließ. Sein Faible für Licht und Schatten spiegelt sich in diesem Teppichboden-Entwurf für Vorwerk wieder.

8

8 Die Firma Ruckstuhl will ihren Teppichen sowohl hinsichtlich der Farbe als auch des Tons eine klare Identität verleihen, doch dürfen sie niemals einen Raum bestimmen. Man ist der Meinung, daß das diagonale Webmuster in natürlichem Coir und Sisal den perfekten Hintergrund bildet.

6

7

6 und 7 Der Bodenbelag »Natural Seagrass« von Crucial Trading, lieferbar in einer Breite von 4 und 2 m auf Latexunterlage, zeigt in dem natürlichen, geflochtenen Seegras einen Faden in einer kräftigen Farbe.

4

9

1, 2 und 3 Strapazierfähige und antistatische Bodenbeläge aus Sisal, Coir und Seegras von Saraband sind in einer Breite von 4 m mit Latexuntergrund lieferbar. Es gibt sie auch als lose Matten oder als Läufer in praktisch jeder Größe. Die Webmuster sind in Fischgrätmuster (oben), Bouclé (Mitte) und als Standardversion (unten) erhältlich.

1

2

3

4 Alle japanischen Häuser werden um den nur in einer Größe erhältlichen Tatami herum gebaut, der so gut zu modernem Design paßt. Die Japaner sind die Erfinder der Modulbauweise; die Größen der Module sind den Matten angepaßt.

5 Neben Bosanquet Ives beliebter Fischgrätjute, 91 cm breit, gibt es Jute im Korbwebmuster ebenfalls 91 cm breit, entweder naturfarben oder mit eingewebten scharlachroten, smaragdgrünen oder meerblauen Fäden.

5

9 Ruckstuhl stellt nicht nur Bodenbeläge in Coir und Sisal her, wie das hier abgebildete Design »Pianelle«, sondern auch Teppiche aus reiner Schurwolle, aus Ziegenhaaren und aus natürlichen Wollfasern. Sie bieten Teppichböden, einzelne Teppiche und sogar Teppichfliesen an.

10 Crucial Tradings Kollektion »Candy Stripe« aus Sisal kombiniert Farbtöne und kontrastiert sie mit zweifarbigen Webfäden in der Diagonalen.

10

11 Lose ausgelegte Coir- und Sisalfliesen von Crucial Trading sind fast 50 qcm groß. Sie werden in gebleichten oder natürlichen Farben hergestellt, sind sehr strapazierfähig und ideal für vielbegangene Flächen. Sie sind wärmedämmend und haben optimale akustische und antistatische Eigenschaften.

11

PULL
PULL

TÜREN

Die Tür ist für den Besucher der erste und letzte Blickfang. Jedes Haus hat verschiedene Türen – Eingangstür sowie Zimmertüren, die die einzelnen Räume miteinander verbinden. Dennoch beachten die meisten Menschen sie nicht und leben einfach mit den fertig gelieferten und eingebauten Türen. Da stehen sie nun, die Standardtüren in einer Größe von 100×210 cm, getäfelt oder einfach, und in der Regel mit einer Türklinke oder einem Griff ausgestattet. Und deshalb sehen die meisten Häuser, selbst die, die über eine interessante Inneneinrichtung verfügen, von außen einfach langweilig und stereotyp aus.

Dennoch gibt es viele gute, individuelle und ansprechende Alternativen, mit denen man experimentieren kann, die alle sehr funktional sind, den Anforderungen hinsichtlich der Schalldämmung und dem Schutz vor Wind und Licht entsprechen sowie auch die nötige Sicherheit bieten.

Die Veränderung einer Eingangstür zu einem ganz individuellen Detail, das aber in Stil und Wirkung weiterhin in Einklang mit der Architektur des Hauses steht, läßt sich am einfachsten durch eine Veränderung der Proportionen erreichen. Diese wurden im 18. Jahrhundert fixiert; festgelegte Regeln besagten, daß Türen mindestens zweimal so hoch wie breit sein sollten. Heutzutage sind Variationen möglich, und Türen können die Höhe der Räume optisch verändern, wenn sie schmaler bzw. breiter sind. Die Architekten Trevor Horne und John Pawson setzen diesen Trick ein, um niedrige Räume höher erscheinen zu lassen. Ihre Spezialanfertigungen sind höher als normale Türen und werden an Türangeln innerhalb der Rahmen befestigt, so daß keine unschönen Metallteile sichtbar sind.

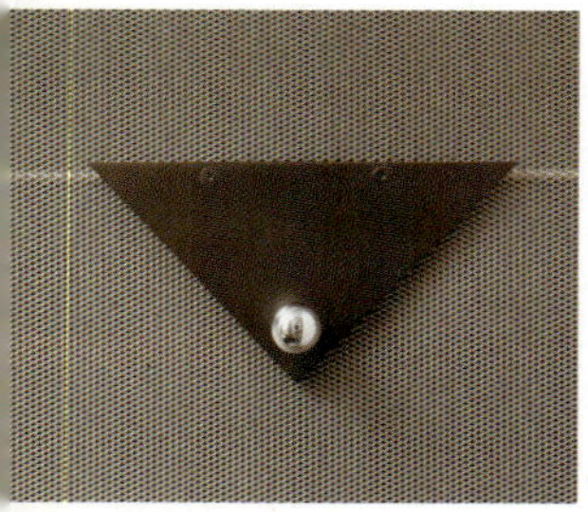
1

Vorangehende Seite
Die dreieckigen Glaseinsätze, ein architektonisches Element, heben die Position der Türgriffe hervor und bieten einen verschwommenen Blick in den dahinterliegenden Raum.

2

1 und 2 Bei der Renovierung dieser Wohnung hat Studio Epton den Details große Aufmerksamkeit gewidmet. Jede Tür ist mit ornamentalen Griffen oder Knöpfen versehen, entweder paarweise oder einzeln, die leichter wirken und den gewohnten häuslichen Funktionalismus in neuer geometrischer Weise anordnen.

3

3 Einer der schönsten Ausblicke in Kalifornien wird hier in der Villa Zapu von Falttüren eingerahmt. Von Powell-Tuck, Connor and Orefelt.

4

4 Unregelmäßige, aber geometrisch angeordnete schwarze Holzrahmen konturieren die Glastüren. Drei Steinstufen markieren den Aufstieg in das Haus des Architekten Sergio Puente. Der Eingang gibt den Blick auf eine Holztreppe frei, die unter einem schrägen Oberlicht nach oben führt.

5

5 Vier Falttüren aus geripptem Acryl teilen einen Konferenzraum ab, dessen Ausstattung von Stefano de Martino stammt. Schmale Scharniere halten die Platten zusammen.

6

6 Der Architekt Jan Kaplicky ließ sich bei dem Wohnungsumbau in einem Stadthaus aus dem 19. Jahrhundert von einer Weltraumkapsel inspirieren. Die Tür hat Standardgröße, ist aus Stahl und in einen breiten, kräftigen Stahlrahmen eingesetzt.

TÜREN

1 und 2 In einer Villa auf Mallorca hat das ehemalige Architekten-Duo Claudio Silvestrin und John Pawson riesige Falttüren in den Innenraum eingesetzt. Sie entsprechen in ihrer Masse und ihrem Volumen den Haustüren, die sich zu einem niedriger gelegenen Tennisplatz öffnen.

1

2

5

3

3 Da der amerikanische Markt historische Stile bevorzugt, müssen die Anhänger der Moderne oft auf Spezialanfertigungen zurückgreifen – so der Architekt Mark Marcinik, dessen neugegründete Firma diese doppelten oder dreifachen Falttüren entworfen hat. Die Türen sind aus Spanholz, das mit Hartholz furniert und mit Aluminium verziert wurde.

4 Eine Buchentür aus amerikanischem Hartholz in einem wuchtigen Rahmen läßt dank der quadratischen Fenster Licht in den Raum eindringen.

4

Da große Häuser in kleine Wohnungen aufgeteilt werden, die wiederum modernen Wohnbedürfnissen angepaßt werden müssen, träumt heute jeder Architekt von undurchbrochenen Wänden. Die Architekten versuchen, unnötige Durchgänge zu vermeiden, wenn sie einen Raum zu stark bestimmen. Manchmal verändern sie die Proportionen, indem sie den Durchgang verbreitern und niedriger ansetzen. In diesem Fall rahmt Pierre d'Avoine die Türen seitlich mit dunklem Mahagoni oder Eichenpfosten ein, um den Querbalken zu stützen. Ein weiteres Problem ist die Frage, wie die Türen befestigt werden sollen,

5 Diese traditionelle japanische Herberge aus Holz wurde in einem kleinen Vorort neu aufgebaut. Die Dimensionen der Räume basieren auf der Größe von vier, sechs oder acht Tatami-Matten. Die Shoji-Wände sind neu und gewähren, im Gegensatz zu den traditionellen vier geöffneten Wänden, nur an zwei Seiten Einlaß.

6 Die Buchentür wurde von Lynn Davis entworfen. Sie hat an den oberen Ecken zwei Quadrate, die die dunklen Rosenholz-Intarsien wieder aufgreifen.

6

7

7 Diese Türen von Rehabitec Y Diseño bestehen aus Buche und haben eingesetzte Glasfenster in der Form von Schlüssellöchern. Die Türen sind gebeizt und in einen Edelstahl-Rahmen eingesetzt. Viele Architekten versuchen, Türen zu vermeiden, doch hier erzeugen sie eine interessante Wirkung.

8 Diese elegante Wohnungstür hat ein Furnier aus amerikanischer weißer Eiche und besticht zusätzlich durch eine Escheninstarsie in dem gerippten und beeindruckend breiten Rahmen. Die Vereinigten Staaten verfügen über große Hartholzbestände, da jeden Tag sechs Millionen junge Hartholz- und Weichholzbäume gepflanzt werden.

8

11 Armstrong Associates gehen mit einem schweren Eingang leicht um, indem sie die Holztür in der Mitte durch eine Glasplatte auflockern. Diese gibt den Blick frei auf die riesigen Stahlgriffe, die vom Boden bis zur Decke reichen und auf beiden Seiten der Tür angebracht sind.

denn die schlichten modernen Türen, bar jeder Verzierung wie Täfelung, Schlüsselringe oder anderer extravaganter Schnörkeleien, müssen leise und unauffällig schwingen oder in ihre Rahmen gleiten. Der Türrahmen besteht oft aus Holz und ist feuer- und einbruchsicher, denn die meisten Einbrüche geschehen durch gewaltsames Aufbrechen der Türen. Gebälk mit Pilastern und Spitzbögen, die die Tür auf klassische Weise einrahmen – ein Stil, den Neoklassizisten bis heute propagieren – sind kein guter Ersatz für die Sicherheit, die ein kräftiger Rahmen und eine solide eingehängte Tür bieten. In Italien sind die Eingangstüren aus Sicherheitsgründen häufig gepanzert und mit einem großen, reflektierenden, kugelsicheren Glasauge versehen, das Licht einläßt und zugleich den Blick nach außen freigibt. Ein farbenfroher Polyesterüberzug versteckt diese Panzertür und gibt ihr ein freundliches Aussehen.

Doppelte Schiebetüren, die hinter eine der beiden Seiten des Durchgangs geschoben werden können und diesen wie ein japanischer Shoji flankieren, sind eine beliebte Alternative zu den traditionellen Türen. Dazu muß jedoch ausreichend Wandfläche an beiden Seiten vorhanden sein.

9

10

10 Holztüren erfordern nicht unbedingt gerade Linien, wie dieses geschwungene Stück in amerikanischer Eiche beweist. Die natürlich geformten Griffe unterstreichen die fließende Bewegung des Holzes.

9 Ein *trompe-l'oeil*-Gittermuster aus Holzintarsien erzeugt eine klassische Wirkung und läßt die Holztür dreidimensional erscheinen. John Outram ist ein postmoderner Architekt, der die Verzierungen der Kunsttischler des 18. Jahrhunderts aufgreift, um eine erfrischende Alternative zu historisierendem Stuck zu schaffen.

11

Die Türen in modernen Häusern, die keine Täfelung oder Dekoration ziert, sind gewöhnlich mit der Spritzpistole bearbeitet, so daß sie eine gleichmäßige, glatte Oberfläche haben, entweder matt oder glänzend. Serienmäßig hergestellte Türen sind entweder lakkiert, oder sie bestehen aus poliertem Obstbaumholz, dessen Maserung durchscheint. Interessante Alternativen sind die Türen von De Pas, D'Urbino und Lomazzi, die sowohl konkav als auch konvex sind – ein geschwungener Bogen mit Einspritzungen von Polyurethan-Schaum, der dazwischen liegt. Sie sind außerdem mit Nachtlampen ausgestattet, die in der Dunkelheit die Orientierung erleichtern. Eine weitere Alternative sind lautlos

1 »Radar« von Tre P ist eine Wendetür aus lakkiertem Holz. Tre P's modernes, geradliniges Design kann so angebracht werden, das es sich entweder von links oder von rechts öffnen läßt. Die patentierten Scharniere sind verborgen.

2

2 Drei fliederfarbene Glasbausteine in einem runden Treppenhaus aus transparenten Glasbausteinen greifen die Farbe der Innentür wieder auf. Die halbrunden Türgriffe sind nachts erleuchtet.

4 Speziell angefertigte Glastüren führen in John Youngs Haus in den Wäscheraum und ins Badezimmer.

1

3 Dierres Tür »AT 4« verbirgt die Tatsache, daß sie mit einer verzinkten, doppelten Stahlplatte gepanzert ist, auf freundliche Weise. Sie ist weiß gestrichen, hat ein spezielles Sicherheitsschloß und ist in einen schwarzen Rahmen eingesetzt. Das Schloß verbirgt sich hinter dickem Styropor, das perfekte Schall- und Wärmeisolierung bietet.

3

4

5

5 In mittelalterlichen Schlössern mußte man sich über den Burggraben bis zu den Toren durchkämpfen. An diesem Backstein-Haus befindet sich über der mannshohen Tür mit Guckloch eine Wand aus Glasbausteinen, deren Gittermuster an das alte Fallgitter erinnert.

6

6 Diese Tür führt in einen Innenhof. Sie ist konvex gebogen, hat einen rot gestrichenen Rahmen und ist von quaderartigen Verschalungen eingerahmt, die mit den gelben Schindeln an der Außenseite eine asymmetrische Komposition bilden. Die nach innen zu öffnende Außentür ist ein Entwurf von Eric Owen Moss.

7

7 Die ungewöhnlich geformte Tür von Eric Owen Moss von außen betrachtet (siehe Abbildung **6**).

8 Die Tür von Lualdi, »Super«, wurde von Luigi Caccia Dominioni entworfen und ist die erste lackierte Polyestertür der Welt. Die schmale Stahlklinke wird durch den roten Hintergrund besonders hervorgehoben.

gleitende Schiebetüren aus rotem Lack, die sich wie Schmetterlingsflügel flach gegen die Wand klappen lassen, so daß nur noch der schwarze Lackrahmen sichtbar ist. Diese Türen nehmen sehr wenig Platz ein, sind beidseitig verwendbar und können deshalb auf der linken oder der rechten Seite eingehängt werden.

Manchmal bedeckt ein kleines Muster die Tür, wie das Lochkarten-Muster in der Serie »Egizia« von Toso und Massaria. Es ist so diskret, daß es nicht mit dem Interieur in Konflikt gerät. Es werden auch traditionelle Effekte eingesetzt. Beispielsweise versah der Architekt Alessandro Mendini die Haustüren einer italienischen Villa mit schablonierten Blättermustern in Grüntönen, die eine Verbindung zwischen Haus und Garten herstellen. In älteren Häusern mußte oft ein Oberlicht aus Bleiglas oder farbigem Glas über der Tür angebracht werden, damit Licht eindringen konnte. In modernen Häu-

10

9

10 Tre P's Tür »Rever«, entworfen von Cini Boeri zusammen mit Laura Griziotti und Guido Nardi, besteht aus Sperrholz und ist innen hohl. Sie läßt sich nach innen und nach außen öffnen.

8

9 Die Winkel dieser Türen werden durch das dreieckige Deckenlicht noch betont. Das Design von Lynn Davis spielt mit dem Licht, das durch die beiden Türen eindringt; die auffälligen roten Türgriffe lassen es noch dynamischer erscheinen.

1

2

2 In den wenigsten Fällen passen die Garagentore zu dem Haus. Hier greifen die Jalousien des offenen Innenhofes von Faber das Garagen-Aluminiumtor wieder auf. Der Entwurf stammt von Robin Spence.

1 Eine Frühstücksbar aus Edelstahl wird von einer zweiflügligen Glastür flankiert, die sich zum Balkon hin öffnet. Große Stahlgriffe sind innen und außen genau spiegelbildlich angebracht. Backstein, Stahl und Glas sind die idealen Materialien für den Umbau dieses ehemaligen Lagerhauses. Von John Young.

3

3 Die Außentür, die von der Straße in dieses Haus führt, ist zweiflüglig und aus Glas. Die Flügel reichen bis zum zweiten Stockwerk. Zwischen den Etagen wurde ein halbrunder Gitterstahlbalkon eingesetzt. Die Tür besteht eigentlich aus vier Doppeltüren, und die Übergänge werden durch den Balkon verdeckt. Jeder Türflügel ist aus zehn Glasplatten zusammengesetzt. Die Schlösser, die neben den Türen angebracht sind, können von innen oder außen abgeschlossen werden.

4

4 Die Multi-Falttür von Wing Industries läßt sich in geöffnetem Zustand flach an die Wand anlegen; in geschlossenem Zustand schafft sie eine intime Atmosphäre und läßt trotzdem Licht in den Raum.

sern ist dies nicht mehr nötig. Die farbigen Glasscheiben für Türen, die der amerikanische Architekt Frank Lloyd Wright um die Jahrhundertwende entworfen hat und deren Stil er »Usonian« (US-artig) nannte, sind heute Massenware geworden. Zu einer Zeit, als die Glaskünstler der *Arts-and-Crafts*-Bewegung geschwungene Jugendstillinien und Weinranken entwarfen, entwickelte Wright mit seinen farbigen Glastüren – ebenso wie mit seinen Gebäuden – einen geometrischen, scharfkantigen Formalismus. Die geradlinigen Designs und die Primärfarben seiner Türen spiegeln den Typ Haus wieder, den er propagierte:

5

5 Die Glastür aus der Serie »Mastermark« von Simpson besteht aus 15 Thermo-Scheiben.

7

8

7 und 8 Drei Glasscheiben – die mittlere ist aufgehängt und läßt sich öffnen – trennen Küche und Eßzimmer, ohne dabei das Licht auszuschließen oder diese beiden zusammenhängenden Räume auseinanderzureißen. Das Haus ist von Gianfranco Cavaglia.

6

6 Spezialangefertigte Glastüren, die vom Boden bis zur Decke reichen, werden mit einem Laser geschnitten.

Vorstadthäuser, die in die Breite streben, nicht nach oben wie die Reihenhäuser im dichtbesiedelten Europa. Wright verwendete Hohlblocksteine im Gittermuster, um eine lebendige Verbindung zwischen Innen und Außen zu schaffen.

Der Einsatz von lichtdurchlässigen Glasscheiben ist der einzige Kompromiß, den die moderne Architektur hinsichtlich einer Verzierung macht. In modernen Türen sind opake Glasblöcke eingesetzt, die wie Josef Hoffmanns Gittermuster angeordnet sind und zwei Drittel der Höhe der Tür einnehmen – ein ebenso ästhetisches wie erhellendes Design.

9 Für sein Londoner Haus hat der Architekt Sir Richard Rogers zwei Reihenhäuser aus dem 19. Jahrhundert miteinander verbunden. Er entfernte fast alle Türen, um so einen emporstrebenden Raum zu schaffen, der sehr viel Licht einläßt. Um das Licht, daß durch 16 Fenster einfällt, weiterzuleiten, wurde eine opake Glastür mit schlichtem Stahlrohrgriff eingesetzt – sie schafft eine fließende Trennung.

9

1

1 In südlichen Ländern kommt Türen nicht die Aufgabe der Abschottung zu. Dieses Tor aus Stahlrohr von Franklin D. Israel wirkt offen, ist durch ein mauerhohes Gitter aber dennoch sicher.

Heute ist der moderne Türgriff zu einem neuen Thema für Architekten und Designer geworden, die ungewöhnliche Formen entwerfen und anonymes Chrom ablehnen. Die neuesten Griffe enthalten lichtempfindliche Materialien, die im Dunkeln sanftes Licht ausstrahlen. Um Technologie menschlicher zu gestalten, ist *High Touch*, nicht *High Tech* gefragt. Die Türgriffe in organischer Form von Wurzeln, ein Entwurf des spanischen Architekten Antonio Gaudí, werden bis heute hergestellt. Dieses Design stammt aus dem Jahr 1904 – der beste Beweis dafür, daß Tür-Designs zu Klassikern werden und eine wichtige Rolle in der modernen Raumgestaltung spielen können. Ganz allgemein haben aufwendige Flügeltüren und verkleidete Türen an Popularität verloren, da sie zu aufdringlich wirken; bei modernen Häusern werden schlichte Eingänge bevorzugt. Auch die Lamellentür, die den Stauraum im Schlafzimmer und im

2

3

2 Diese Edelstahltür im mittleren Stockwerk eines dreistöckigen Penthauses von Steven Forman in New York öffnet sich durch einen Fingerdruck. Die vertikalen Lichtbänder von Treitel Gratz Inc., die sich durch das ganze schmale Haus ziehen, sind aus opaken Glasbausteinen und Bausteinen von PPG Pittsburgh Corningware.

3 In diese ehemalige Fabrik hat der Architekt Ben Kelly eine Eingangstür aus Stahl mit einem Oberlicht eingesetzt. Ungewöhnlich an diesem Modell ist, daß die Stahltür von einem Holzrahmen eingefaßt ist – das traditionelle Design wird hier umgedreht. Der Stahl wurde säuregeätzt, so daß er eine gefleckte, abgeriebene Patina erhielt. Dieses Spiel der Materialien wird von der Pferdehaarmatte und dem gewürfelten Holzparkett aufgegriffen, das gegen eine mit einem Breitbeil bearbeitete, dunkel gefärbte Wand gesetzt ist.

Bad abgrenzte, wird kaum noch verwendet. Heute sind Falttüren, die an den Seiten eingehängt und in der Mitte in entsprechenden Schienen verankert sind, verbreiteter. Die neuesten Mechanismen für Ziehharmonikatüren aus Holz sehen so aus, daß sie die Türen über große Flächen spannen und zum Beispiel Eß- und Wohnbereich voneinander trennen. Diese Türen sind genauso vielseitig wie Wandschirme, wobei sie zusätzlich Zugluft und Lärm abhalten und weniger Platz beanspruchen als normale Türen. Da sie für Innenräume bestimmt sind, bestehen solche Türen in der Regel aus Spanplatten, die mit Holzfurnier oder wasserfestem Kunststoff bezogen sind.

Eine unsolide Tür läßt Zugluft, Lärm und, was wohl am schlimmsten ist, Einbrecher eindringen. Magnetische Schließvorrichtungen wirken bei Innentüren gegen Zugluft und Lärm; für Haustüren gibt es spezielle Sicherheitsschlösser (die in die gesamte Dicke der Tür eingesetzt sind) oder ein selbsteinrastendes Türschloß mit einem dicken, sicheren Bolzen.

Eine starke Türkette, ein Guckloch und ein Bolzen für Türen, die ins Freie führen, verleihen zusätzliche Sicherheit. Für Türen mit sichtbaren Scharnieren gibt es einen Scharnierbolzen, der jedes Mal, wenn die Türen geschlossen wird, zuschnappt. Zwei Bolzen, die in der Tür neben den Scharnieren befestigt sind, sichern den Bereich zwischen Tür und Rahmen.

4

5

6

4 Eva Jiricna setzt in dieser Stadtwohnung Stahltüren ein, die an U-Boot-Luken erinnern. Sie haben ein Guckloch auf Augenhöhe und versilberte Griffe.

5 Der irische Designer Clodagh, der in den Vereinigten Staaten arbeitet, bevorzugt Patinaoberflächen wie etwa unbearbeiteten Putz. Diese blaue Stahltür von David Johnson für Clodagh Design International hat einen Harrison-Griff und ein Kupferschloß. Clodaghs Raumentwürfe verlassen sich auf die ästhetische Wirkung grundlegender Materialien aus der Bauindustrie – Glas, Gips, Beton und Stahl.

6 Aufzugstüren aus Edelstahl sind sehr sicher und weisen eine interessante Oberfläche auf. Die Tür ist mit einer Kamera und einem Eintrittskode ausgestattet.

1

1 Im Gegensatz zu den meisten Metallinstallationen sind Hewis nylonüberzogene Stahlgriffe und -klinken nicht ungemütlich kalt anzufassen.

5

5 Eine Klinke aus Ambrose Mortez' Serie »Baia« für Mandelli. Das stoßfeste Finish »Fluxcoat« verstärkt den Glanz des Messings noch.

7

6

6 Philip Hearseys knallrote Innentüren werden von einem Paar schwerer Türringe gekrönt, deren Messingoberfläche mit Ammoniakdämpfen bearbeitet wurde.

2 Die Griffe »Sarissa« aus der Kollektion »Casual« von Valli & Colombo, einer Serie aus dekorativen Türgriffen und Beschlägen, sind in poliertem Messing, in Chrom und mit matten weißen, schwarzen und opaken Überzügen erhältlich.

3

3 Diese polierten »Best of Brass«-Messinggriffe von Steven George können entweder direkt oder aber mit Hilfe einer runden oder rechteckigen Rückenplatte an der Tür befestigt werden.

4 Die Griffe, Knöpfe, Angeln und Türklopfer von Angelo Becchetti sind aus poliertem, versiegeltem Messing. Der Türgriff »Erika« wurde vom hauseigenen BAL-Studio entworfen.

7 FSB gibt ihre Türklinken bei berühmten Designern in Auftrag. Das Modell »1184« von Franco Berg entspricht dem Motto der Firma, daß »man nur nach etwas Substantiellem greifen kann«.

8 Die quadratische Platte »Modric« von Allgood wirkt wie ein Stück blauer Himmel. Der Griff ist wie eine gewöhnliche Türklinke angebracht.

2

4

8

9

9 Die Türgriffe von Josep Lluscá werden von der spanischen Gießerei Sellex hergestellt und sind in Messing, Chrom und poliertem schwarzen Metall erhältlich.

10 Neobarocke Türknäufe und -griffe von Gérard Dalmon werden von der Avantgarde-Firma Néotu vergoldet oder mit Bronze überzogen.

11 und 12 »Vienna« 1 und 3 stammen aus einer Kollektion von Türzubehör aus massivem Messing. Ihre Oberfläche ist aus poliertem Messing oder mattschwarz. Sie wurden unter ergonomischen Gesichtspunkten von Ivo Pelligri für RDS entworfen.

13 Zu den exakten Reproduktionen – was sowohl die Form als auch das Material, handpoliertes massives Messing, anbelangt – von acht Originalentwürfen des berühmten Architekten Antonio Gaudí zählt auch dieser ungewöhnliche Griff, in den der Künstler seine Signatur eingraviert hat. Von bd-Ediciones de Diseño.

14 Christian Cirici schuf wirbelartige Griffe aus Congoy- oder Korallenholz, die von poliertem oder Chrommessing eingeklammert werden. Der elegante Türgriff ist Teil der Serie »Herrajes Bd«, die Cirici für bd-Ediciones de Diseño entwarf und zu der noch ein Türknopf, ein Riegel für eine Schiebetür und ein Möbelknauf gehören.

10

11

12

15

16

17

13

14

15 Ein Griff aus Bruyèreholz mit Rosette und Deckschild aus Messing aus der Serie »Otto F« von Gianfranco Frattini für Fusital.

16 Der Griff »Bridge« von Guiseppe Raimondi für Eurobrass.

17 Frascios Messinggriffe »Piramide« von Paolo Nava sind rostfrei.

18 »Cormorano«, Zubehör aus Valli & Colombos Messing-Kollektion »Classic«.

19 »Fenix«, ein geschwungener massiver Messinggriff von Guiseppe Raimondi für die Eurobrass-Serie »Design Collection«.

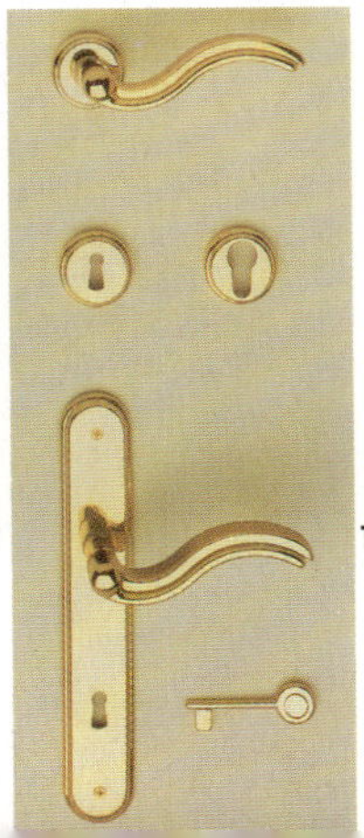

18

19

1

1 Dieses ungewöhnliche Schloß, ein Bolzen aus rostfreiem Stahl mit satinierter Oberfläche, wurde von Alan Tye für Allgoods Serie »Modric« entworfen. Es rastet in einen Stahlrahmen ein und garantiert so erhöhte Sicherheit.

6

11 Scharniere für Notausgänge müssen aus verstärktem Stahl sein und kräftige Schrauben haben, wie dieses Modell von Alan Tye aus der Serie »Modric«, hergestellt von Allgood, einem Spezialisten für Metallbeschläge.

11

12 Ein Türanschlag von Knud Holscher für die Serie »d-line« von Carl Petersen, die aus Edelstahl und poliertem Messing besteht.

12

2 Hewis farbenfroher Türanschlag »625« aus Nylon und einer Feder funktioniert sanft und geräuschlos und verringert die Unfallgefahr.

2

6 Die stabile, praktisch geformte Klinke aus Chrom paßt gut zu dem dicken, spezialangefertigten Glas und den schwarzen Türrahmen in David Wilds Haus.

7 In diesem angenehm fließenden Türgriff »1104« von Mario Botta für FSB trifft die menschliche Hand auf funktionale Mechanik.

7

13 Die Türklinke »M« von Knud Holscher für Carl Petersens Serie »d-line« zeichnet sich durch eine einbruchsichere Befestigung aus.

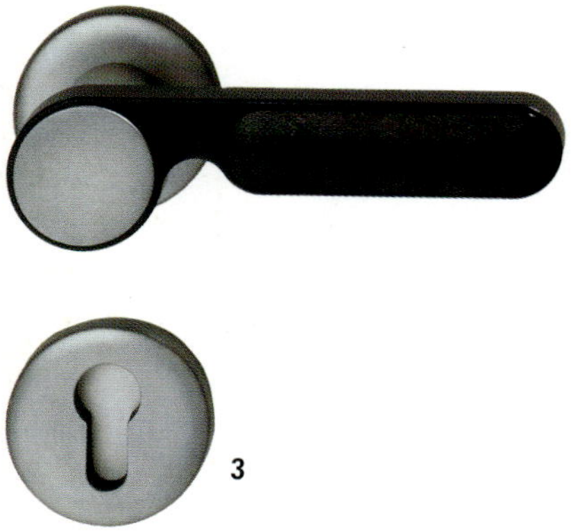

3

3 Der Entwurf »1138« aus Dieter Rams Serie »rgs« für FSB. Die Kombination von grauem Aluminium und schwarzem Plastik verdeutlicht die Philosophie des Designers, daß Einfachheit wichtiger ist als Komplexität.

8

9

10

13

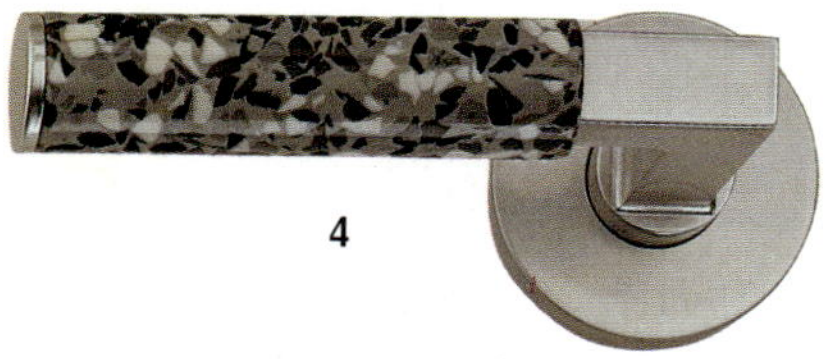

4

4 Das Modell »1102« des Architekten Alessandro Mendini für FSB ist ein Remake einer Türklinke, die der Bauhaus-Künstler Walter Gropius in den zwanziger Jahren für die Fagus-Werke entworfen hat.

8 und 9 Die Klinke »1144« und der Türknauf »2374« von FSB sind schlichte und funktionale Entwürfe von Jasper Morrison.

10 James Hongs für CDI entworfener Aluminiumgriff paßt an jede Schiebetür.

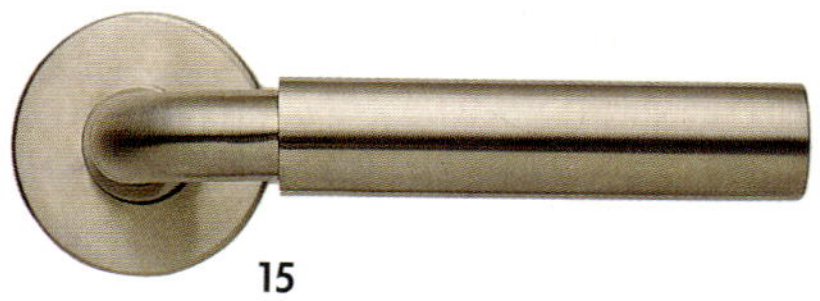

15

5

5 »Unilite« wurde von Alan Tye für Allgoods Serie »Modric« entworfen und besteht aus phosphorisierendem PVC, das im Dunkeln leuchtet und sich durch natürliches oder künstliches Licht wieder neu auflädt. Der ideale Griff für Badezimmer.

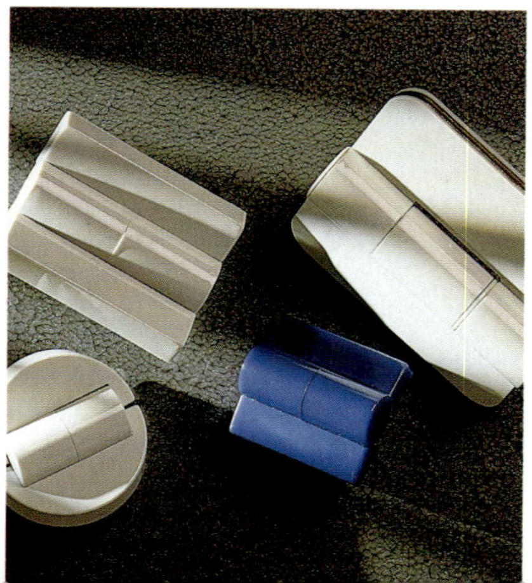

14

14 Die Hewi-Modelle sind mit farbenfrohen Nylonüberzügen versehen. Ein Grund dafür ist, daß die Scharniere auch bei geöffneter Tür ordentlich aussehen sollen – was bei lackierten Scharnieren nicht immer der Fall ist.

15 Das Stuttgarter Design-Center zeichnete Walter Schnepel mit seiner Türklinke »WSD 88« für die Firma Tecnolumen aus. Tecnolumen stellt neben authentischen Bauhaus-Designs auch die Entwürfe moderner Designer her.

FENSTER

Glas ist das innovativste Baumaterial des 20. Jahrhunderts. Die Architekten experimentieren ständig mit neuen Methoden, dieses Material vermehrt einzusetzen, das sowohl innerhalb als auch außerhalb des Hauses eine große Rolle spielt. Fenster lassen Licht und Luft ins Haus ein, sie sind seine »Augen« und seine »Lungen«. Doch heute verwandeln sich die Glasflächen auch schon in die Haut des Hauses – sie sind nicht mehr nur Fenster, sondern auch die Wände selbst. Dabei haben diese Glasfassaden neue Probleme aufkommen lassen; die Bewohner verhängen sie mit Vorhängen, um sich einen privaten Raum zu schaffen und ihn zugleich vor dem Sonnenlicht zu schützen.

Während das Jahrhundert sich dem Ende zuneigt, kündigen sich revolutionäre neue Entwicklungen für den Einsatz von Fensterflächen im modernen Wohnen an. Technologische Neuerungen in der Glasindustrie haben einen Glastyp erzeugt, der den Blick von innen nach außen gewährt, von außen jedoch nur als undurchsichtige Fassade erscheint. Zudem ist dieses Glas lichtempfindlich, es schwächt die Lichtstrahlen bei Helligkeit ab und intensiviert sie bei Dun-

1 Holz beherrscht dieses Haus von Gwathmey/Siegel. Die formal angeordneten Fenster in verschiedenen Formen und Größen ergeben ein schön anzusehendes Muster und durchfluten zugleich das Innere des Hauses mit Licht.

1

2

3

Vorangehende Seite Größere Glasflächen, kräftigere Versiegelungsmaterialien und Rahmen, die große Glasscheiben wie von unsichtbarer Hand halten, haben das Aussehen des modernen Fensters verändert. Es läßt sich nach außen öffnen, nach innen drehen, hochschieben, mit Lamellen verkleiden und zur Seite schieben. Die Linien des schwarzen Metallrahmens dieses Fensters wiederholen sich in den Lamellen der Innenjalousien. Der Entwurf stammt von David Wild.

2 und 3 Die ehemaligen Partner Claudio Silvestrin und John Pawson haben diese Fenster entworfen. Ihre Plazierung am Ende eines langen, schmalen Korridors erzeugt einen ungewöhnlichen Effekt – die rechteckigen Glasstreifen fangen tagsüber die Sonne auf und werfen ein Spiel aus Licht und Schatten auf den Betonboden.

4

4 In John Youngs Penthouse gibt eine ganze Wand aus Glas den Blick auf die Themse frei. Die Glaswand wird von einem Metallrahmen gehalten; der Effekt ist großartig. So werden zugleich die beeindruckenden Heizrollen betont, die strategisch günstig neben der Fensterwand angebracht sind und die warme Luft ungehindert zirkulieren lassen. Jedes dritte Fenster der zweiten Ebene kann geöffnet werden; drei Quadrate an der hinteren Wand dienen als Balkontür.

5

5 John Youngs Penthouse von außen. Vier Stockwerke über der Straße ragt sein Badezimmerturm aus dem Dach hervor. Die Wände dienen gleichzeitig als Fenster. Der Badezimmerturm, der aus einem Rahmen aus verstärktem Stahl mit Glasbausteinen besteht, hat ein Dach aus Klarglas.

1 Das von dem Architekten David Wild entworfene Tor aus Stahlrohr bildet ein Pendant zu den linear arrangierten Fenstern. Die Glasbausteine bilden ein horizontales Muster auf dem bernsteinfarbenen Stein der versetzten Wand. Im Erdgeschoß, das von der Straße aus einzusehen ist, wurde Milchglas verwendet; der erste Stock dagegen ist mit großen Klarglas-Scheiben ausgestattet, die durch Jalousien geschützt werden.

2 Nur ein paar Schritte weiter befindet sich ein weiterer Entwurf von David Wild – Fenster, die sich nach außen klappen lassen und wie Schmetterlingsflügel wirken.

kelheit. Der französische Architekt Jean Nouvel hat mit dem Bau des Arabischen Instituts in Paris demonstriert, wie man eine Struktur in dieses lichtempfindliche Material einkleidet. Der Effekt ist ähnlich wie bei einer Kameralinse, die mehr Licht durchläßt, wenn der Tag sich dem Abend zuneigt, oder weniger Licht, wenn die Sonne hoch am Himmel steht und das Licht am intensivsten ist. Wie Chamäleons interagieren diese Glasoberflächen dynamisch mit ihrer Umgebung und verarbeiten zugleich ein Maximum an Energie.

Der britische Architekt Richard Rogers, der sein technisch hochentwickeltes und umstrittenes Gebäude für Lloyd Insurance im Londoner Finanzbezirk – das einzige Wahrzeichen, das in diesem Jahrhundert in London gebaut wurde – bereits als Dinosaurier bezeichnet, meint, daß Bauwerke immer stärker »entmaterialisiert« werden, da Architektur nicht länger eine Frage der Masse und des Volumens ist, sondern sich vielmehr durch leichtgewichtige Strukturen mit transparenten Schichten definiert.

Solche radikalen Entwicklungen sind umso bemerkenswerter, als sie relativ neu sind. Jahrhundertelang boten lose befestigte, gewachste Papierwände oder schmale Schlitze in kre-

3

4

5

5 Ein großes Klavier, die Loom-Chairs, exotische Pflanzen – jedes Detail in diesem Musikzimmer ist von dem Architekten Rick Mather geplant worden, um keine steife Wintergarten-Atmosphäre aufkommen zu lassen. Das großflächige Dachfenster aus Glas und die gleichmäßig angeordneten Fenster schaffen einen hellen Raum, der dennoch einladend wirkt.

6 Alexander Gorlin hat drei großflächige Glasfenster entworfen, die durch quadratische Säulen getrennt werden. Tagsüber dringt natürliches Licht ins Haus ein; nachts fällt die elektrische Beleuchtung nach draußen auf den Swimmingpool.

6

3 Dieses Haus, ein Entwurf von Lustig, zeichnet sich durch seine perfekte Symmetrie aus. Die Glaswand trägt zur Geometrie des Hauses bei; sie besteht aus quadratischen Fenstern, die sich bis zu dem extravaganten Giebel nach oben strecken. Die Symmetrie wird ebenso von dem Blickfang des Raums unterstützt, einem in der Mitte eingebauten Kamin, wie auch von den beiden zylindrischen Rauchfängen aus Stahl, die zwei Säulen formen und sowohl von innen als auch von außen sichtbar sind.

8

nellierten Wänden die einzige Möglichkeit, Tageslicht und einen Ausblick in die Wohnungen zu bringen. Die Perser und später die Römer entdeckten, daß man Glasplatten herstellen kann, die sich in geschmolzenem Zustand wie Kuchenteig ausrollen lassen. Doch dieses Glas war trübe, dick und leicht zerbrechlich, wenn die Platte etwas größer war. Nichtsdestotrotz wurde jene Technik, bei der mehrere kleine Platten in einem Metallrahmen zusammengehalten wurden, bis in das 19. Jahrhundert beibehalten. So stellte man Erkerfenster her. Ein im Zusammenhang damit überall anzutreffendes architektonisches Detail war die Fensterbank, die als Sitz diente – daraus läßt sich schließen, wie wenig Tageslicht bis ins Innere des Hauses vordringen konnte. Erst 1959 wurden in England Glasscheiben bis zu einer Breite von 3,30 m hergestellt. Die Evolution des Glases wurde zu einer Revolution, als man Glasflächen jeder Abmessung produzieren konnte, die außerdem noch kräftig genug waren, um in Stahlrahmen eingepaßt zu werden.

Die Baugesetze für die Renovierung alter Häuser fordern, daß die Originalfassaden erhalten bleiben, was dazu führt, daß heute Fenster in einer

4 Die Fensterfront »Inoxfinestra« von Industrie Secco wurde von Spectrum für ein Bürogebäude ausgewählt; sie besteht aus aufeinandergesetzten Fensterreihen, die in rechteckige Edelstahlrahmen eingefaßt sind.

7

7 Glasbausteine bringen Licht in David Chipperfields Architekturbüro in der Innenstadt, ein Gebäude, das keinen schönen Ausblick bieten kann. Das Gleichgewicht wird durch die gleichmäßig angeordneten quadratischen Fenster hergestellt.

8 Dieses von David Chipperfield entworfene Wohnzimmer hat zwei Glaswände, die eine Ecke bilden. Der Architekt selbst hat den Ausblick bestimmt, der durch die Fenster zur Geltung kommt: hier ist es der Garten.

1 Gwathmey/Siegel integrierten durch die Holzrahmen ein klassisches Material in ein modernes Gebäude; das fällt in einer Umgebung, die durch Metall und Chrom bestimmt wird, positiv auf.

2 Moderne Fenster wie diese sind gewöhnlich in Aluminiumrahmen gefaßt, doch Gwathmey/Siegels spielerischer Umgang mit dem Material hat den modernen Stil ins Gegenteil verkehrt: In die metallisch-graue Fassade wurden Holzrahmen eingesetzt, die mit einem Rosenholz-Firniß überzogen sind.

1

3 Das eng mit der Art-Deco-Ära verknüpfte Bullauge kommt bei der Renovierung dieses Hauses als Mittelpunkt zu neuen Ehren. Es kann nach innen oder außen geöffnet werden und läßt sich von innen verriegeln.

Vielzahl verschiedener Größen und Formen erhältlich sind. Traditionelle Fenster erfordern Renovierung und neue Verkleidungen, je nach dem Alter der Konstruktion. Ältere Fenster bestehen häufig aus paarweisen kleinen, sich nach außen öffnenden Fensterflügeln; man findet aber auch Erkerfenster, gewölbte Fenster, vertikale Dachfenster oder auch Bullaugenfenster, die typisch für die Art-Deco-Periode waren. Gegen Ende des 17. Jahrhunderts feierten in Versailles verglaste Flügeltüren ihr Debüt; das in Kassetten gefaßte Glas reichte bis zum Boden.

Lichtgadenfenster, die dreieckigen, zwei Etagen hohen Fenster in einem spitzgiebligen Haus oder einer postmodernen Villa, sowie Fenster, die sich um eine Ecke ziehen und die der britische Architekt David Chipperfield in dem Haus des Modephotographen Nick Knight eingesetzt hat, sind nur einige Beispiele für ausgefal-

2

3

4

4 In die südliche Fassade der Le Corbusier-Villa Turque wurde dieses Bullauge eingebaut, das außen von Backstein umgeben und innen von einer achteckigen Holzplatte und einem Gitter von Andrée Putman geziert wird. Putman zeichnet für das gesamte Interieur dieses Hauses verantwortlich.

5

5 Traditionelle Schwalbenschwanzecken sind in einem modernen Fensterrahmen von Metall Kommerz mit traditionellen Messingbeschlägen präzise eingesetzt worden.

6 **6** Metall Kommerz hat ein Fenstersystem namens »Clima« patentieren lassen. Es verfügt zwischen der Aluminium-Strebe und der Oberfläche aus Kanandischer Hemlocktanne über eine perfekte Wärmeisolierung.

9

7 Der Architekt Arata Isozaki hat den Ruf, einige der schönsten modernen Kunstgalerien entworfen zu haben. In diesem Privathaus hat er die Fenster neben einer Dachschräge so geplant, daß sie ein Maximum an Licht und Luft in den Koch- und Eßbereich einlassen.

7

8 Die drei rechteckigen Holzrahmen in diesem Haus von Gwathmey/Siegel sind zwar horizontal eingesetzt, werden aber vertikal geöffnet. Eine Wand aus Glasbausteinen läßt zusätzliches Licht ein.

8

9 Diese Haustür von Pella Rolscreen hat ein halbrundes Oberlicht aus Isolierglas; es bildet eine feste Einheit mit dem verglastem Fenstersturz, läßt den Eingang vornehm erscheinen und erhellt zugleich die Eingangshalle.

10 Die Dachfenster von Pella Rolscreen wurden in ein spitzgiebliges Dach eingelassen. An dem mittleren Querbalken ist ein Ventilator befestigt.

11

12

10

11 Diese Glasveranda besteht aus ausstellbaren Dachfenstern von Pella Rolscreen und einer Schiebetür mit Doppelglasisolierung.

12 Kleine, quadratische moderne Fenster wie dieses werden von Architekten oft zugunsten von großartigeren Fensterflächen vernachlässigt. Doch der Fensterhersteller Metall Kommerz zeigt, wie ein schlichtes, weiß gestrichenes Fenster durch eine georgianische Schablonenzeichnung verschönert werden kann. Das Motiv wird oben und unten wiederholt und wirkt dadurch postmodern.

lene Fensterformen, die mit den neuen architektonischen Strukturen aufgekommen sind.
Der Dachboden, der oft ein Drittel der gesamten Grundfläche eines Gebäudes mißt, wird heute dem Licht zugänglich gemacht – so entsteht zusätzlicher Wohnraum. Fenster in einem Dach mit weniger als 15° Neigung können nach außen geöffnet werden. Bei stärkerer Dachneigung lassen sich die Fenster mit Hilfe eines Griffs nach innen aufziehen.
Je nach Stil des Hauses kann man auf ein breites Angebot an Rahmen zurückgreifen; es gibt sie aus Metall, Holz oder Kunststoff. Die sowohl funktional als auch technologisch begründeten Veränderungen der Bauweise in den späten sechziger und frühen siebziger Jahren haben sich auf alle Bereiche der Hausausstattung ausgewirkt, auch auf die Fenster. Fensterteile sind von Handwerkern immer unabhängig vom Haus-

13 Fenster- und Türenbeschläge aus Walzstahl von Industrie Secco kombinieren die Stärke und Effizienz des Stahls mit Polyesterüberzügen, so wie diese Rahmen aus der Serie »Seccolor«.

13

2

1 Dieses beeindruckende Fenster des Architekten Peter Wilson ist aus opakem Milchglas und wird durch ein säuregeätztes Rippenmuster aufgelockert. Das individuelle Design läßt viel Licht in den Raum eindringen und verdeckt zugleich einen unattraktiven Ausblick auf einen Hinterhof.

2 Fenster aus farbigem Glas sind sehr schwer; dieses achteckige, kuppelartige Dachfenster mußte von Goddard & Gibbs aus Einzelteilen zusammengesetzt werden. Es ruht auf starken Trägern, die ins Dach eingesetzt sind.

3 Der Designer Philip Hearsey experimentiert auf einem Fenster mit Winkeln und kleinen Quadraten. Das Muster ist mit einem Sandstrahl erzeugt und wird von dem Mosaikmuster auf dem Fußboden wieder aufgenommen.

1

3

4 Dieses Fenster, das in warmen Farben schwelgt, wurde von Goddard & Gibbs hergestellt. Es unterstreicht noch zusätzlich das kupferfarbene Holz des Treppengeländers.

5 Die Glasbausteine dieses Fensterentwurfs von Jo Crepain verzerren das Licht und den Blick nach draußen. Der Vorteil dieses Glastyps ist, daß er eher den Eindruck einer durchlässigen Wand als den eines richtigen Fensters entstehen läßt.

4

5

6 In seiner modernen Interpretation von Bleiglas setzt Jochen Poensgen Floatglas, mundgeblasenes Opalglas und antikes Danziger Glas ein.

7 Die von Gary Cunningham neu gestaltete Fassade des alten Elektrizitätwerks verleugnet auch nach der Umwandlung in ein Wohnhaus ihre Vergangenheit nicht. Die Stützbalken und die Verkleidung durch die Schaltstücke aus Keramik, die das Fenster in dem schwarzen Rahmen plattieren, betonen ganz bewußt das Ambiente von Elektrizität, das dem Gebäude innewohnt.

6

7

bau produziert und oft auch unabhängig davon zusammenmontiert worden. Jahrhundertelang haben Holzrahmen dominiert, und in den späten sechziger Jahren gab es einen weltweiten Anstoß zur Massenproduktion von Fenstern, um mit dem allgemeinen Bauboom Schritt halten zu können. Es wurden auch andere Materialien wie etwa Aluminium und Kunststoff eingesetzt. So gingen die ersten Fenster vom Band und wurden mehr und mehr zu einem massenproduzierten Bestandteil des Gebäudes. Neue Materialien – synthetische Harzversiegler, behandelte Aluminiumteile, PVC mit Metallegierung, Stahl und die verschiedensten Kunststoffarten fanden Verwendung, um den neuen Anforderungen der Häuser gerecht zu werden. Die modernen Fensterrahmen erfüllen eine Reihe präziser Bestimmungen der Bauindustrie; sie müssen den Standards hinsichtlich der Abmessungen, der Feuersicherheit, der Lärm- und Wärmeisolierung, des Gewichts und der Wetterfestigkeit gerecht werden. Energiesparen ist eine wichtige Devise der Bauindustrie geworden – und Fenster sind eine potentielle Quelle für Wärme- und Energieverlust. Auch der Umweltschutz hat einen großen Einfluß auf die Produktion, und durch die Kampagne für die Erhaltung der tropischen Regenwälder sind Harthölzer wie Teak zu einem unbeliebten Material geworden. Die Harthölzer aus gemäßigten Klimaregionen stammen hingegen aus überwachtem Anbau.

Die Verkleidung der Fenster ist immer ein wesentlicher Bestandteil der Innendekoration gewesen. Je nach

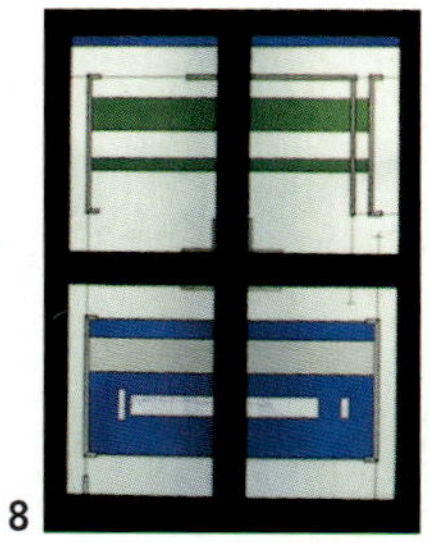

8

8 Dieses farbige Glasfenster von Patrick Ross-Smith ließ sich von Musiksymbolen inspirieren. Das untere Motiv wurde in blaues Opalglas säuregeätzt, das grüne Motiv ist in Blei gefaßt.

9

9 Rashid Din von Din Associates enwarf diese elegante Komposition aus blauem Rauchglas und Milchglas. Die besondere Wirkung beruht auf der Versenkung im Profilrahmen.

1

3

1 und 2 Diese Jalousien mit gewelltem Profil aus der Serie »Newport« von Levolor (**1**) und die Solar-Jalousien »Lyverscreen« (**2**) haben den traditionellen Rolläden den Rang abgelaufen.

3 Fabers 16 mm schmale Jalousie »Microlite« paßt mit platzsparender Präzision in Türrahmen und verglaste Raumteiler.

4 Sunlight UK's Jalousien »Light and Shade« aus Polyester sind in 140 Farben und fünf Größen erhältlich. Sie werden mit Hilfe eines Schnurmechanismus geöffnet und geschlossen. Es gibt auch eine Knopfdruck-Variante.

2

4

Laune und Charakter der jeweiligen Stilperiode sind Fenster in jeder erdenklichen Mode dekoriert worden, von den frühesten wärmeisolierenden Tapisserien bis hin zu den leichten Musselinvorhängen oder den etwas stabileren Alternativen wie hölzerne Fensterläden. Im 21. Jahrhundert werden moderne Entwicklungen die Verhüllung der Fenster überflüssig machen, da die neue Generation von lichtempfindlichem Glas automatisch alle Funktionen erfüllt.

Doch in der Zwischenzeit sind Vorhänge noch immer ein Thema der Innendekoration. Architekten werden häufig gebeten, Textildesigns zu beurteilen, doch die Vorstellung, ein Haus in Fluten von Stoffbahnen zu hüllen, wie der Dekorateur es tut, ist ihnen ein Greuel. Sie können gemusterte Teppiche für Böden auswählen, aber ein Stück Stoff empfinden viele moderne Architekten als Stilbruch.

In den meisten neuen Häusern ist unter dem Fenster ein Heizkörper angebracht. Dieser schließt die Möglichkeit, das Fenster mit langen Vorhängen zu verdecken, von vornherein aus. Als Alternative bieten sich dünne Gaze, Papier, Kunststofflamellen und Stoffjalousien an, die alle einen ungestörten Ausblick bieten, mit denen

5

5 Die opaken Fensterläden, die sich nach innen öffnen, lassen in geschlossenem Zustand dennoch diffuses Licht eindringen. Die Läden in dem umgebauten Kraftwerk lassen sich durch ein komplexes Scharniersystem öffnen und schließen.

6 Holzjalousien aus der Serie »Jalousien« von Fönstret schirmen die Glaswände und ein schräges Dachfenster in diesem Studio von Anne Idstein ab. Die Lamellen sind verstellbar und lassen jede beliebige Lichtmenge ein.

6

7

7 Die Jalousien von Timbershade bestehen aus 48 oder 25 mm breiten Holzlamellen und sind in vielen Farben erhältlich.

8

9

sich aber auch, wenn gewünscht, Abgeschlossenheit erzeugen oder der Lichteinfall regulieren läßt. Die Techniken bei der Produktion dieser Fensterbehänge reichen von der verschnörkelten Girlandendrapierung, die bei Dekorateuren so beliebt ist und von Designern als geschmacklos empfunden wird, bis hin zur Rolljalousie. Daneben gibt es noch Holzjalousien an einer Rolle, die mit einem Federmechanismus auf die gewünschte Höhe gestellt werden können, sowie das Lieblingskind der Architekten: Rollos, die es mit Plastik-, Metall- oder Holzstäben gibt.

An der Außenseite des Fensters lassen sich weitere Details anbringen. So zum Beispiel Fensterläden oder das Metallgitter, das sich über das Fenster schieben und festhaken läßt und ständig daran erinnert, wie sicherheitsbewußt die Menschen unseres Zeitalters sind.

10

11

8 Die Glasbausteine sitzen auf einer Mauer aus lasierten Backsteinen. Die Rahmen sind in schlichtem Schwarz gehalten. Das Haus wurde von David Chipperfield entworfen.

9 Robin Spence hat im ganzen Haus Jalousien von Faber eingesetzt.

10 Vertikale Lamellenjalousien sind die naheliegende Lösung für ungünstig geschnittene Fenster. Neuerdings werden auch Systeme für gebogene, doppelte, trapezförmige und gewellte Jalousien angeboten; die abgebildete Jalousie der Louvre Blind Company zeigt, wie der Zugmechnanismus funktioniert.

11 Franklin D. Israels breite Jalousie spart den Giebel des spitzen Daches aus, so daß ungefiltertes Licht eindringen kann. Auf Höhe der Straße wird die Privatsphäre jedoch garantiert.

FENSTER

1 Die Baumwolldrucke von Marimekko eignen sich hervorragend für Rollos, da die finnischen Muster kompromißlos modern sind. Die hier abgebildeten Designs heißen »Sikerma« (unten), »Ratamo« (Mitte) und »Viikuna« (oben).

1

2, 3, 4 und 5 Zimmer & Rohde stellen hochqualitative webgemusterte und geometrische Stoffe her, die sich besonders für die Dekoration moderner Fenster eignen. Hier gezeigt werden Thai-Seide (**2**), »Camelot« (**3**), Seidenkanevas (**4**) und »Square Root« (**5**).

2

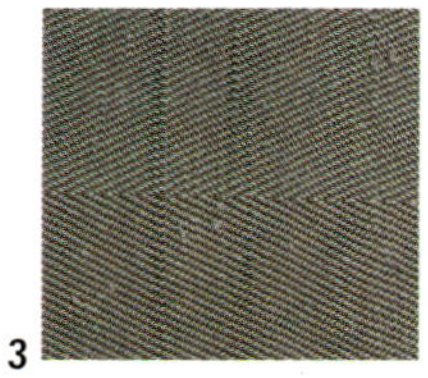

3

4

5

6

6, 7, 8, 9 und 10 Schlicht strukturierte und abstrakt gemusterte Thai-Seide von Jim Thompson wird von modernen Designern wie Charles Rutherfoord in Wandschirmen oder Vorhängen eingesetzt, die an schlichten Stahl-, Metall- oder Glasstangen hängen. »Luna« (**8** & **10**), »Pegasus« (**7**) und »Omega« (**9**) stammen aus der Kollektion »Atmosphere«.

7

9

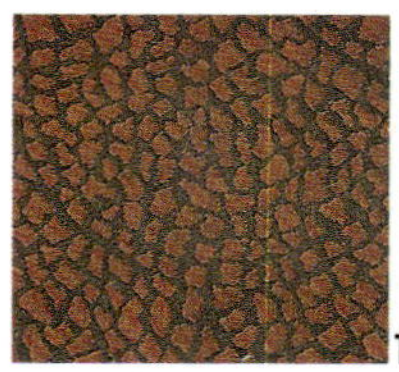

8

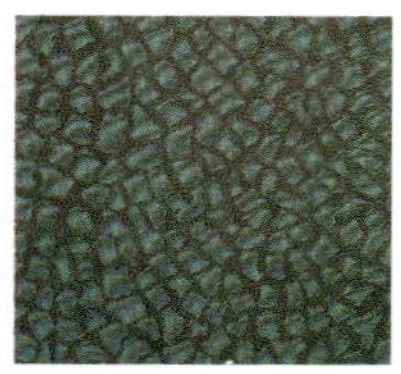

10

11 Graphische Streifen sind das einzige Muster, das moderne Designer zulassen. Sahco Hesslein stellt eine große Auswahl an Streifen in einer Vielzahl von Fasern – selbst in den neuesten Mischfasern – her, dazu zählen auch »Zeno«, ein gestreifter Satin, »Fontain«, ein bunter durchsichtiger Stoff, und »Ebro«, ein Streifensamt.

14

14 Sahco Hessleins krispe, gestreifte Stoffe (kombinierbar mit **11**) sind in einer Vielzahl moderner Farben lieferbar.

12 und 13 Edelsteinfarbene, veloursartige Stoffe aus der Serie »Master« von Alicantara eignen sich als schwere Vorhänge. Passende Stoffe sind auch für Wandbespannungen und Möbelbezüge lieferbar.

12

13

11

TREPPEN

Vorangehende Seite Ein Stahlgeländer und ein metallener Handlauf ergänzen eine Holztreppe mit modernen Elementen von Pierre d'Avoine.

1 und 2 Die Treppen von Michael Carapettan, die beim Betreten von jedem Winkel aus unterschiedlich wirken, nutzen minimalen Raum maximal. Stufen mit Gittermuster, die die beruhigend stabil wirkenden Holztritte tragen, filtern den Lichteinfall durch die Perforierung und lassen die lange Treppe fast transparent erscheinen.

Die Fortbewegung in modern gestalteten Interieurs wird in der strukturellen Schlichtheit der hier abgebildeten Treppen auf den Punkt gebracht. Form und Funktion gehen dabei ineinander über, wie Nikolaus Pevsner so treffend bemerkt: »In der Architektur des 20. Jahrhunderts erlangt die Treppe neue Bedeutung als ein Element des Gebäudes, in der das Fließen der Räume am deutlichsten zum Ausdruck kommt.« Künstlerische Entwürfe messen die Stufen ab und passen sie unter niedrige Decken und in vollgestopfte Wohnungen ein, die für heutiges Wohnen typisch sind. Dabei lassen sie dennoch den Eindruck von großzügigem Raum und unbeschwerlichem Hochsteigen entstehen. Da weder die Griechen noch die Römer besonderes Augenmerk auf die Treppen ihrer Villen richteten und das Mittelalter nur einige behelfsmäßige Leitern einsetzte, wurde die Treppe erst in der Periode des englischen Regency in Form breiter, majestätischer Treppenaufgänge in großen Hallen zum Mittelpunkt des Hauses.

Die letzte große Blütezeit von hölzernen und getäfelten Treppen war die Periode der gotischen Renaissance im späten 18. und frühen 19. Jahrhun-

1

2

3

dert. Farbiges, gebrochenes Licht, das durch die bunten Glasfenster fiel, zog sich mit theatralischem Pomp die Treppe entlang nach oben. Heute dagegen, wo Platz Mangelware ist, stehen andere Aspekte im Vordergrund. Meist gibt es keine Halle, und der Platz, der vorhanden ist, wird zum Leben gebraucht – selbst die Wendeltreppe aus Stahl erfordert etwa 2 qm Grundfläche, um breite, angenehme Stufen zu erlauben.

Wendeltreppen in den siebziger Jahren wurden oft aus alten Feuerleitern zusammengesetzt, die für den Einbau in ein Haus vom Rost befreit und neu

4

3 Diese Wohnung war ursprünglich Teil eines Laubengangs mit Bögen, Pilastern und Säulen. Der Architekt Luigi Ferrario nutzte die Höhe, die ihm zu Verfügung stand, und setzte zwei zusätzliche Plattformen aus Industriegittern ein, die man durch eine leiterähnliche Konstruktion mit Metallstufen erreicht.

5

4 und 5 Diese Treppenabsätze haben eine ungewöhnliche Form; wie Sprungbretter ragen sie ins Interieur eines wunderschönen Hauses hinein. Ein Glasdach läßt Licht durch die unterschiedlichen Gittermuster der Stufen fallen.

2

3

2 Auch wenn ein Treppengeländer aus Glas riskant wirkt, so ist das Sicherheitsglas, das zwischen den Handlauf aus Stahlrohr und die Holzstufen eingesetzt wurde, durchaus belastbar. Die Treppe ist ein Entwurf von Armstrong Associates für den Hauptsitz von Elementer, einer Firma für Bauzubehör.

3 »Gebäude können nur dann überleben, wenn sie von Ideen getragen werden.« Das sagt David Chipperfield, dessen innnovative Treppe Stufen und Futterstufen von jeglicher Verkleidung befreit. Der offengelegte Anstieg wird von einer flachen Metallplatte und einem langen Handlauf unterstützt. Chipperfield akzentuiert den Abstand zwischen den Stufen und dem Geländer durch einen ungewöhnlichen Umgang mit Größen und Proportionen.

1 Dieses Detail der Treppe von Abbildung 2 zeigt, wie der gebogene Handlauf von der Glasplatte gehalten wird und diese an den Treppenabsätzen schützend einrahmt.

1

gestrichen wurden. Die gewundenen Rampen, die Frank Lloyd Wright ins New Yorker Guggenheim Museum und Frank Gehry in das deutsche Vitra Design Museum eingebaut haben, machen es möglich, Massen von Menschen sanft nach oben zu führen und haben zudem noch den Vorteil, behindertenfreundlich zu sein.
In modernen Häusern jedoch nehmen solche Konstruktionen viel zuviel Platz ein. Serienanfertigungen werden in der Größe so angepaßt, daß sie den niedrigen Decken und dem fehlenden Raum für Treppenabsätze Rechnung tragen, wobei die besten Treppen dennoch die Spezialanfertigungen sind, die aus vorgefertigten Teilen direkt ins Haus eingebaut werden. Aluminiumstufen winden sich mit leichter Steigung nach oben, und sie sind so exakt gefaltet wie ein Origami-Werk, frei von störenden Treppengeländern, da die Wand als Hintergrund fungiert. Dieser Entwurf erzeugt einen beeindruckenden Effekt – er ist eine ungebrochene Linie, die wie eine zusammengerollte Raupe wirkt. Zudem ist die Konstruktion

4

4 Die Besitzer dieses Entwurfs des phantasievollen Architekten Ron Arad von »One Off« nennen die Treppe »einen Wasserfall aus Stahl«. Das Haus wurde Mitte des 19. Jahrhunderts erbaut, aber innen für die gegenwärtigen Bewohner vollständig umgebaut und neu gestaltet. Die Bewohner sind sehr groß, und so plaziert diese Treppe die Stufen in entsprechendem Abstand.

5

5 Diese Wendeltreppe ist von einer Feuerwehrtreppe inspiriert, nur die Stange in der Mitte fehlt. Die Treppe ist von Dimes und benötigt zur Stützung der Stufen die schwarzen Metallstützen »Modula«.

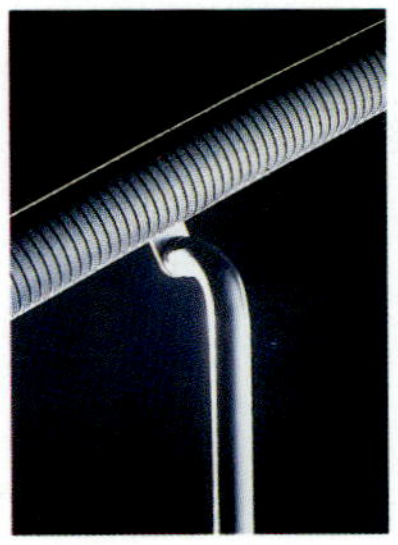

6

6 »PV4«, ein Handlauf im Modulbau-Look, ist mit rutschfestem schwarzem Gummi verkleidet. Es ist von Dimes und kann mit einer Reihe anderer Treppenteile kombiniert werden, etwa mit »PG500«.

7 Handlauf-Systeme von Hewi umfassen Elemente wie Ecken, angewinkelte Balustraden sowie Verbindungs- und Endstücke, die zuverlässig die Acrylglasscheiben halten. Die Handläufe sind aus Stahl, der mit Nylon überzogen ist – ein strapazierfähiges, leicht zu reinigendes Material, das nie zu warm oder zu kalt zum Anfassen und nicht stromleitend ist.

8 und 9 Die Stahlteile lassen sich wie ein Kinderspielzeug zusammenstecken und bilden so eine schwebende Treppe, die jeder Biegung folgt. Albini & Fontanot stellt Roberto Molinazzis Entwurf in Serie her. Geometrische Linien und gut durchdachte Abstände akzentuieren die Proportionen dieser Treppe.

praktisch, weil sie kaum in den darunterliegenden Raum eindringt und dem Betrachter ein interessantes Profil bietet. Das Konzept beruht auf Palladios Hängetreppe in der Akademie in Venedig, die in die Außenwand eingelassen ist und sich ohne weitere sichtbare Stütze nach oben windet.

Ein anderer geschickter architektonischer Trick, der das Auge optisch nach oben leitet und Räume mit niedrigen Decken und ungünstigen Proportionen streckt, ist das Verdoppeln der Abstände zwischen den Stufen. Das erweckt den Anschein eines längeren Anstieges, ohne dabei tatsächlich mehr Raum in Anspruch zu nehmen. Diese »optische Streckung« wird oft von Pierre d'Avoine eingesetzt, um einen schmalen Raum – selbst einen, der nur 3 m breit ist – weniger beengt erscheinen zu lassen.

Sicherheit ist ein wichtiger Punkt bei der Planung einer Treppe, aber einer der ungewöhnlicheren Aspekte im Treppenbau ist der Einsatz eines unkonventionellen Materials, das allerdings die notwendige Belastbarkeit aufweisen muß. So können Glasstu-

11

10 Dimes produziert Treppen, die sich zusammenfalten, zusammenrollen oder wie Bausteine zusammensetzen lassen. Diese Vielseitigkeit führt dazu, daß die Dimes-Treppen in fast jeden Raum passen. Hier ist die gußmetallene Wendeltreppe »PG 500« abgebildet, die mit knallrotem Polyurethan überzogen ist. Die fächerförmigen Stufen sind mit Gummi oder Teppichboden versehen. Die Treppe läßt sich mit einer Vielzahl von Handläufen kombinieren, wie zum Beispiel mit »PV 4« (siehe Abbildung **6**).

11 Der Architekt Rick Mather hat eine Treppe mit Hollywood-Flair entworfen, die an eine mondäne Auffahrt erinnert. Das Geländer läßt die kantigen Gegensätze in einer Vierteldrehung mit Windungen harmonisch verlaufen. Die Treppe ist das erste, was beim Betreten dieses Studios im oberen Stockwerk ins Auge fällt.

7

8

9

10

1

2

1 Diese Treppe der Architekten von Gerkan, Marg & Partner wirkt wie ein Stahlband, das sich vom oberen Stockwerk nach unten ausrollt. Die luftige Treppe mit den flachen Handläufen erzeugt den Eindruck von Leichtigkeit.

2 Die schmalen Stahlstufen, die mit einem dünnen, rutschfesten Teppichboden ausgelegt sind, verlaufen an der als Treppenkante bezeichneten Seite halbrund. Der Architekt Lustig hat die Möglichkeiten der Beleuchtung gekonnt eingesetzt, indem er die rutschenartige Ausladung, die dem Verlauf der Treppe folgt, von hinten beleuchtet.

3

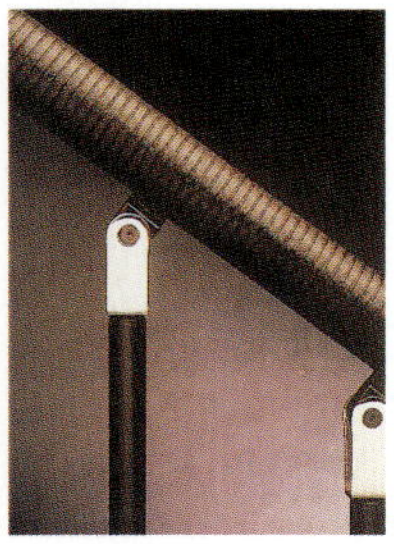

4 Der schmale Handlauf (2 cm Durchmesser) von Albini & Fontanot besteht aus Metall, das mit einem Polyurethan-Harz behandelt wurde. Er läßt sich leicht an jeder beliebigen Treppe anbringen.

5 Colin Gold von Aukett Associates hat die schlichte Geometrie dieser gebeizten Mahagoni-Treppe mit neoklassischen Verzierungen geschmückt. Das gezackte Stahlgeländer verbindet ein Studio im oberen Stockwerk mit der Küche im Erdgeschoß.

6 Abgetretene Stufen einer Wendeltreppe sind selten ein schöner Anblick. Diese keilförmigen Stufen unterliegen nicht dieser Gefahr, sondern geben den Blick von unten nach oben frei. Auf die gerippten Stufen der Architekten Tsao und McKown fällt von oben Licht, so daß sie auf den darunterliegenden Fußboden ein Schattenmuster werfen.

3 Da es für einen Architekten der Moderne eigentlich unmöglich ist, sich ein neues Haus in der Londoner City zu bauen, hat Sir Richard Rogers, Englands gefragtester Architekt, zwei kleine Häuser aus dem 19. Jahrhundert zu einem großen verbunden und ein modernes Interieur dafür entworfen. In die ursprünglich sechs Zimmer wurde eine Zwischenetage für die Schlafzimmer eingezogen, die sich durch eine imposante Treppe aus perforiertem Edelstahl und vom obersten Treppenansatz aus über eine freischwebende Treppe erreichen läßt. Die eindrucksvolle Beleuchtung, die am Treppenabsatz befestigt ist, wirft Licht auf den zurückgelegten Weg.

fen zwar beunruhigend wirken, doch sind sie absolut sicher, wenn sie aus Sicherheitsglas bestehen und wie Leisten auf Eisenträger aufgelegt sind. Heute kann man Glas mit einem Laser in alle möglichen Formen schneiden und die Kanten abrunden.

Unabhängigkeit von der Entwicklung der Holztechnologie und die Möglichkeit größerer Manipulationen im Umgang mit dem Raum in einer Zeit, wo dieser immer kostbarer wird, führt zur Entwicklung dynamischer Treppenhäuser, die nicht mehr eingeschlossen sind, sondern wie freischwebende Skulpturen wirken, die durch jähen Richtungswechsel und ständig wechselnde Ausblicke bestimmt werden. Doch nicht nur die optischen Sinne werden herausgefordert. Der britische Architekt und Designer Ron Arad, dessen Entwürfe aus Metall auch voluminöse Sofas und Sessel aus rostfreiem Stahl umfassen,

7 Bei dieser Treppe, die den Blick durch ein Lochblech freigibt, werden die honigfarbenen Holzstufen gegen den Handlauf aus schwarzem Stahlrohr und die silbernen Stahlpfosten kontrastiert.

8 Albini & Fontanot folgen dem anmutigen Schwung ihrer mattschwarzen High-Tech-Treppe »Xnodo« durch das gebogene Treppengeländer.

9 Die »Stonington Stair« (McBride und Horowitz) aus Stahl mit Futterstufen und Stufen aus Kirschholz ist eine moderne Treppe, die ausgezeichnet in das 200 Jahre alte Haus in Neu-England paßt. Die schlichte Form der Treppe entspricht dem puritanischen Charakter und dem strengen Funktionalismus der ursprünglichen Architektur.

1

3

3 und 4 Lagerhallen wie diese bieten zwar einen großartigen Blick und großzügige Räume, doch ist es nicht leicht, sie zu Wohnraum umzubauen. Der Architekt John Young hat eine freistehende gelbe Treppe mit Stützpfeilern und Lattenstufen aus Teakholz auf Rollen gesetzt, so daß sie beweglich wird und den riesigen Raum nutzt. Durch ihre Leichtigkeit und Stabilität ist die Treppe so flexibel wie die fahrbaren Flugzeuggangways. Diese Gangway aus Stahl führt zu dem Schlafzimmer auf einer Betonplattform, die durch die am Dach befestigten Stahlträger gehalten wird.

1 In diesem Haus sind die Holzstufen und der Treppenabsatz aus hochqualitativem Parkett. Traditionelle Holztreppen weisen meist ein quadratisches oder ein Dogleg-Muster auf und haben gedrehte Pfosten, Futterstufen und ein Geländer. Seitdem das Maschinenzeitalter die Herstellung von Treppenkonstruktionen aus Gußeisen oder Flußstahl ermöglicht hat, ist aus der Holztreppe ein phantasieloses Fließbanderzeugnis geworden. Die schönsten modernen Holztreppen sind diejenigen, die ihre Stufen wie eine Wirbelsäule entfalten und deren Stufen aus massivem Holz schlicht und einfach nach oben führen.

2

2 Bei dieser Treppe von Albini & Fontanot fächern sich die Stufen aus versiegeltem Birken- oder Walnußholz um einen zentralen Pfosten. Das Ergebnis ist eine Treppe, die ein Minimum an Platz benötigt.

4

5 Ein auffälliger Hintergrund kann eine gewöhnliche Treppe interessanter erscheinen lassen, was David Wild mit dieser blauen Wand beweist. Die lebendige Farbe kontrastiert mit der sanfteren Tönung der Holzstufen und dem schwarzen Metallgeländer.

5

6

6 Der Schwung der Wendeltreppe ist wichtig in einem Raum, der nicht offen und fließend ist. Hier wurde die Renovierung auf den Raum zwischen den Etagen beschränkt, wo vorher eine uninteressante alte Treppe verlief. Die Lösung heißt »L 20« von Dimes und geht zurück auf den Bauhaus-Stil und Walter Gropius' Entwürfe aus dem Jahr 1914.

7 Wenn man einen Treppenaufgang nur so selten gebraucht wie diesen, der zu einer Dachterrasse führt, sind platzsparende Entwürfe wie die flache Stahltreppe mit Eichenstufen von David Chipperfield eine gute Lösung. Der Metallpfosten dient gleichzeitig als Stütze und als Geländer.

entwarf eine ungewöhnliche Treppe für seinen originellen Laden »One Off« im Londoner Covent Garden. Die Treppe wurde aus riesigen Holzblöcken zusammengesetzt, die durch einen Draht mit einem Moog-Synthesizer verbunden wurden, so daß man, wenn man über diese Treppe geht, mit jedem Schritt seine eigene Musik erzeugt.

Arads erste Auftragsarbeit für ein Haus bestand aus zwei Metallstreifen, die einander im rechten Winkel kreuzten und so, als Profil gesehen, rechteckige Rahmen bildeten. Das Geländer aus Metall wand sich wie ein Bogen um die Struktur herum und wurde als »Wasserfall aus Stahl« bezeichnet.

Sie können natürlich auch einfachere Treppenhäuser einsetzen, wie zum Beispiel eine Treppe mit Eisenträgern, die ein Netzgitter aus Metall stützen, oder Mahagonistufen, die von Trägern gestützt werden.

Spindelpfosten, die Hauptpfosten am Ende einer Treppe, die den Handlauf stützen, können aus anderem Material bestehen als das Geländer, so läßt sich Stahl mit Holzstufen kombinieren oder umgekehrt. Pierre d'Avoine glaubt, daß man in vollgestellten, modernen Räumen unbe-

7

1

2

1 »Parisienne«, die Wendeltreppe von Dimes im Art-Deco-Stil, wirkt durch das sanft schimmernde Birkenholz. Richtungsänderungen einer Treppe werden entweder durch Treppenabsätze oder, wie hier, durch spezielle Stufen bewirkt. Diese Wendeltreppenstufen verjüngen sich entweder nach rechts oder nach links. Treppenabsätze dagegen sind kleine Bodenflächen, deren Größe von dem Winkel abhängt, den sie zu den Stufen einnehmen.

2 Stufen aus Birken- oder Walnußholz, die durch eine transparente Versiegelung geschützt werden, passen in eine Metallkonstruktion in Rot, Blau oder Schwarz. Diese Stufen, von Albini & Fontanot hergestellt und von Molinazzi (Index-Studio, Mailand) entworfen, werden von einem schwarzen Treppengeländer durchbohrt.

3

4

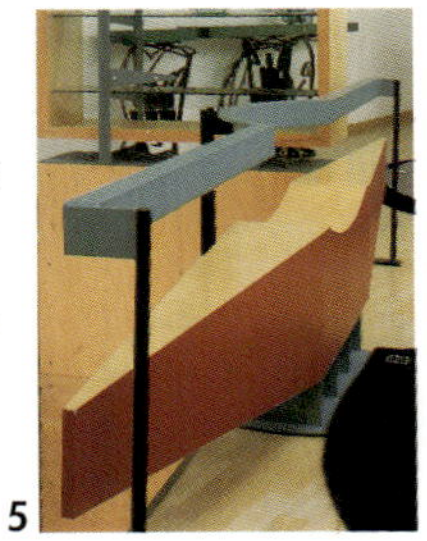

5

4 und 5 Peter Wilson, der mit Chassay Wright zusammenarbeitet, hat diese kleine Privatgalerie über einem Büro entworfen. Die Galerie läßt sich durch eine offene Treppe erreichen, deren Brüstung einen halbrunden Sitzplatz bietet. Die Biegung im Geländer greift die Form des Sitzes auf und dient gleichzeitig als Rückenlehne.

dingt die »grobe Ehrlichkeit« der Geländer benötigt, und Hawksmoor erfüllt diesen Anspruch mit gedrehten Geländerpfosten.

Die Eisengitter, die gewöhnlich für Abdeckungen auf Straßenhöhe verwendet werden, geben dem Designer die Möglichkeit zu neobarocken Verzierungen oder auch zu praktischeren Entwürfen. Ein besonders gelungenes Beispiel dafür ist wieder einmal eine Treppe von Pierre d'Avoine, eine sogenannte »Chorpulttreppe«, die am Treppenansatz mit dem Geländer verbunden ist und so einen kleinen Leseplatz in einem schmalen Stadthaus schafft.

7

3 Diese Treppe aus amerikanischem Hartholz von Gwathmey/Siegel zeichnet sich durch ihre Regelmäßigkeit aus. Die Treppe beginnt mit zwei Flügeln, die sich am ersten Treppenabsatz treffen und nach dem zweiten Absatz wieder trennen, um zu zwei unterschiedlichen Teilen des Hauses zu führen.

6

6 Diese Treppe aus Kirschholz am Ende eines kombinierten Eß- und Kochbereichs wurde von David Chipperfield entworfen. Sie bringt Licht und einen neuen Farbton in die schlichte Struktur dieses kleinen Hauses.

7 Pastellgelb gestrichene Stränge aus gedrehtem Draht, die zwischen Stahlträgern befestigt sind, bilden einen ungewöhnlichen Rahmen für diese schlichte Holztreppe. Der Entwurf von Frank Fitzgibbons wird durch eine weiße Wand, an der man Bilder aufhängen kann, vervollkommnet.

1 Meisterstücke der Ingenieurskunst werden durch Spannbeton möglich, der sich besser für einen fließenden Anstieg eignet als Holz oder Stein. Der Schwung der Treppe wird in den fünf Handläufen aus Rohrstahl aufgegriffen.

2 Oft fällt auch die Rückseite einer Treppe ins Auge, die dann meist ein eintöniges Bild bietet. Hier dagegen ist jede Stufe einzeln geformt; sie sind so angeordnet, daß sie etwas einander überlappen und lassen so selbst die Futterstufen angenehm zur Geltung kommen.

1

3, 4 und 5 Dieser Entwurf von Charles van den Hove erinnert daran, daß Stein eigentlich das Material des Bildhauers ist. Eine zweiflüglige Treppe rahmt eine helle Holztür im Obergeschoß ein. Die Handläufe, die sich die Treppen hinaufziehen, greifen deren ovale, geschwungene Form auf; sie sind oxidiert, um die Wirkung antiken Zinns nachzuahmen. Die Aufsatzfläche, die die Hand beim Auf- oder Absteigen führt, ist gerundet und 75 cm über der Treppenkante angebracht. Der Blick fällt von der Treppe in das gegenüberliegende Eßzimmer und den dahinterliegenden Garten.

3

2

4

5

6 Dieses streng geometrische Design stammt von Cecilia und Ottorino Berselli. Die Stufen der gekalkten Betontreppe sind mit marmoriertem Furnier ausgelegt, das sich reliefartig gegen die gemörtelte Steinwand absetzt. Die Treppe wurde für ein Haus in Italien entworfen und setzt traditionelle heimische Materialien auf moderne Weise ein.

6

Diese Strukturen geometrischer Konstruktionen nutzen die schmalen Räume und die niedrigen Decken und zeichnen sich zugleich durch ihre Sicherheit aus, so zum Beispiel durch einen übergroßen Handlauf aus Marmor. David Chipperfield setzte diese Technik ein, um den Neuankömmling dazu zu verlocken, über den überfrachteten Eingang hinwegzusehen und den Blick gleich nach oben zum Studio zu lenken. Sein überdimensio-

7 Schlichte vorfabrizierte Betonformen verlaufen wie eine Achterbahn mit steil abfallenden Kurven, die großzügige Stufen umschließen. Die Stufen sind mit grauem Teppichboden ausgelegt. Es gibt kaum vertikale Linien in diesem großartigen Entwurf von Rick Mather, der sein Kunstwerk durch ein Glasdach ins richtige Licht setzt.

7

1

nierter, grauer Marmorhandlauf paßt von der Größe her besser in die großzügige Empfangshalle eines Hotels; durch die poröse Wand, gegen die er gesetzt ist, wird der Eindruck des Extravaganten in schlichter Umgebung noch verstärkt.

Treppen sind mehr als nur ein Mittel, von einem Stockwerk ins andere zu gelangen. Der japanische Architekt Ryoji Suzuki sieht sie als »eine Einrichtung, die Räume im Winkel durchquert«. Mit Stein-, Holz-, Metall- oder Gitterstufen, gestützt von Stahlsäulen oder strengem Takelwerk, die das Interieur diagonal durchbrechen, entwerfen moderne Architekten ebenso aufregende und ungewöhnliche wie sichere Treppenhäuser.

2

1 und 2 Bei dieser spektakulären Treppe von Albert Bardawil wird die Biegung durch schwarzes Travertin hervorgehoben. Das Geländer ist aus flachem Metall. Bardawils Wohnung ist räumlich so knapp bemessen, daß er einen Bauingenieur damit beauftragte, die optimalen Dimensionen der Treppe auszurechnen.

4

4 Eine schmale Betontreppe unter einer gerundeten Decke aus Backstein ist im südländischen Stil an einer Seite offen. Der Architekt David Chipperfield setzt diesen Entwurf durch blaue Schiebetüren und Paneele sowie einen kobaltfarbenen Rahmen aus Stahlrohr in Szene.

3 Diese Betontreppe mit Holzstufen aus Eisenbahnschwellen, die an einen Moog-Synthesizer angeschlossen sind, so daß jeder Schritt Musik erzeugt, befindet sich in Ron Arads originellem Londoner Geschäft »One Off«. Der Handlauf aus gehärtetem Stahl hat von Arad entworfene Muster, die mit der Lötlampe erzeugt wurden, und dient gleichzeitig als Lautsprecher für den Synthesizer.

3

5 Diese Treppe im 24. Stock eines alten Hochhauses führt zu einem atemberaubenden Aussichtspunkt. Steven Forman wählte einen Handlauf aus Edelstahl über einem Steinboden, um drei Ebenen miteinander zu verbinden. Vertikale »Lichtrinnen« begleiten den Lauf der Treppe.

5

6

6 Eine massive Treppe, die in Mitternachtsblau gestrichen ist, wird rund um die Uhr durch eine Gittertäfelung von Luxo beleuchtet, die einen pyramidischen Lichtstrahl wirft. Luxo vertritt die Meinung, daß auch tagsüber Licht für die Sicherheit auf Treppen erforderlich ist. Ein Dimmer reguliert die Leuchtkraft.

7 Tadao Andos Entwürfe zeichnen sich durch westliches Aussehen und asiatische Atmosphäre aus. Sie sind sachlich und schlicht, wirken aber dennoch raffiniert.

7

HEIZUNG

Der französische Star-Designer Philippe Starck stattete das New Yorker Luxushotel Century Paramount mit speziell angefertigten Feuerböcken und Feuerhaken aus und ließ diese danach in Serienproduktion herstellen – das ist ein deutliches Zeichen für das wachsende Interesse der Designer am traditionellen, in vielen Fällen jedoch überflüssig gewordenen Kamin.
Nachdem der Kamin jahrhundertelang Aufgaben im Haushalt erfüllte und als Kochherd diente, ist er jetzt in die Wohn-Zonen verbannt worden und glüht in künstlichen Flammen mit falschem Holz und Fichtenspray, die die Illusion eines echten Feuers verstärken. Die Zentralheizung hat unsere Einstellung zum Kamin, dem ehemaligen Mittelpunkt des Hauses, grundlegend verändert. Heutzutage wird Wärme auf drei Wegen in unsere Häuser geleitet: direkt als Sonnenstrahlen oder als Flamme, durch das Konvektionsprinzip und als geleitete Wärme, die durch direkten Kontakt vermittelt wird, wie zum Beispiel durch eine Heizdecke.
Die Römer, die viele architektonische Neuheiten entwickelt haben, konstruierten im Jahre 60 n. Chr. in der engli-

1

1 Mark Marcinik war der Meinung, daß die Anhänger der Moderne mit Standardmodellen schlecht bedient sind; deshalb gründete er die Design Company »Next to M«. Seine Kamineinfassung besteht aus Eiche, Sperrholz und feuerverzinktem Stahl und umfaßt ein Gitter sowie ein Fach zum Lagern von Brennholz.

2

Vorangehende Seite
In dem Penthouse des Architekten John Young wird das Fußbodenheizsystem durch weitere Heizelemente im Industrie-Design ergänzt, die an der Wand befestigt sind (Tranter Corporation). Sie haben die Form von Stahlrollen und sind wie eine Sammlung von Samurai-Schilden in Reihen angeordnet.

2 Ein halbrunder Kamin aus Backstein bildet den Mittelpunkt in einem großen Raum von Gwathmey/Siegel. Der Kamin wird von versetzten Depots für Holzscheite flankiert und durch ein Metallgitter abgeschirmt.

3 Dieser monumentale Kamin wurde von dem Architekten Charles Jencks in Auftrag gegeben und von dem Designer Michael Graves und der Bildhauerin Celia Scott entworfen. Die flötenförmigen Säulen und der Kaminsturz sind marmoriert und wirken sehr solide. Der Kamin spielt auf klassische Architektur an.

3

4

5

4 Skulpturale Säulenheizkörper, wie dieses schwarze Modell in der Wohnung des Architekten Michael Russum, akzentuieren die charakteristischen Linien der Architektur des Raums, anstatt anonym in den Hintergrund zu treten.

5 In diesem gasbetriebenen, geometrisch inspirierten Kamin der Platonic Fireplace Company wird das Feuer von marmorierten Kugeln, Tetraedern, Kegeln, Zylindern und Würfeln umgeben und von dem chrombeschichteten Stahlgitter »Plato« geschützt.

6

6 Der X-förmige Schwung dieses Heizkörpers, ein Entwurf von Arbonia, der von Bisque vertrieben wird, macht aus einem funktionalen Gegenstand eine Skulptur. Er ist 1,90 m hoch und in mehr als 1500 emaillierten Farben lieferbar, oder auch mit Messing-, Nickel-, Chrom- oder Goldüberzug.

1

schen Stadt Bath eine Fußbodenheizung, indem sie Wasser aus heißen Quellen in unterirdischen Leitungen durch das Innere ihrer Häuser führten. Heutzutage sind Fußbodenheizungen nicht von heißen Quellen abhängig; das Wasser wird durch Gas-, Öl-, Kohle- oder holzverbrennende Boiler erwärmt, aber auch durch Solarzellen und Wärmepumpen.

Heizsysteme für Fußböden und Bodenleisten sind in den Vereinigten Staaten und auch in Deutschland schon lange weit verbreitet. Diese verborgenen Heizungen sind die unauffälligste Heizmethode. Heizbare Bodenleisten erfüllen den ganzen Raum mit Wärme und sind fast unsichtbar, so daß sie nicht wie Heizkörper auf Fenster, Türen und Möbel abgestimmt werden müssen.

Einen Schritt weiter als die beheizbaren Bodenleisten, vor denen sich viele postmoderne Architekten scheuen, gehen Fußbodenheizungen, die die ganze Bodenfläche erwärmen. Jedes andere Heizsystem basiert auf Kon-

6

3 »Acostyle« von Runtal besteht aus vier Lattenblöcken und ist in verschiedenen Größen lieferbar. Dieser Heizkörper wird durch heißes Wasser oder elektrische Heizfäden erwärmt.

6 »Ideal Elan 2«, eine an der Wand befestigte Gasheizung von Stelrad, kann unauffällig in Küchenschränke eingebaut werden.

4 Ein Aluminiumuntergrund ist der ideale Wärmeleiter für diesen gasbetriebenen »Radia-Vector« von Zehnder in Jan Kaplickys Umbau eines Hauses aus dem 19. Jahrhundert.

5 »Griglia«, ein Gitterheizkörper von Runtal, der im Vergleich zu einer gewöhnlichen Heizung nur ein Fünftel des heißen Wassers benötigt, kann auch als Raumteiler eingesetzt werden.

5

1 Die Wasserleitungen, die normalerweise hinter der Wand verborgen sind, werden in diesem Handtuchhalter aus Kupfer (Butler & Radice) offengelegt.

2 Ein beheizter Handtuchhalter, eine leiterförmige Heizung und ein klassischer Heizkörper von Arbonia, allesamt verchromt. Letzterer ist entweder abgerundet oder eckig, mit Boden- oder Wandinstallation erhältlich.

2

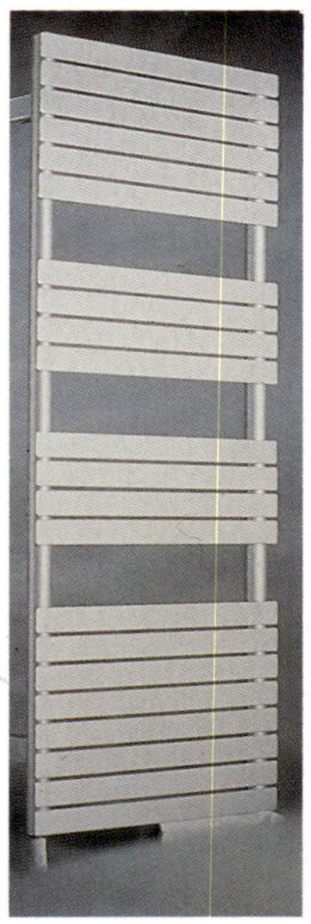

3

4

7 Klassische ziehharmonikaförmige Heizkörper von Clyde werden durch ein Gasboiler-System betrieben und sind in jeder gewünschten Länge lieferbar. David Chipperfield, der den Industrie-Look dieser klobigen Heizung mag, hat sie in seinem kleinen Studio-Haus am Fenster plaziert, um die Konvektion maximal auszunutzen.

10 Der gebogene Handtuchhalter »Sculptur« von Zehnder kann auf Wunsch mit einer elektrischen Heizleitung geliefert werden, so daß er unabhängig vom Zentralheizungssystem funktioniert und das ganze Jahr über einsatzbereit ist. Das System muß einen eigenen Stromkreis haben und darf nicht auf einer Fußbodenheizung installiert werden.

8 Der kurze, untersetzte Heizkörper »Reflex« von Runtal hat die ideale Größe und Form, um unter Fenstern eingebaut zu werden, so daß die Konvektionsströme optimal genutzt werden.

9 Die gasgefeuerte Zentralheizung »Accord« von Stelrad Ideal (Caradon) ist in vielen Größen lieferbar und wirkt durch ihre schlichte, einfache Form.

vektionszirkulation, die die aufsteigende Wärme im Raum verteilt. In hohen Räumen bedeutet das kalte Ecken und kalte Oberflächen.

Fußbodenheizungen werden mit erstaunlich niedrigen Temperaturen beheizt, die unter der Körpertemperatur liegen. Das ermöglicht den Einsatz einer Vielzahl von Bodenbelägen, darunter sogar Holz, ohne daß die Gefahr einer Beschädigung oder Veränderung des Materials besteht. Die Beläge können auf dem ursprünglichen Betonboden oder einem zusätzlichen Dielenboden ausgelegt werden.

Strahlungswärme mit relativ niedrigen Temperaturen kann mit Heizkörpern erzeugt werden, die sich auch hinter den schmalsten Fußleisten verbergen lassen, oder mit flachen Platten von nur 12,5 cm Höhe, die auf die schon vorhandenen Fußleisten aufgesetzt werden.

Wenn Sie sich für einen Kamin ent-

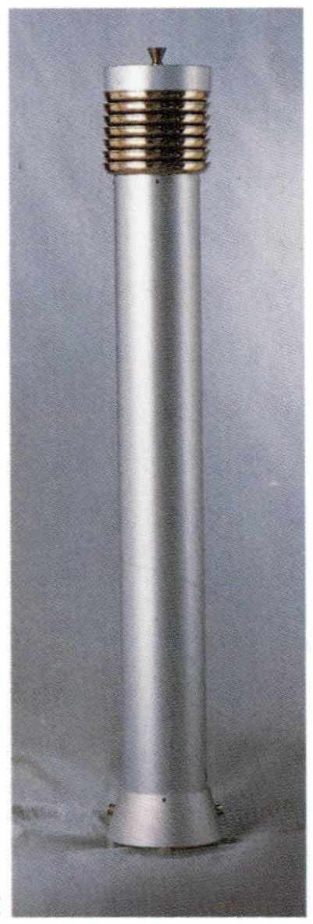

11 »Convettore« von Runtal kann besonders gut in kleinen, niedrigen Räumen eingesetzt werden; das System funktioniert mit voreingestellten Temperaturen. Wenn er vor einem Fenster plaziert wird, dient dieser Heizkörper aus Edelstahl zugleich als erhöhte Fußleiste.

13 Der »Jet X« (Modell HX) von Runtal ist ein an der Wand befestigter Heizkörper, der aus schmalen Rippen besteht.

12 Paul Priestman entwarf den Heizkörper »King« für Runtal als hohe, zylindrische Fackel. Er wird in natürlich eloxiertem Aluminium hergestellt.

HEIZUNG

1 Runtals horizontale, röhrenförmige Wandheizung »Acovex« wird durch das Heißwassersystem in Badezimmern oder Küchen betrieben.

2 Die leiterförmigen Wandheizkörper aus Runtals Serie »Scaldasalviette« gibt es in verschiedenen Größen, so daß sie in fast alle Räume passen.

3 Ein modernes Interieur, in dem die Installationen zur Dekoration erhoben anstatt verborgen werden. Heizungsplatte, Lautsprecher, Jalousien, der Chromtisch von Eileen Gray und die Vase mit den Blumen sind als Gesamtkomposition so arrangiert, daß sie ein modernes Stilleben bilden.

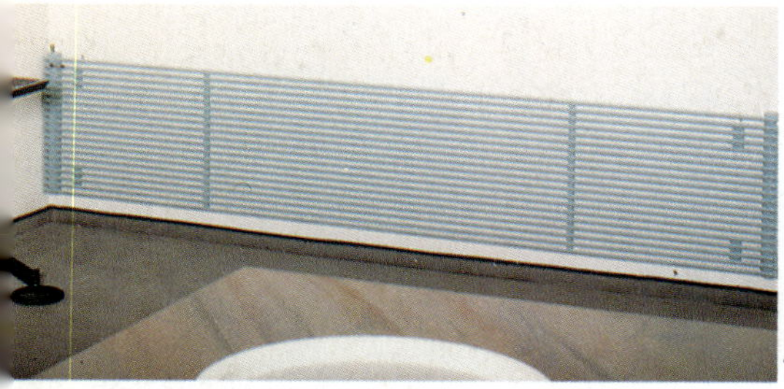
1

2

3

4

4 Ein Kristallglas, das zuerst für Mikrowellengeschirr verwendet wurde und seit Jahren für Kaminvorsprünge und Kochfelder eingesetzt wird, dient nun auch als Material für diesen innovativen Wandheizkörper »Omeglass« von Runtal.

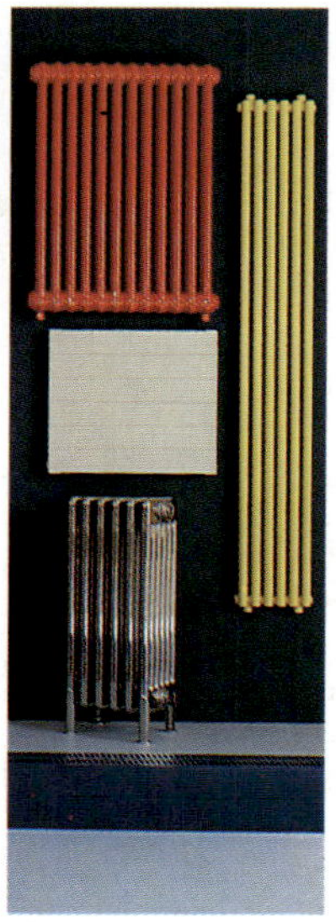
5

5 »Classic« aus Chrom, eine weiße Heizplatte sowie rote und gelbe »Crea-Therm«-Heizkörper von Arbonia beweisen, daß Heizkörper nicht nur Gebrauchsgegenstände sein müssen. Die Firma Bisque, die sie vertreibt, proklamiert sie als »Heizkunst«.

scheiden, dann müssen Sie diese Wärmequelle exakt planen und einsetzen, um die größtmögliche Energie zu erzeugen. Kamine mit einer Glasscheibe und geschlossene Öfen sind effektiver als Kamine mit offener Vorderfront. Einige der sparsamsten Öfen weisen eine Energienutzung von 80% auf, wodurch sie als Primärquelle und nicht nur als Zusatz zu einer Zentralheizung eingesetzt werden können. Ein Dämpfer, der in den Kamin eingebaut wird, reduziert den Rauch und kontrolliert die heiße Luft, die durch den Kamin nach außen steigt.

Moderne Kamine bestehen aus einem Rost und einem Rauchabzug, der einer Dunstabzugshaube ähnelt; freistehende Kamine haben eine moderne Verkleidung über einem traditionellen Rauchfang, der die Verbindung zum Abzug darstellt. In Kanälen, die hinter der Kaminverkleidung verlaufen, wird die Luft zum Feuer

6

6 Dieser elektrische Heizlüfter kann in die Fußleiste unter Küchenschränke eingebaut werden und nutzt so einen »toten Raum« optimal. Die Kontrollschalter sind an der Küchenarbeitsfläche angebracht; im Sommer strömt aus der Heizung eine kühle Brise.

7

7 Der Heizkörper »Chorus« von Marimex mit seinen sechs Leisten auf einem flachen Heizbrett ist unauffällig, aber präsent in dieser hellen Ecke.

8

8 Heizröhren im Industrie-Design, ursprünglich unter einer Stahlhaut verborgen, wurden freigelegt und stellen nun in der umgebauten Fabrik des Architekten Ben Kelly ihre aufregenden Formen zur Schau.

geleitet und erhitzt; sie erwärmt dann wiederum den Raum. So wird bei gleichem Gasverbrauch fast doppelt so viel Wärme erzeugt wie durch eine gewöhnliche Flamme. Bedenken Sie, daß ein Kamin nicht nur ein schönes Dekorationsstück oder der Blickfang des Raums ist. Angesichts der Umweltprobleme müssen die Fragen des Heizens und Isolierens von Wohnraum effektiv gelöst werden, da beide Aspekte einen wesentlichen Einfluß auf den Energieverbrauch haben.

Bevor sich die Wissenschaft mit diesen Fragestellungen auseinandergesetzt hat, wurden Häuser mit Tapeten, Wandteppichen, Vorbauten, Vertäfelungen und Fensterläden gegen Kälte geschützt. Diese Formen der Dekoration sind in der modernen Raumgestaltung nicht mehr gefragt. Statt dessen ist die Isolierung eine Frage des Bauens und eine Angelegenheit für die Spezialisten. Auch die Bewohner können das Ihre dazu tun, um Energie zu sparen – in Großbritannien zum

9

9 »Novella Bains« von Marimex, ein leiterförmiger Handtuchhalter in leuchtendem Rot, belebt als Farbtupfer ein weißes Badezimmer.

10 Dieser freistehende Heizkörper von Zehnder funktioniert mit niedrigen Temperaturen eines Öl- oder Gasheizungssystems und eignet sich deshalb auch hervorragend als Trennwand.

10

11

11 Diese bunten und robusten Säulen namens »Classic« von Zehnder sind sparsam im Verbrauch. Es gibt sie in mehr als 100 verschiedenen Größen, so daß sie in jeden Raum passen.

1 Ein hohes Maß an Platz und Licht wie in der Villa von Jo Crepain bietet den perfekten Hintergrund für den kompromißlosen Funktionalismus des klassischen gußeisernen Kamins.

2 Dieser Prototyp eines klassischen gußeisernen Holzofens von Benn Gürleyik zeichnet sich durch die Feuertür aus, die durch ein Fußpedal geöffnet wird.

2

1

3 »Gyrofocus« von Atelier Dominique, der originellerweise am Rauchfang aufgehängt ist, betont das ästhetische Potential des Kamin-Designs, das schon viel zu lange im traditionellen Bild des Herdes gefangen ist. Dieser Entwurf hat eine hitzeresistente mattschwarzen Oberfläche.

4 Der Holzofen »Romeo« von Piazetta besteht aus glasierter Keramik, die Hitze aus einem gußeisernen Feuerungsraum leitet.

4

5 Die meisten Kamine werden mit einer pseudoantiken Verkleidung ausgestattet, aber »Seneca« von Vermont Castings ist ein Design für moderne Interieurs. Es hat eine sehr saubere Verbrennung, die den amerikanischen Umweltschutznormen entspricht.

3

5

Beispiel wird 50% der Energie von Privathaushalten verbraucht. Bewußter Umgang mit Energie hat ebenso viel Einfluß auf den Verbrauch wie der Einsatz energiesparender Produkte; ein in dieser Hinsicht effizient geführter Haushalt verursacht wesentlich geringere Kosten als einer, der sorglos mit Energie umgeht.

Bisher ist die Kamineinfassung, diese kunstvolle Umrandung des Feuers, von den Designern vernachlässigt worden. Im großen und ganzen sind die modernen Einfassungen in ihrer Entwicklung stehengeblieben; man trifft noch immer auf geschnitzte Umrandungen mit billigen aufgeklebten

6 Solche massive Öfen sind die Lieblingsmodelle der Architekten für Häuser, die einen Kohlekeller oder Holzschuppen haben, da ihr Industriedesign und die funktionale Form sie zu einem Blickfang machen. Da Hitze nach oben steigt, kann der Rauchfang für die obere Etage als Röhrenheizung fungieren – eine energiesparende Konstruktion. David Wild schützt die Feuerstelle durch eine marmorne Kamineinfassung.

6

Dekors oder Marmorimitationen im Louis-Quinze-Stil. Kamine gelten als antiquiertes Inventar; die klaren Linien und frischen Designs der Moderne findet man bei ihnen nur selten. Vielleicht ist diese Tatsache darauf zurückzuführen, daß in den letzten 20 Jahren keine Rauchfänge mehr in die modernen Häuser eingebaut wurden. Inzwischen hat man jedoch festgestellt, daß jedes Haus einen offenen Rauchfang braucht, da er natürliche Ventilation bietet, die Luft frisch hält und gleichzeitig Feuchtigkeit abziehen läßt. Diese Funktion ist besonders wichtig, da in unseren gemäßigten Klimazonen die Luftfeuchtigkeit innerhalb der Häuser oft sehr hoch ist, was zum einen durch schlechte Isolierung bedingt ist und zum anderen dadurch, daß die feuchte Luft keinen natürlichen Ausweg findet und deshalb an allen kalten Oberflächen kondensiert.

Als funktionales Heizsystem und gemütlicher Treffpunkt hat sich in den letzten Jahren der Ofen in der Küche erwiesen. Die Idee des zentralen Ofens, der seit hundert Jahren zur Standardeinrichtung von Bauernhäusern gehört, wurde weiterentwickelt. Heute erhitzt der Boiler Badewasser und pumpt heißes Wasser durch ein System von Heizkörpern, das für eine Vier-Zimmer-Wohnung ausreicht. Heute benötigen Sie weder ein Bauernhaus noch einen Kohlenkeller oder Holzschuppen für solch ein zentrales System, da die modernen Anlagen mit Öl, Gas oder Elektrizität betrieben werden.

Fester Brennstoff, der jahrelang wenig gefragt war, ist beliebter geworden, vor allem seitdem es größere

9

7

8

7 Das sechseckige Modell »Brooklyn« von Thermocet wird mit Erdgas oder Propangas betrieben, hat aber das Aussehen eines Kohleofens, wie man durch die Sicherheitsglasscheibe beobachten kann.

8 Der elegante, freistehende Ofen »Elite Focus« von Thermocet kombiniert eine Kaminhaube aus Preßstahl und eine Feuerstelle mit einem »Elite 7000«-Prima-Konvektor, der eine Flamme erzeugt. Er benötigt Erdgas oder Propangas, um 4,8 kW zu erzeugen.

9 Dieser Kohleofen aus Edelstahl steht auf einer Kaminplatte aus Keramik und bildet den Mittelpunkt von David Wilds Interieur.

1 Eine prismatische Wandinstallation aus feuerfestem Glas, »Visiofocus 900« von Atelier Dominique, ermöglicht einen komplett durchsichtigen Kamin, der einen Raum von lediglich 91 × 99 cm benötigt.

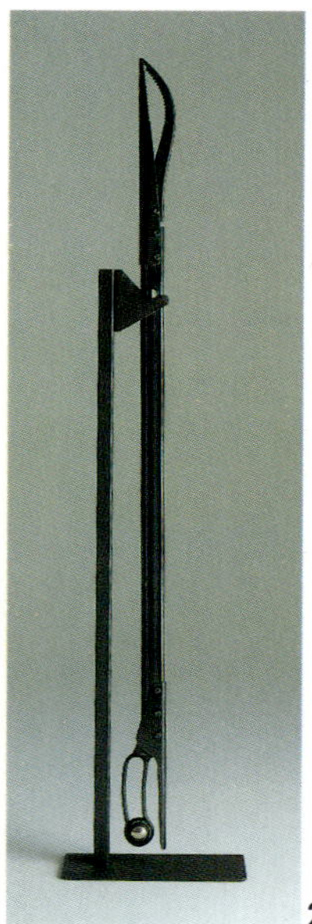

2 »Leina«, ein modernes Kaminbesteck, das Pep Bonet für Alessi entworfen hat, bringt dem ehemals vernachlässigten Kamin eine neue Ästhetik des Accessoires nahe.

Aschkannen gibt, die nur einmal in der Woche geleert werden müssen. Rauchfreie Brennmaterialien und moderne Kamine bringen das Feuer schneller zum Brennen. Und außerdem hat die Industrie in die Entwicklung von Modellen investiert, die diese Innovationen nutzen, so daß Kamine aufs neue zum Mittelpunkt moderner Interieurs werden.

Einer der größten Vorteile der zentralen Beheizung ist die Tatsache, daß sie die Häuser von Elektro-, Holz- und Gasöfen sowie natürlich auch von den dazugehörigen Leitungen und Installationen befreite. Erstaunlich realistisch wirkende künstliche Holzscheite und Kohlen haben viele der Gegenstände, die man für ein echtes Feuer benötigt, überflüssig gemacht; trotzdem entwerfen die Designer weiterhin ungewöhnliche Kamingitter, Kaminvorsetzer, Behälter für Holzscheite und Ofentüren für das moderne Interieur mit Kamin.

Auf der einen Seite wollen die Architekten sich nicht mit der umfangreichen Ausrüstung, die eine Zentralheizung erfordert, arrangieren, aber auf der anderen Seite entscheiden sie sich auch weiterhin für die langweiligen gerippten Heizkörper. Diese monströsen Teile sind zwar schon lange nicht mehr zeitgemäß, aber offenbar sehr viel beliebter als die neuen flachen Versionen in schlichtem Weiß. Durch Thermostate an allen Heizkörpern läßt sich die Wärme regulieren. In größeren Häusern hat jede Etage einen separaten Wasserkreislauf, so daß das Thermostat und die Zeitkontrollschalter unabhängig voneinander funktionieren. Die modernen flachen Modelle, die neuesten sprossen- bzw. leiterförmigen Heiz-

3 Marmorne Kamineinfassungen folgen normalerweise traditionellen Mustern, dieser Kamin dagegen hat eine ungewöhnliche Form. Der Effekt wird durch die Glasstufen und das Travertin auf dem Kaminsims noch verstärkt.

4 Zu dem Kaminsystem »Dovre 2000« gehören Falttüren aus Glas, die geschlossen werden können, so daß das Holz nachts sicher und sparsam weiterbrennen kann.

5 Der Eckkamin reicht bis in die Tudor-Periode zurück und bietet einen Sitz oder eine Bank neben oder in der Kaminumrandung. Die zeitgenössische Variante des Architekten Frank Fitzgibbons hat eine großzügige Sitzfläche auf einer Platte eingebaut, die im Zickzack verläuft.

6

8 Elgin & Halls Reproduktion eines Podests in Flötenform und die Kamineinfassung aus schwarzem Marmor – »Louis Petite« – beweisen, daß antike Stücke auch in modernen Interieurs eingesetzt werden können. Diese Kamineinfassung, ursprünglich tatsächlich für die Gemächer Ludwigs XV. entworfen, ist eines der langlebigsten Kamin-Designs.

9

9 Die Kaminböcke »Tito Lucifer« gehören zu den imposantesten Details der Kamine, die Philippe Starck für das Royalton Hotel in New York entworfen hat. Ihre klassische Form, das Horn, wurde zu Starcks Leitmotiv im ganzen Royalton-Projekt. Sie werden von OWO produziert.

10 Starcks Designs für das Royalton Hotel sind ein gutes Beispiel dafür, wie traditionelle Heiztechniken erfolgreich in ein modernes Interieur integriert werden können.

8

7

6 In diesem Interieur, das Rundungen und rechte Winkel miteinander kombiniert, wird das ungewöhnliche Eckfenster durch eine halbrunde Marmorumrandung vor dem Kamin geschickt akzentuiert.

7 Die traditionelle Kombination von eingebautem Kamin und Rauchfang, einem dekorativen Kaminsims aus Holz, Backstein, Stein oder Marmor und einem Spiegel über dem Kamin erhält durch Lighthouse Interiors einen modernen Touch. Lichtsäulen flankieren den Kamin, verstärken so den Feuerglanz und werfen zugleich Licht in den Raum – ein Effekt, der durch das Glasregal noch verstärkt wird.

körper, die von der Schweizer Firma Zehnder hergestellt werden, und die abenteuerlichen Modelle aus geschwungenen Rohren in Form eines überdimensionalen »X« sind nur einige der erfolgreichen Newcomer in der Heizungsbranche.

Viele Architekten sind immer noch der Meinung, daß Heizkörper am besten unter den Fenstern angebracht werden sollten, damit die warme Heizungsluft den durch die Fenster bedingten Wärmeverlust, besonders während der Nacht, ausgleichen kann. Doch ebenso wie Kamine einen zentralen Platz im Raum einnehmen, sollten auch Heizkörper an den Innenwänden angebracht werden. So kann ihre Form und Farbe bewußt als dekorativer Effekt eingesetzt werden – ganz im Gegensatz zum traditionellen Heizkörper, der hinter lächerlichen Verkleidungen versteckt wurde. Heizungen sind ein spannendes Thema der Inneneinrichtung.

10

1

2

4

1 Frank Fitzgibbons macht aus der Not eine Tugend, indem er den außen verlaufenden Rauchfang als interessantes architektonisches Detail einsetzt, das durch das Fenster über dem Kamin sichtbar ist.

2 Der Kamin »Hursley« von Dimplex hat ein elektrisches, echt wirkendes Feuer, »Optiflame«, das mit sechs anderen Modellen aus dieser Serie kombinierbar ist.

3

3 Ein eleganter Ofenschirm aus Avant Scènes Serie »Terrazzo«. Er ist abgestimmt auf die Zange und den Schürhaken aus Abbildung **7**.

4 Der Gaskamin »Socrates« von der Platonic Fireplace Company hat verstellbare Flammenkontrollschalter.

5 Ein gutes Feuer hängt sowohl von der Form des Modells als auch von der Konvektion des Rauchfangs ab. Philip Hearseys schöner Kamin mit Steineinfassung hat eine großzügige Feuerstelle und bietet viel Stauraum für das Brennholz.

5

6

6 Der Designer Philip Hearsey arbeitet mit dem Schmied Peter Smith zusammen und verarbeitet häufig recyceltes Metall. Er setzt es für seine unnachahmlichen, natürlich abgenutzten und verwitterten Oberflächen ganz bewußt ein: Das Ergebnis sind die individuellen Feuerstellen, Hauben, Kaminbestecke und Feuerkörbe seiner Serie »Radnor«.

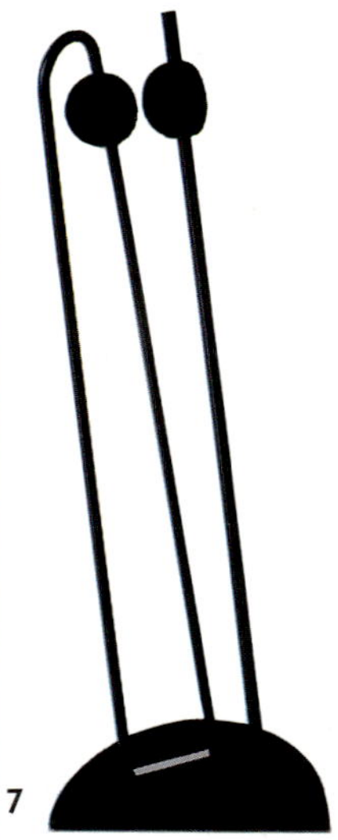
7

7 »Pince« und »Soufflet« (Zange und Schürhaken) stammen aus Avant Scènes Serie »Terrazzo«, die »in einem neuen Geist« entworfen wurde, »mit dem junge Designer und Bildhauer Gegenstände und Möbel präsentieren«.

BELEUCHTUNG

Vorangehende Seite
Die Glaslampen »Lucefair« in Form von Hörnern wurden von Philippe Starck für das New Yorker Royalton Hotel entworfen und von Flos auch für private Käufer hergestellt.

1 Stephen Copelands Schwanenhals-Tischlampe »Tango« aus Aluminium braucht nur eine 50-Watt-/12-Volt-Halogenglühlampe.

2 Die Deckenlampe »Nessie« von De Pas, D'Urbino und Lomazzi für Stilnovo gibt es lakkiert oder in eloxiertem Metall mit fünf Reflektor-Birnen.

3 Alberto Frazer hat »Nastro« für Stilnovo entworfen. Bunte Computerriemen halten die Halogenlampe; eine freundliche Computer-Maus ist zugleich Schalter und Transformator.

Die technologischen Fortschritte haben in der Beleuchtungsindustrie zu Entwicklungen geführt, von denen man früher nur träumen konnte. Die ersten elektrischen Lichtquellen wurden von Gaslampen oder Kerzenleuchtern inspiriert, und selbst heute noch zeugen viele Lampen vom Einfluß des Kronleuchters oder der Kerze. In den siebziger Jahren kam eine Alternative auf den Massenmarkt – ganze Batterien von Spotlights wurden an der Decke befestigt. Doch erwiesen sich die entstehende Hitze und die Größe der Glühbirnen als wesentlicher Nachteil.
Heutzutage wird Elektrizität von vielen als die entscheidende Kraft im Design und in der Architektur angesehen. Die Erfindung von Niedervolt-Lampen im Jahre 1972 hat eine Revolution im Lichtdesign bewirkt, weil dieses neue System die Lichtquelle extrem verkleinerte, der Wirkung des Lichts jedoch neue Dimensionen eröffnete. Die neue Generation der Niedervolt- und Halogenlampen kann eine ganze Wand in Licht tauchen, jede beliebige Fläche beleuchten und einzelne Gegenstände in einem warmen goldenen oder silbernen Licht erscheinen lassen, je nachdem, welcher Reflektor verwendet wird.

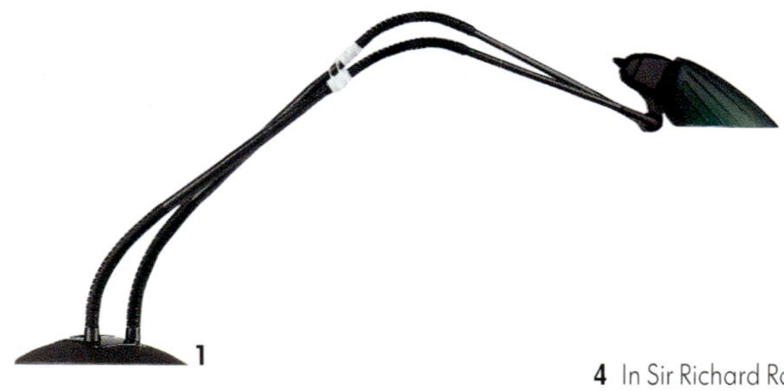
1

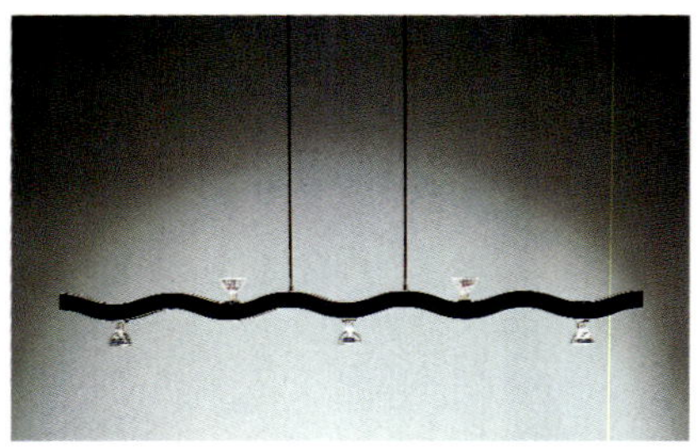
2

4 In Sir Richard Rogers Haus sind zwei riesige Bühnenstrahler an der Galerie angebracht. Die Balken werden durch Klappen und Reflektoren geschmückt. Keine Lichtquelle ist besser als eine andere; der Einsatz hängt von der Funktion und der Plazierung der Lampen ab.

3

4

5

5 In dieser Wohnung, die von Munkenbeck & Marshall eingerichtet wurde, fällt opakes Licht von der Decke herab. Diese eher schwache Beleuchtung wird durch einen Kranz von Niedervolt-Deckenleuchten unterstützt, deren Transformatoren hinter der abgehängten Decke versteckt sind. Ihre gebündelten, intensiven Strahlen werden von der größeren Lampe in der Mitte gestreut.

6 Ein moderner Klassiker aus der Woka Art Collection, das Modell »Spectrum«, besteht aus dem zeitgemäßen Material Acrylglas und wurde von Mathias Pfeffer entworfen.

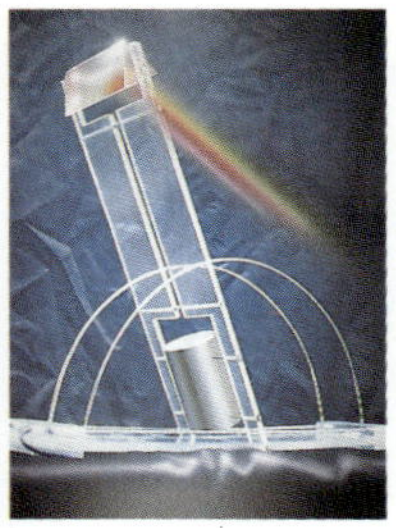

6

7

7 Die Idee von Öllampen und Kerzenhaltern beherrschte das Lampendesign bis in die zwanziger Jahre, als Mario Fortuny zum erstenmal eine 500-Watt-Birne in eine Photographen-Ausstattung einbaute. Dieses Modell wird bis heute von Ecart International hergestellt.

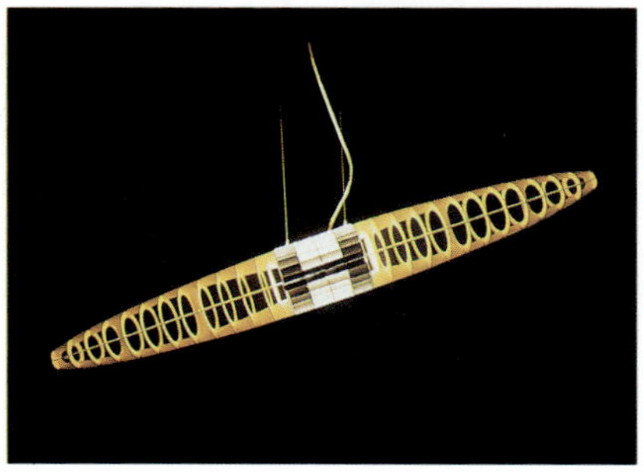

8

8 »Titania« von Luceplan besteht aus einer Halogen-Birne, die von einem elliptischen Schirm umgeben ist, der durch die rippenartigen Filter seine Farbe verändert. Von Alberto Meda und Paolo Rizzato.

BELEUCHTUNG

1 Dean Wang versenkte eine Reihe von Strahlern in den Boden, um die Wand an bestimmten Stellen mit Licht zu überfluten. Die Lampen sind mit bruchsicherem Glas abgedeckt.

2 Ein Lampenarrangement mit versteckter Installation muß von einem Architekten oder einem Elektriker geplant werden, bevor die Wohnung eingerichtet wird.

3 Die meisten versteckten oder eingelassenen Installationen werden fest an der Decke oder im Fußboden montiert. Deshalb ist iGuzzinis Entwicklung von beweglichen Deckenleuchten, deren Winkel verstellt werden kann, ein innovativer Ansatz. Das Modell »Pixel«, das in zwei Größen lieferbar ist, gibt es mit verschiedenen Birnentypen.

3

4 und 5 »Ich mag keine Deckenleuchten«, so der Architekt John Pawson, der Bodenleuchten mit Halogenbirnen für intensives weißes Licht mit wenig Installationszubehör einsetzt. Der Transformator, der die Spannung konvertiert, ist unter dem Eichenparkett verborgen.

5

1

2

4

6 Die Niedervolt-Dekkenleuchten in Concords Serie »Myriad« umfassen mit den versenkt eingebauten Strahlern »True-Aim« jetzt auch eine Reflektor-Version.

6

7

7 »Equinox«, Concords vielseitige Serie mit Kubus-Lampen, umfaßt auch die erst kürzlich entwickelte elliptische 100-Watt-Halogenlampe.

8 Nur sehr aufmerksame Beobachter werden die unauffälligen Ringfassungen der Halogenlampen aus Concords Serie »Corus« entdecken.

8

Moderne Beleuchtungssysteme können auch eingesetzt werden, um ein Interieur zu strukturieren. So kann ein Architekt eine wuchtige Mauer oder eine Schrankwand optisch isolieren, indem er die Wand darüber und darunter mit den neuen schmalen Leuchtstoffröhren beleuchtet. Philips hat diese Röhren für den Einsatz in Supermärkten schmaler gestaltet. Sie erzeugen ein kaltes, weißes Licht, das, wenn es hinter Leisten verborgen wird, die Wand hell erleuchtet und den massigen Eindruck eines Bücherregals reduziert.

Lichtdesign ist eine Frage des Gleichgewichts von Licht und Schatten. Zuviel Licht ist zu offensichtlich – das Licht soll diffus wirken und nicht strahlen. Architekten wie Philippe Starck setzen dasselbe Lichtsystem wie Theaterbeleuchter ein, nämlich ganze Reihen von Strahlern, um einen eindrucksvollen Effekt zu schaffen. Strahler werden als Fluoreszenzlampen und als Metallhalogenid, als Glühlampen und als Niedervolt-Halogenlampen, als Phosphor- und Hochdruck-Entladungslampen nebeneinander angeordnet und mit Schutzschirmen, Reflektoren und farbigen Glasplatten, die den Winkel ändern und den Lichtstrahl weiten

9 Beleuchtung kann betonen oder abschwächen, vergrößern oder verkleinern. In einem dunkleren Raum wird reflektierendes Licht reduziert, so daß man meist mehrere Lichtquellen einsetzt.

9

10 Die Installationen sind weniger wichtig als die Lichtqualität, die sie verbreiten, wie diese unauffälligen Wand- und Deckenleuchten des Architektenteams von Stanton Williams für das Geschäft von Issey Miyake zeigen.

11 Ideen, die öffentlichen Bereichen entnommen wurden, lassen sich auch zu Hause einsetzen, wie die Linsen und Strahler aus der Bühnenbeleuchtung, die sich ihren Weg in private Haushalte bahnen. Hintergrundlicht von der Decke beleuchtet eine ganze Wand.

10

11

1

2

2 Das Spotlight »Shuttle« von iGuzzini ist sehr variabel. Das System umfaßt unterschiedliche Schutzhüllen und Reflektoren, die man an einem Zylinder befestigen kann, der für 22 verschiedene Lampen geeignet ist. Mit unterschiedlichen Beigaben erzeugt der Strahler einen schmalen oder einen breiten Lichtstrahl oder gar eine ganze Lichtflut.

3 Projektorlampen von Erco aus der Serie »Emanon«, die von Roy Fleetwood entwickelt wurde. Es sind Hochleistungslampen, die sich durch vielseitiges Licht, Farb- und Projektionseffekte auszeichnen – all das zeugt von dem wachsenden Interesse an der Bühnenbeleuchtung.

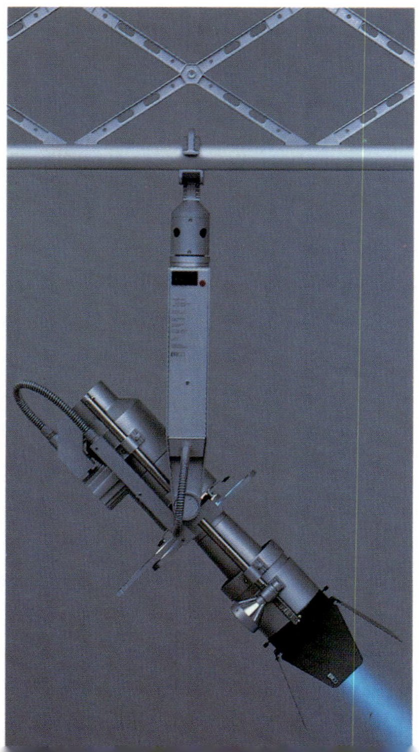

3

1 Die Verkleinerung der Lichtquellen hat zur Entwicklung verspielter Lampen geführt, die diese winzigen Birnen beherbergen – ganz im Gegensatz zu den wuchtigen Schienensystemen der siebziger Jahre. Dieser Plattenladen wird von neobarocken Spots erleuchtet, die an Fangarmen von der Decke herabhängen.

4 Concords Lichtkonzept »Infinite« von Woodgate und Lawrence hebt die Grenzen konventioneller Leistensysteme auf. Die Komponenten werden zusammengeschraubt und machen mit den sichtbaren Drähten des Transformators ein Ende.

5

5 Mit »Infinite« (siehe **4**) kann man besondere Gegenstände gut beleuchten, da die Strahler oberhalb oder unterhalb der Schiene oder auch mit Hilfe eines Kabels unabhängig von der Schiene positioniert werden können.

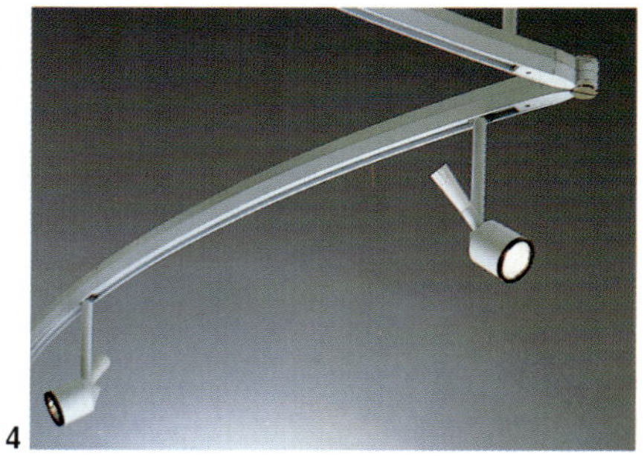

4

oder färben können, versehen. Fresnel-Linsen, benannt nach dem französischen Physiker Augustin Jean Fresnel, dämpfen die Ränder des Lichtstrahls in diesen Beleuchtungssystemen, die ursprünglich für Ausstellungsräume entworfen wurden, sich aber inzwischen ihren Weg in die Privathaushalte gebahnt haben.

Die Vielzahl und Komplexität moderner Beleuchtungssysteme ist für den Laien eher verwirrend – man kann zwar wunderbare Effekte erzielen, doch benötigt man dazu die Hilfe eines Spezialisten und eines Elektrikers. So können Sie eine Decke mit prismatischem Licht bestreuen, indem Sie verschiedene Deckenleuchten, versetzte Bodenleuchten und Strahler installieren. Diese technische Raffinesse ist für den Amateur zu kompliziert, aber es lohnt sich, Spezialisten oder auch Fachliteratur zu Rate zu ziehen, da eine gute Beleuchtung ein unaufdringliches und zugleich wir-

7

6 Für Concords »Infinite« gibt es eine große Auswahl an Strahlern, darunter auch ein 20-Watt-Gehäuse (mit kleiner Fassung) oder ein 50-Watt-Gehäuse (mit großer Fassung). Schiene und Strahler sind in Schwarz und Weiß erhältlich.

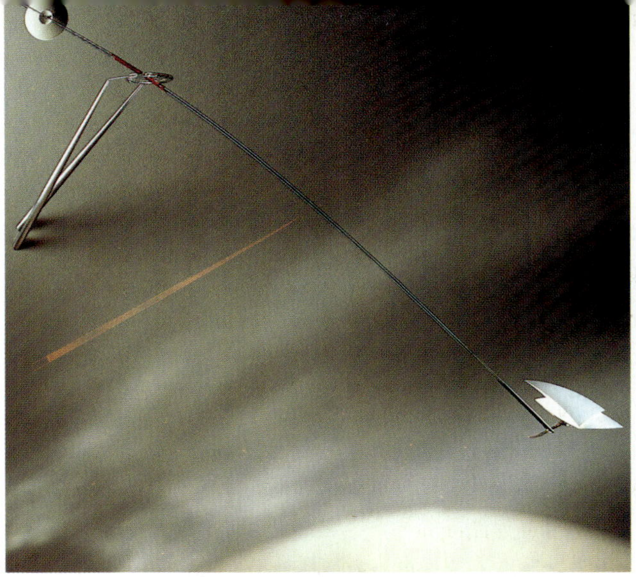

8

8 und 9 Zwei Ansichten der kompromißlosen »Tijuca«, ein Entwurf des begabten Designers Ingo Maurer, der sagt: »Meine Idee war, eine Lampe zu entwerfen, die wie ein Vogel fliegt. Ein Licht, das tanzt, gleitet, kippt, balanciert und rotiert.« Die innovativste Eigenschaft ist der frei gleitende Ring, der die Leuchten mit den Kabeln verbindet. Der Ring leitet den Strom und macht es möglich, daß die Birne um 360° gedreht wird und um 140° nach oben oder unten gerichtet wird.

6

7 Die über den Stahlschränken angebrachten, leistungsfähigen Spots werfen Licht in die Wohnung des Architekten John Young. Die Schreibtischlampe stammt von Artemide und heißt »Berenice«.

9

kungsvolles Element ist, das gezielt eingesetzt werden kann. Dennoch wird die Beleuchtung, vielleicht gerade wegen ihrer technischen Komplexität, mehr als die anderen Elemente der modernen Raumgestaltung vernachlässigt.

Inneneinrichtern kommt die Vielseitigkeit der modernen Beleuchtungssysteme sehr entgegen. Anstelle der schwerfälligen Glühbirne, die von einem Schirm aus Papier oder Seide umgeben wird, gibt es Deckenleuchten und Stehlampen, die perfekt in den Raum integriert werden können, sowie eine reichhaltige Auswahl an Tischlampen. Wenn sie nach oben – oder unten – gerichtet sind, können diese modernen Lampen sowohl als Hintergrund als auch als gezielte Beleuchtung dienen.

Niedervoltlicht funktioniert, wie der Name schon sagt, mit einer Spannung von 12 Volt oder weniger. Der deutsche Lichtdesigner Ingo Maurer hat diese Tatsache ausgenutzt und eine Sammlung von vogelähnlichen Nie-

10 Wenn sich jemand im Umkreis von 2,5 m des Infrarot-Detektors bewegt, der in die Lampe »Sensa« von Thorn eingebaut ist, schaltet diese sich automatisch an. Fotozellen messen das natürliche Licht und passen das künstliche Licht dem Tageslicht von 25 bis 100% an.

10

11

11 Der »Expanded Line Kit« des kreativen Designer-Duos Perry King und Santiago Miranda für Arteluce. In die Niedervolt-Deckenrosette passen verschiedene Halogen-Köpfe »Lucy«, »Alma«, »Tor« und »Ra«. Die phantasievollen Formen und die prismatischen Reflektoren dieser Serie werden von akzentuierten Farben ergänzt, die das Licht auffangen.

1

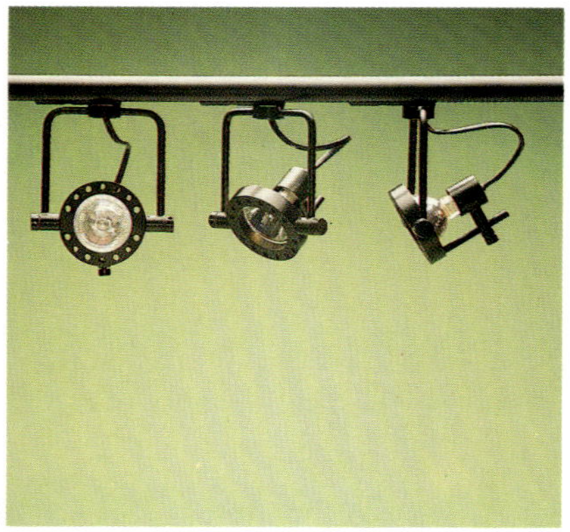

2

1 An der Wand befestigte Spots sind die moderne Alternative zu traditionellen Bilderleuchten, die ein zielgerichtetes Licht auf einen bestimmten Punkt werfen. Der Architekt Peter Wilson hat eine Lampe gewählt, die wie eine Deckenleuchte geformt ist, und beleuchtet damit ein modernes Möbelstück.

2 Die gebündelten Strahlen des energiesparenden Lampen-Systems aus Candelas Serie »Micron« reichen von einem sanften 20-Watt-Licht bis hin zu einem hellen 75-Watt-Spotlight.

dervolt-Lampen an elektrischen Drähten befestigt und sie wie ein Trapez im Raum aufgehängt. »Verstellbare oder hängende Elemente schaffen einen Lichterwald, in dem die Lichter tanzen, gleiten, schwenken, balancieren und rotieren, und vor allem erzeugen sie ein klares und präzises Licht, bei dem man arbeiten, lesen oder auch träumen kann«, sagt er über sein Design »YaYaHoHo«, eines der beliebtesten Beleuchtungssysteme der achtziger Jahre.

Die technologischen Entwicklungen haben sich auch auf die traditionelle und so beliebte Tischlampe ausgewirkt. Die neue Generation der Tischlampen besteht aus Shape Memory Alloy, einer Metallegierung, die eigentlich mehr in der Kieferorthopädie und der Produktion von Stoßdämpfern eingesetzt wird, da die Legierung über einen Speicher verfügt, der auf Hitze reagiert. So wird eine in Hufei-

5

5 Alle in einer Reihe – die Wandlampen von Tebong werden von Reflektorschirmen auf dreizackigen Armen eingefaßt.

3

3 Die anpassungsfähigen Spots »Shuttle« von Bruno Gecchelin für iGuzzini (siehe **2**, Seite 108) mit einer anderen Einfassung und anderen Reflektor-Accessoires.

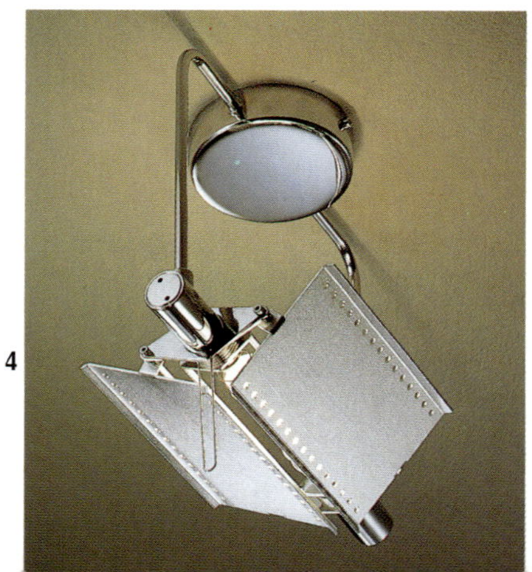

4

4 »Futura« von Garcia Garay nach einem Design von J. A. Garcia Garay ist eine Gruppe von Lampen mit zwei Aluminiumschirmen, die sich bis zu 360° öffnen oder schließen lassen und mit deren Hilfe man den Einfallswinkel des Lichts variieren kann.

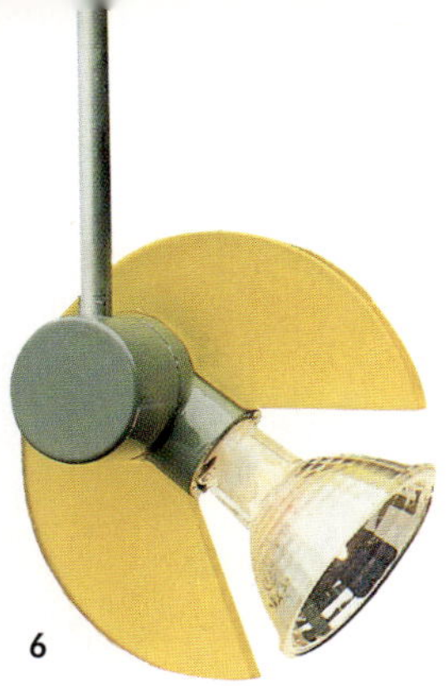

6

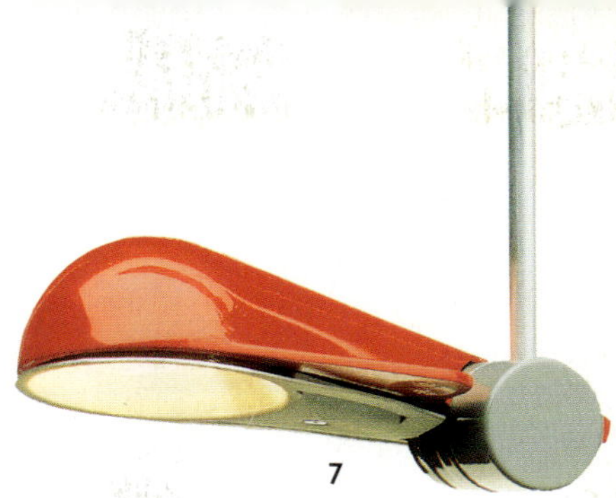

7

6 und 7 Vier neue Mini-Spots, drei davon mit Reflektoren und einer einphasigen Schiene, sind iGuzzinis neueste Entwicklungen. Zwei davon sind hier abgebildet: »Disc«, ein Entwurf von Pasquale Ajello (oben links), und »Wing« von Bruno Gecchelin (oben rechts). Beide funktionieren mit energiesparenden 50-Watt-/12-Volt-Birnen; die Spots können an der Deckenschiene »Limelight« oder an gebogenen Stangen an der Wand befestigt werden. Alle Zubehörteile sind mit einem Verbindungsstück ausgestattet, das den Strom durch eine 360°-Drehung in der Vertikalen und der Horizontalen leitet.

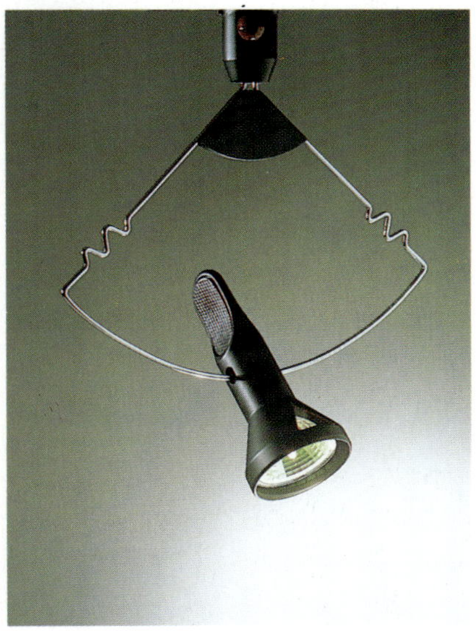

8

senform gebogene Metallspirale bei Erwärmung zu ihrer ursprünglichen Form zurückkehren. Auf dieselbe Weise kann sich eine Lampe in Form einer Lotusblüte bei Erwärmung durch die Glühbirne allmählich »entblättern«. Und nicht nur die optischen Sinne werden angesprochen, die phantasievollen Lampen von Kreon verbreiten auch Düfte, wenn sie sich erwärmen. Dabei macht man sich das Prinzip zunutze, daß bei Niedervolt-Systemen ein Teil der entstehenden Wärme durch Reflektoren zur Quelle zurückgeleitet und nicht mit dem Licht abgestrahlt wird.

Da die Beleuchtungstechnik immer flexibler und vielseitiger wird, können die Möglichkeiten, Licht einzusetzen, von den Designern immer weiter ausgeschöpft werden. Die Spanier Bigas und Sant haben eine Aluminiumform entwickelt, in die eine Lampe plaziert wird. Dieses Modell ist ideal zur Be-

11

8 »Poe« von Guigiaro Design, hergestellt von Lucitalia, ist ein Niedervoltsystem für Decken und Wände. Die Lampen sind an Armen befestigt und bis zur vollen Drehung verstellbar.

9

9 »Contacto« von Belux ist ein Kontakt-Steck-System; aus 18 Teilen kann man 125 Kombinationen herstellen. Das Design von Jürgen Medeback kann direkt an der Wand oder an Lichtschienen angebracht werden.

10

12

10 »Duo« ist eine Niedervoltlampe nach einem Design von Erwin Egli, aus dem Diefo Bally für Belux ein ganzes System entwickelt hat. Zwei einzelne Lampenelemente mit einem 100-Volt-Transformator, der an der Decke befestigt ist, bilden eine Einheit, die über einem Tisch angebracht werden kann. Beide Lampenelemente lassen sich an einem Mechanismus aus verchromten Gegengewichten nach oben und nach unten ziehen; opalfarbenes und blaues Glas tragen zu der eleganten Wirkung dieses Ensembles bei.

11 und 12 Spots, die an Balken und nicht an den üblichen Lichtschienen befestigt sind, beweisen die Flexibilität des Spotlight-Systems: Die Niedervolttransformatoren sind in den zylindrischen Säulen untergebracht.

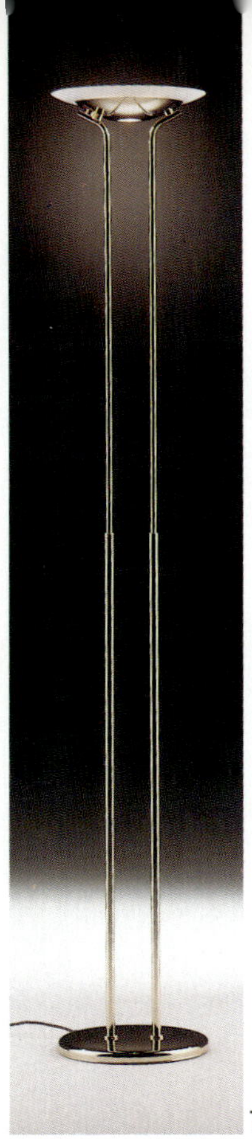

1

1 Durch die Qualität des ausgestrahlen Lichts, die klare Richtung des Halogenstrahls und ihren formalen Charakter verdient »P-1170« von Estiluz die Bezeichnung »Klassiker«.

2 »L'Escala« von Estudi Blanc für Metalarte ist eine Stehlampe, deren Streuungsgrad variiert werden kann. An der Schnur ist ein Dimmer angebracht.

4 »Bi-Arp« von Enrico Bona für Skipper Pollux hat einen Fuß und einen Ständer aus transparentem Plexiglas sowie einen geschliffenen Reflektor aus Pyrex-Glas.

3

3 »Mantide« von Mauro Canfori für O-Luce neigt sich elegant auf einem schlanken Ständer, der eine breite Schale mit Halogenstrahler trägt.

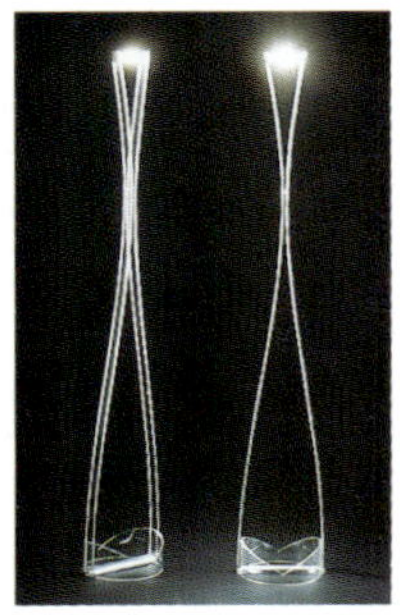

4

6

5 Die Lichtquelle dieser Stehlampe mit Hängekopf ist in einen kugeligen Schirm gefaßt und wirft gezieltes Licht in diesen Raum von John Pawson, der immer versucht, in seinen Interieurs Deckenleuchten zu vermeiden.

6 »Maja« von Sergi Devesa für Metalarte verbreitet indirektes Halogenlicht auf einem drehbaren Ständer, der in Graphitgrau und Chrom erhältlich ist.

7

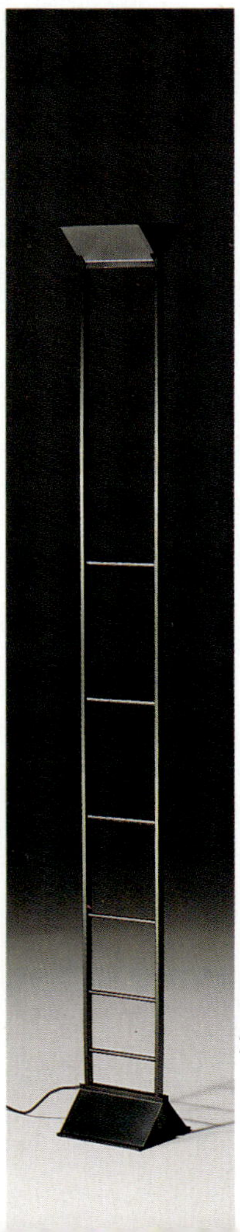

2

5

leuchtung von Treppen oder Bildern. Möbelhersteller akzentuieren die Formen ihrer Möbel durch eingebaute Lampen und stellen Schranksysteme her, die von hinten beleuchtet werden; so kann zum Beispiel die geschliffene Glaskante eines Regals mit einer schmalen Lichtleiste versehen werden. Der neueste Trend ist der Einsatz von Halogen-Entladungslampen, die heller, aber auch kälter wirken als Niedervolt-Reflektor-Glühbirnen.

Die Designer experimentieren zunehmend mit Licht; allerdings ist das Ergebnis weniger ein atemberaubendes Lichtspiel mit eindrucksvollen Effekten als vielmehr eine Kollektion neuer Lampen, die der Idee Ausdruck verleihen, daß »Licht Phantasien und Märchen ins Leben rufen kann, Wirkung erzielt und Schattenspiele erzeugt«, wie die Organisatoren von Euroluce, der internationalen Lichtmesse, es ausdrücken.

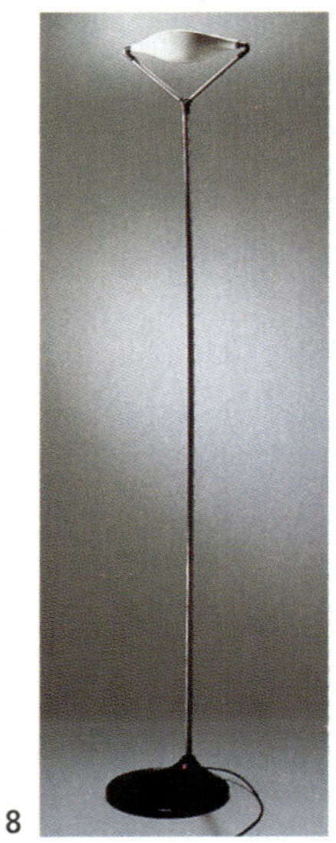

8

8 »Victory« von De Pas, D'Urbino und Lomazzi ist eine Steh-bzw. Wandlampe in lackiertem Metall mit einem Diffuser aus Porzellan, der die 300-Watt-Halogenlampe abschwächt; sie wird von Stilnovo hergestellt.

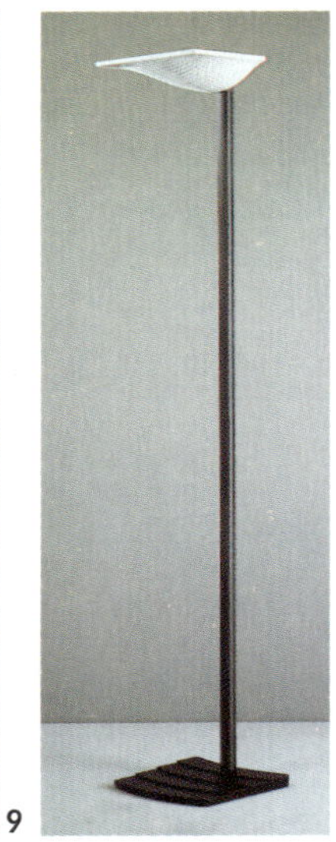

9

9 Der Designer Rodolpho Bonetto wurde schon mehrmals mit dem heißbegehrten Design-Preis Compasso d'Oro ausgezeichnet. Seine Stehlampe »Eviter« hat eine Schale aus gepreßtem, satingeätzten Glas, das von Luci hergestellt wird.

7 »Sinclina« ist eine Stehlampe von Estudi Blanc für Metalarte. Ihre Höhe kann verstellt werden, indem der Schirm an dem eloxierten (silbernen oder schwarzen) Arm verschoben wird.

10 Ungewöhnlich sind die energiesparenden Leuchtröhren und der Reflektor in der schmalen Aluminiumfassung von »Penombra« (Antoni Flores für Gargot). Sie werden mit mattem eloxierten oder goldenen Finish hergestellt und stehen auf einem Fuß aus Gußaluminium.

12

16 Fabio Lombardo hat die Stehlampe »Aeto« für Flos entworfen. Sie ist fast 2 m hoch und mit einer 450-Watt-Halogenbirne ausgestattet.

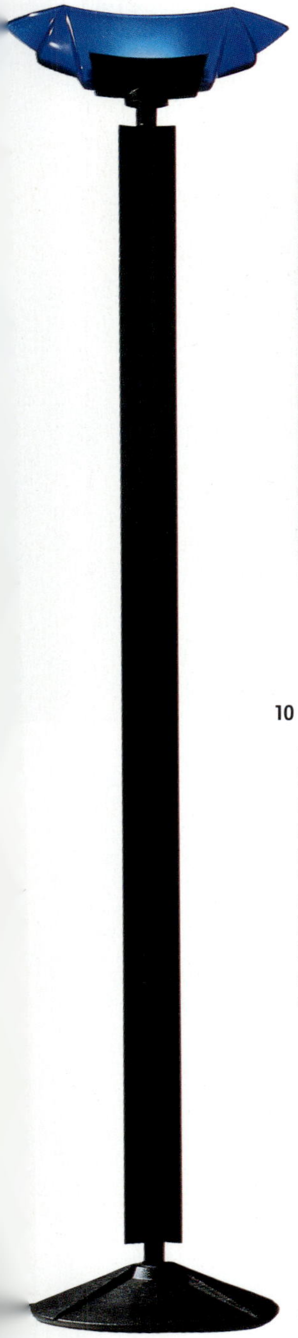

10

12 Stehlampen mit Halogenbirnen werfen eine wahre Lichtflut an die Decke. Deckenfluter wie dieser von David Wild müssen oberhalb der Augenhöhe angebracht werden, um den Betrachter möglichst nicht zu blenden.

13 Freistehende Lampen können dorthin gestellt werden, wo das Licht am meisten gebraucht wird. Je nach Schirm und Reflektoren können sie als Decken- oder Bodenfluter eingesetzt werden, wie »Berenice« von Luceplan.

14 »Stele« von Jürgen Medeback für Belux erzeugt eine indirekte Beleuchtung auf einem Säulenpaar, das so schmal ist, daß das Objekt eher einer Skulptur als einer Lampe ähnelt.

15

11 Diese Halogenlampe »Sake« von Paolo und Marco Piva für Stilnovo wirft diffuses Licht und ist als Boden- oder Wandlampe in Anthrazit, Metallicblau oder -grün lieferbar. Sie hat eine lackierte Aluminiumfassung und eine sandgestrahlte Lichtschale

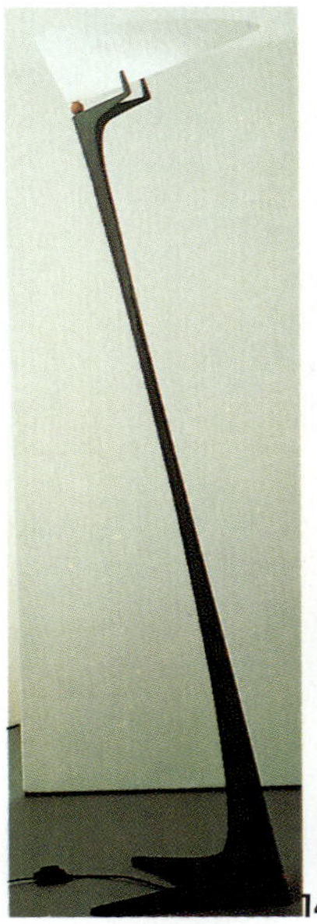

13

14

15 Wie Santiago Calatravas Architektur scheint auch die Stehlampe »Montjuic« für Artemide die Gesetze der Schwerkraft aufzuheben. Die Schnur wird in der Stütze entlanggeführt.

16

11

1

1 Der postmoderne Architekt Michael Graves entwarf eine Serie von Lampen für Baldinger Architectural Lighting. Seine Laterne »Urbino« besteht aus Messing und weißem Opalacryl. Sie ist eindrucksvolle 90 cm hoch.

2

2 Fabian verwendet weiches Polyurethan für »Gum« 705D07, eine Wandlampe, die mit austauschbaren Farbspots geliefert wird.

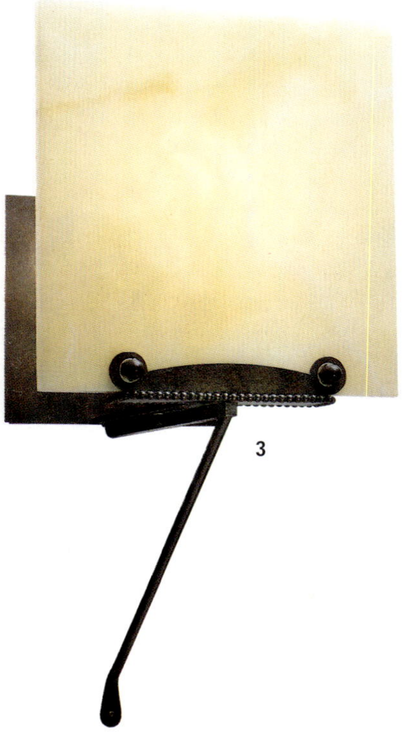

3

3 Der Wandleuchter »Firenze« von Michael Graves besteht aus Messing und weißem Opalacryl. Er wird von Baldinger Architectural Lighting hergestellt.

8

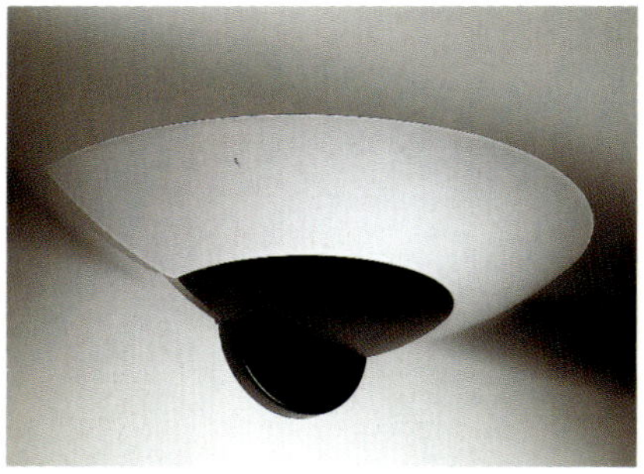

9

8 »Aramis« von Gourdon und Brux für Luxo hat einen satinierten Glasdiffuser. Sie braucht eine 300-Watt-Halogen- oder eine 70-Watt-Metallhalogenidbirne (hier abgebildet) mit einer Säule, die die Zündvorrichtung und den Kondensator enthält.

9 Die Halogen-Wandleuchte »Estiluz« A1133 von Leonardo Marelli hält in der satinierten Glasschale einen 220-Watt-Halogenstab. Das Unterteil ist mit einer mattschwarzen oder goldenen Oberfläche erhältlich.

4

4 »Eco« von Giugiano Design für Luci hat einen drehbaren kegelförmigen Reflektor in emailliertem Metall. Sie ist mit einem 250-Watt-Halogenstab ausgestattet und in vielen Farben lieferbar.

5

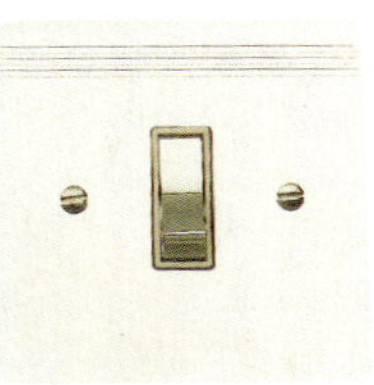

6

5 und 6 Best of Brass bietet eine große Auswahl an Schaltern, die einem schlichten Lichtschalter den passenden Rahmen geben. Clipsal bietet verschiedene Fassungen, Fernseh- und Telefondosen in unempfindlichem Polykarbonat.

7 »Bisbi« von Achille Castiglioni für Flos ist eine Wandleuchte mit Keramikfassung und einem Rotations-Reflektor aus gespritztem Aluminium. Dreht man den Ring, so verwandelt sich der Deckenfluter in einen Wandstrahler.

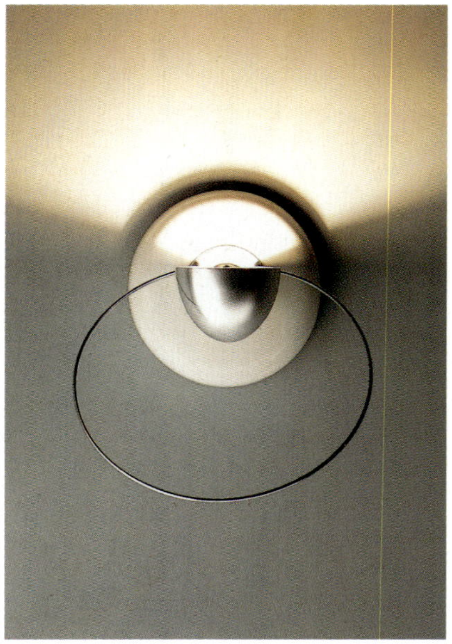

7

10

10 »Vulcanos« von Sergi Devesa für Metalarte ist eine Wandleuchte, die auch an der Decke befestigt werden kann. Sie hat einen drehbaren Metallarm und einen Diffuser aus mattem, gehärtetem Glas, der die energiesparende 15-Watt-Halogenbirne schützt.

11

13

13 Barovier & Toso gehen in ihrem Design für Lampen über die Muranoglas-Tradition hinaus. Nach dem Design von Giusto Toso haben sie eine Serie von Boden-, Wand- und Deckenleuchten namens »Flu« entwickelt.

14

14 Diese Wandleuchte »Evipar« von Rodolpho Bonetto hat einen 500-Watt-Halogenstab in einer emaillierten Fassung. Die Schale aus säuregeätztem, gepreßtem Glas ist in vielen verschiedenen Farben lieferbar. Hersteller ist Lucitalia.

15

15 Stilnovos »Victory« von de Pas, D'Urbino und Lomazzi ist aus lackiertem Metall mit einem Schirm aus Porzellan. Die Stehversion ist auf Seite 112 abgebildet (Abbildung **8**).

16

16 Diese hornförmige Lampe wurde zu Philippe Starcks Leitmotiv im New Yorker Royalton. Über jeder der 30 bis 40 Türen in der Hotellobby ist eine Kristallampe »Lucefair« angebracht, die nun von Flos serienmäßig produziert wird.

17

17 »Malibu« trägt, wie Maestro Ettore Sottsass es liebt, den Namen eines schönen Ortes. Seine Wandlampe für Stilnovo wird in weißem oder eloxiertem Aluminium mit einer lackierten Metallfassung und einem Glasdiffuser hergestellt. Sie hat eine 60-Watt-Birne.

18

18 »Pleak«, ein elegantes Design von Nemo für Tebong, trägt eine bleistiftdünne 200-Watt-Halogenglühlampe auf dieser Schale aus oxidiertem Stahl.

12

11 Die Architekten von Studio Epton mußten mit den Lampen arbeiten, die ihre Klienten mitbrachten. Indem sie das Zimmer mit natürlichem Licht überfluteten, benötigten sie nur diese Strahler.

12 »Trybeca« von Bernhard Dessecker beinhaltet zwei Halogenbirnen. Das Wandlicht kann nach oben oder unten bewegt werden und läßt sich drehen.

19

19 Wie bei einer Taschenlampe kann man bei der Wandlampe »Land« den Lichtkopf nach hinten biegen oder drehen. Sie ist ein Design von Robert Pamio für Leucos. Das Modell kann auch als Deckenlampe gebraucht werden und hat zwei Gelenke, durch die die Konstruktion sich bis zu 360° verstellen läßt; auch der Kopf kann durch ein Scharnier bis zu 90° gedreht werden. Diese Beweglichkeit ermöglicht sowohl gezielte als auch großflächigere Beleuchtung.

20

20 Ingo Maurer erweitert sein Konzept von bewegtem Licht mit dem vogelähnlichen Modell »Eclipse-elipse«, das vor der Wand zu schweben scheint und dank der Sensoren auf traditionelle Leitungen und Schalter verzichten kann. Die Lampe hat eine 50-Watt-Birne und einen drehbaren Spiegel, der das Licht lenkt und reflektiert.

1

1 »Torino«-Deckenleuchte in Messing mit achteckigem Opalglas aus der Kollektion von Michael Graves für Baldinger Architectural Lighting.

2 Wokas 1032 »Mini« von Walter Schmögner in Messing mit metallicgrünen Details hält an spinnenartigen Armen acht 12-Volt-Halogenspots.

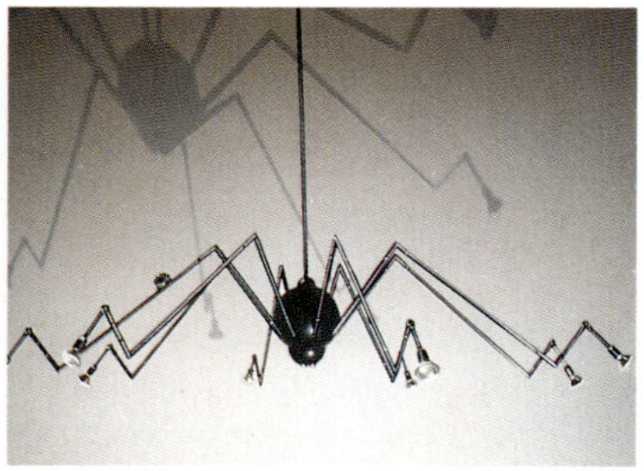

2

3 Spezialanfertigung eines Hängeleuchters von Michael Graves. Sie greift die Form eines Speichenrads im amerikanischen Stil auf und besteht aus drei Kandelaber-Fackellichtern.

3

4 »Verona« aus der Kollektion von Michael Graves für Baldinger ist eine in die Decke eingesetzte Lampe mit einer Fassung aus antikem Messing mit einem konischen Schirm aus weißem Opalglas.

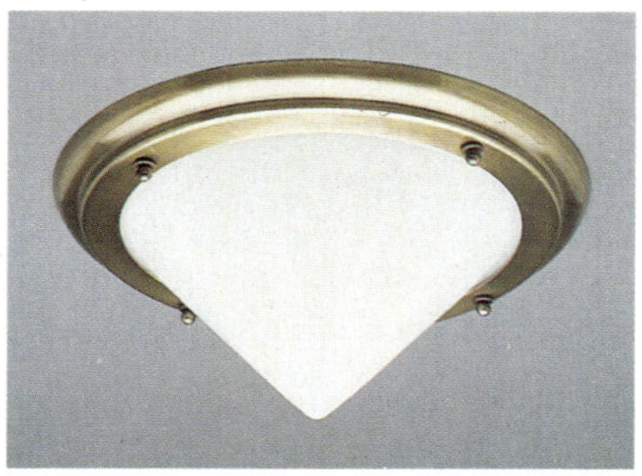

4

5 Der weltberühmte Architekt der Moderne, Cini Boeri, vereinigt in »Feltro«, einem Modell aus Muranoglas, Kunsthandwerk mit einer funktionalen Form.

5

6

6 »Lucia« ist ein Design von Cini Boeri, dem es gelingt, Kunsthandwerk, traditionelles Muranoglas und funktionales, modernes Design miteinander zu verbinden.

7 »Bergamo« ist ein Kronleuchter aus der Kollektion von Michael Graves für Baldinger, hier mit Messingeinfassung. Das Modell ist auch in anderen Materialien und Spezialgrößen lieferbar.

7

8

8 »Spilla«, ein Design von Luciano Pasgani für Arteluce, ist eine Deckenleuchte mit einer 200-Watt-Halogenglühlampe, die durch die geätzte Glasschale eine diffuse Hintergrundbeleuchtung erzeugt.

9

9 Wenn man »Altena« von Ezio Didone für Arteluce von unten sieht, scheint ein leuchtender Sternenhimmel durch den konischen Diffuser aus Glas. Er wird entweder durch einen mattgrauen, emaillierten Reflektor oder durch eine geschliffene Glasscheibe in opalisierendem Pink, Blau, Weiß oder Grün gehalten.

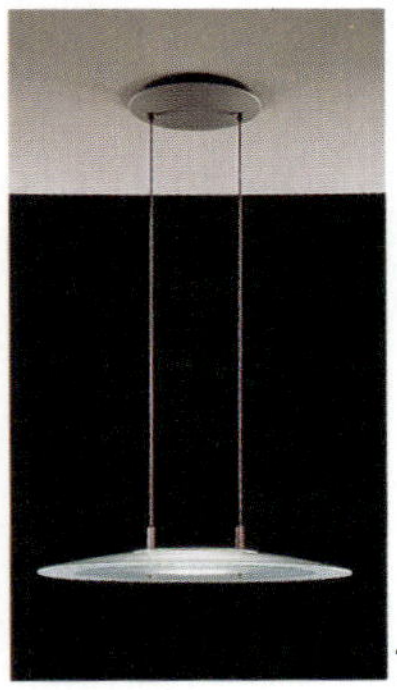

10

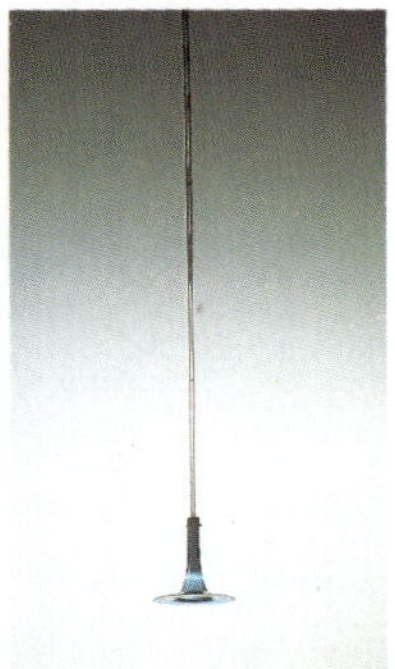

11

10 »Nebula« von Jordi Vilardell für Gargot besteht aus einer 500-Watt-Halogenglühlampe in einer matten, metallicgrauen Scheibe.

11 Valerio Sacchetti evoziert in einer Lampe namens »Edison 45« (für Sirrah) Thomas Edisons weißglühendes Licht.

12 Lovegrove & Brown haben diese Hängelampe aus Metall namens »Bab-ilis« für Metalarte entworfen. Die Scheibe aus Preßglas umgibt eine 100-Watt-Birne.

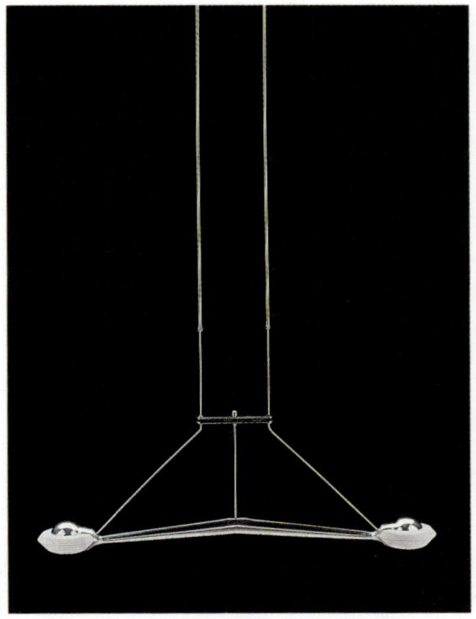

13

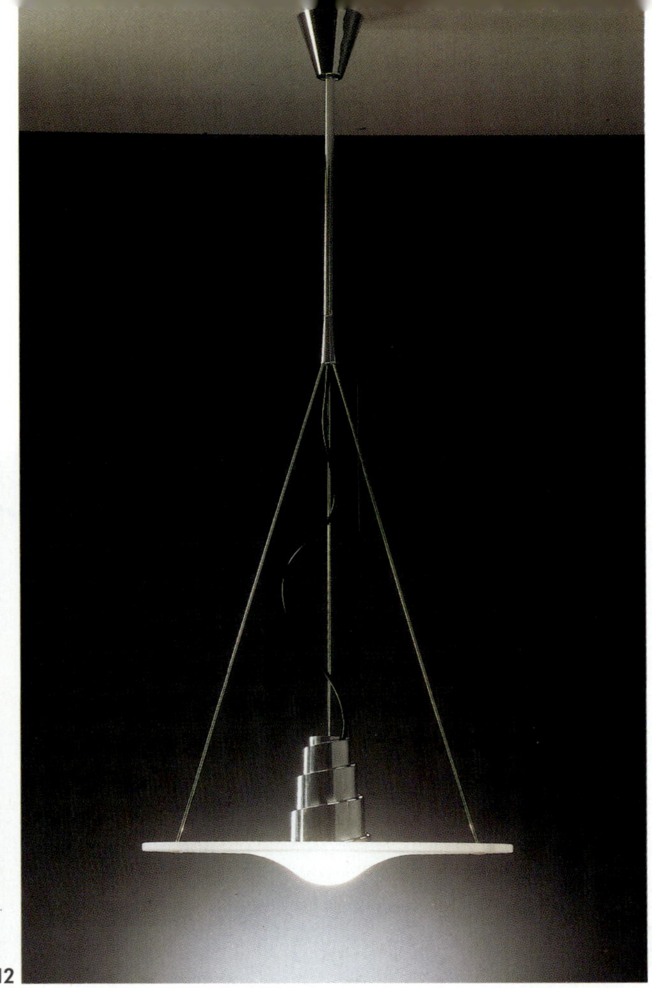

12

15

13 und 14 Verstellbare Hängelampen sind ideal für die Beleuchtung eines Arbeits- oder Eßplatzes. »Gavina« von Josep Lluscá für Blauet kann ausgezogen werden; mit Hilfe eines Chromstabes kann die Höhe der zwei Kristallschirme verändert werden. Man setzt 50- oder 60-Watt-Halogenbirnen ein.

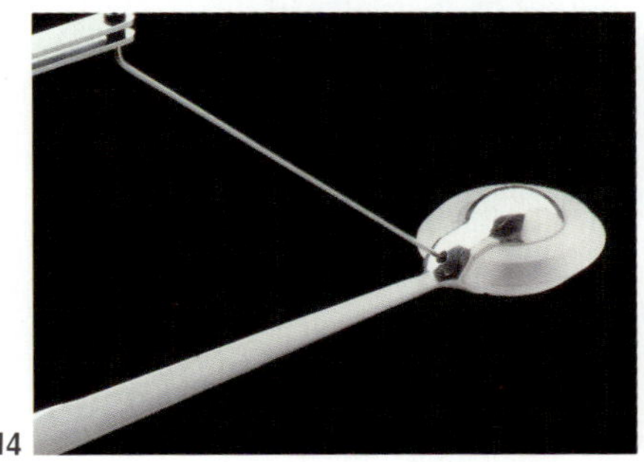

14

15 Michael Graves Nachempfinden floraler Formen erinnert an Jugendstil, doch die Geometrie dieser Hängelampe ist eher postmodern.

16 »Futura«, ein Design von J. A. Garcia Garay, ist mit zwei Aluminiumschirmen ausgestattet, die sich öffnen und schließen lassen und sich im 360°-Winkel um eine 500-Watt-Birne drehen.

16

1 und 2 Venezianisches Muranoglas ist schon seit Jahrhunderten ein Sammlerobjekt, und Foscarini weist darauf hin, daß ihnen in ihrer Lampenkollektion »Colora« von Vecciato und Ricci Funktionalität genauso wichtig ist wie Ästhetik.

1

2

4 »Vaticana« von Josep Lluscá für Metalarte ist eine mobile Tischlampe aus Metall. Sie hat einen Dimmer, in den graphitgrauen Kegel ist ein Pergacel-Schirm eingesetzt.

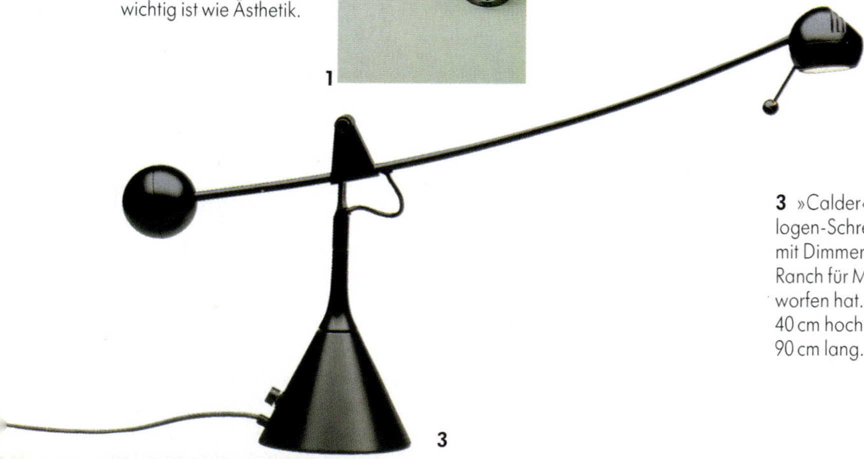
3

3 »Calder« ist eine Halogen-Schreibtischlampe mit Dimmer, die Enric Ranch für Metalarte entworfen hat. Sie ist fast 40 cm hoch und mehr als 90 cm lang.

4

10 Diese Tischlampe ist ein Entwurf von Wilhelm Wagenfeld aus dem Jahr 1924 und wird heute originalgetreu von Tecnolumen reeditiert. Die Lampe hat einen Glasfuß und einen Glasstab, in dem ein vernikkeltes Rohr die Zuleitung führt.

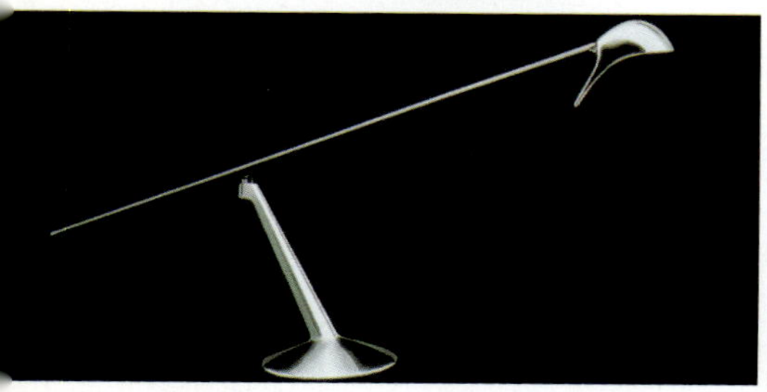
5

5 Wenn man eine Lösung für gezielte Beleuchtung definieren müßte, so würde sie wohl ähnlich aussehen wie die schmale Tischlampe »Bluebird«, ein Entwurf von Jorge Pensi für Belux.

6 Bei Shiro Kuramatas origineller Lampe namens »Hydrogen Dream« hält eine dünne Stange eine Halogenbirne und einen Reflektor. Das Design stammt aus dem Jahr 1988.

6

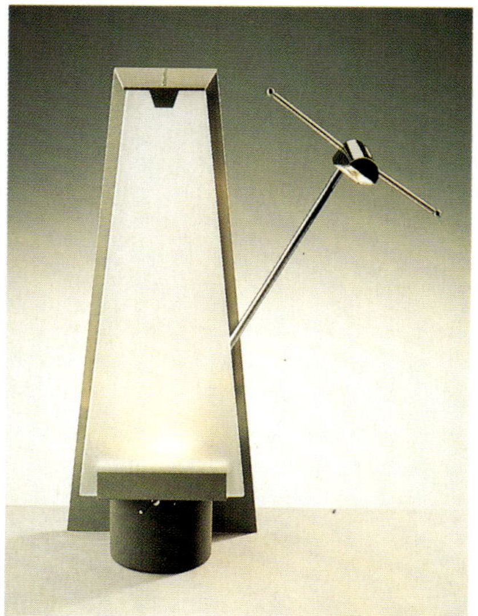
9

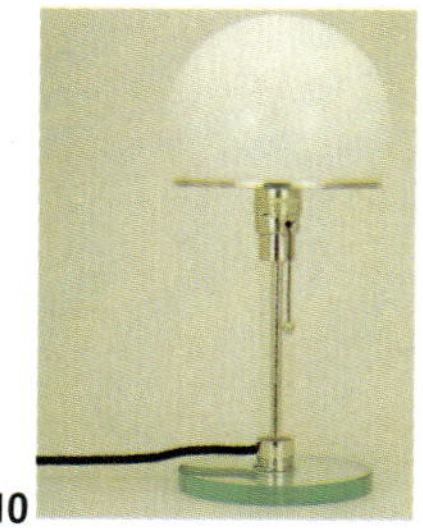
10

11 F. Fabbian & F. lli haben eine Serie von Lampen aus Metall und Glas produziert, die von G. P. Derai entworfen wurden. Sie heißen »Master«, »Major«, »Big« und, hier abgebildet, »Senior«. Es gibt auch eine kleinere »Junior«-Lampe.

7 Das nüchterne, mattschwarze Modell »Heron« von Samuel Ribet für Stilnovo hält eine 50-Watt-/12-Volt-Halogenbirne in lackiertem Metall. Der Arm ist verstellbar.

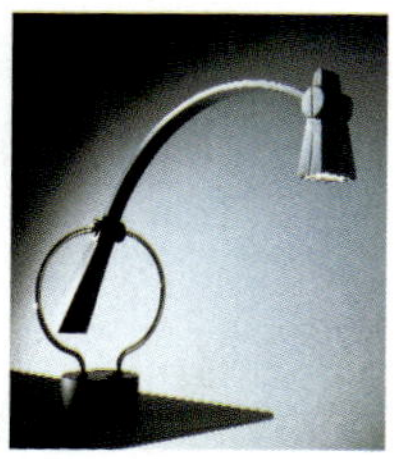
7

8 »Zen« ist ein Entwurf von Sergi Devesa für Metalarte. Diese Tischlampe aus aufgerauhtem Aluminium ist 16,5 cm hoch und hält eine Birne von maximal 25 Watt.

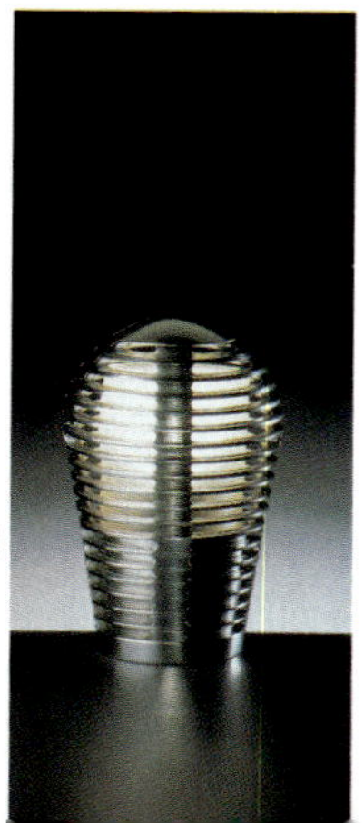
8

9 Diese Lampe ist ein »Metronom« – nicht nur dem Namen, sondern auch dem Aussehen nach. J. Garcia Garays Tischlampe tickt als Leselampe hin und her, während aus dem Inneren des sandgestrahlten Kristallschirms ein sanftes Licht den Raum durchdringt.

11

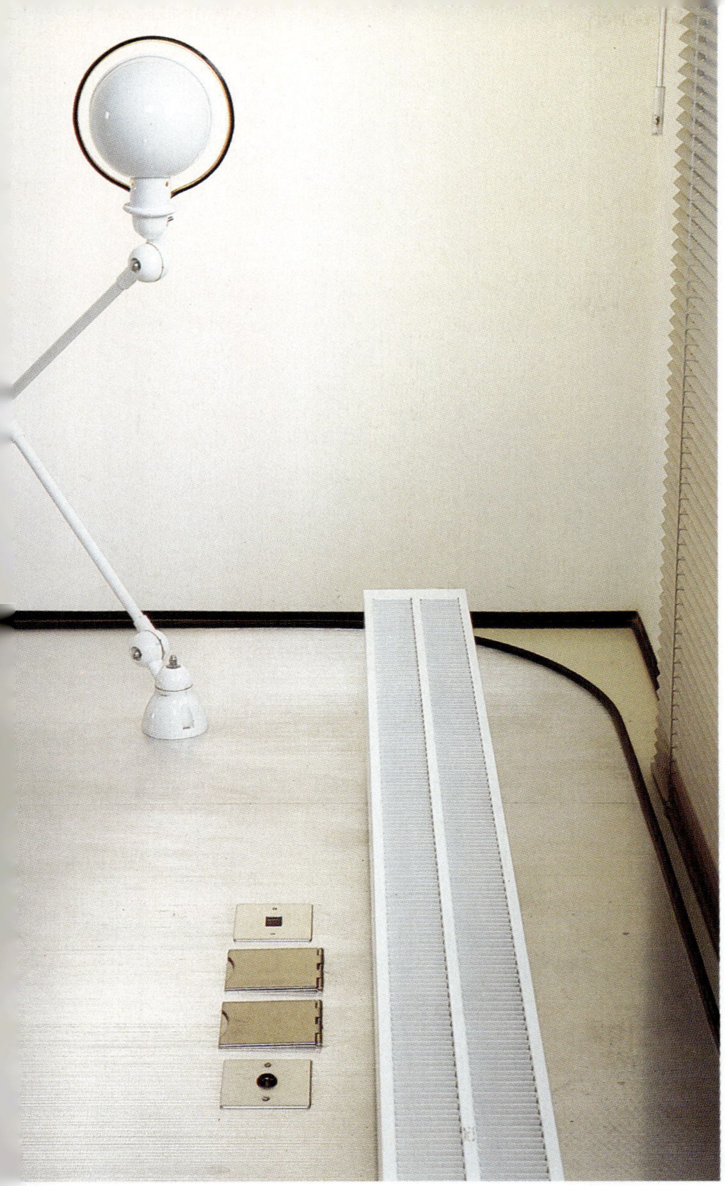

12

12 und 13 In ein umgebautes Reihenhaus aus dem 19. Jahrhundert setzte Jan Kaplicky von Future Systems Reihen von Schaltern in Aluminiumplatten ein, mit denen der Zwischenboden überzogen ist. Unter dem Boden verlaufen die Rohre und Kabel.

13

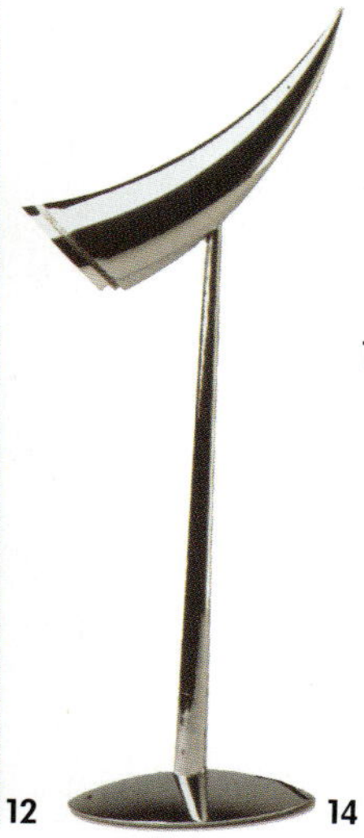

14

14 Philippe Starcks ungewöhnliche verstellbare Tischlampe »ARA« für Flos wird an dem Horn an- und ausgeschaltet. Die Lampe besteht aus verchromtem Gußaluminium.

17 Wokas Schreibtischlampe im Kettenstil, ein Entwurf von Ingo Maurer, zieht alle Blicke auf sich.

17

18 »Jazz«, ein Entwurf von Ferdinand Porsche und Christian Schwamkrug für PAF, läßt sich flach zusammenfalten. Der zweistufige Teleskoparm erlaubt eine Vielzahl von Positionen; die Lampe hat einen eingebauten Dimmer.

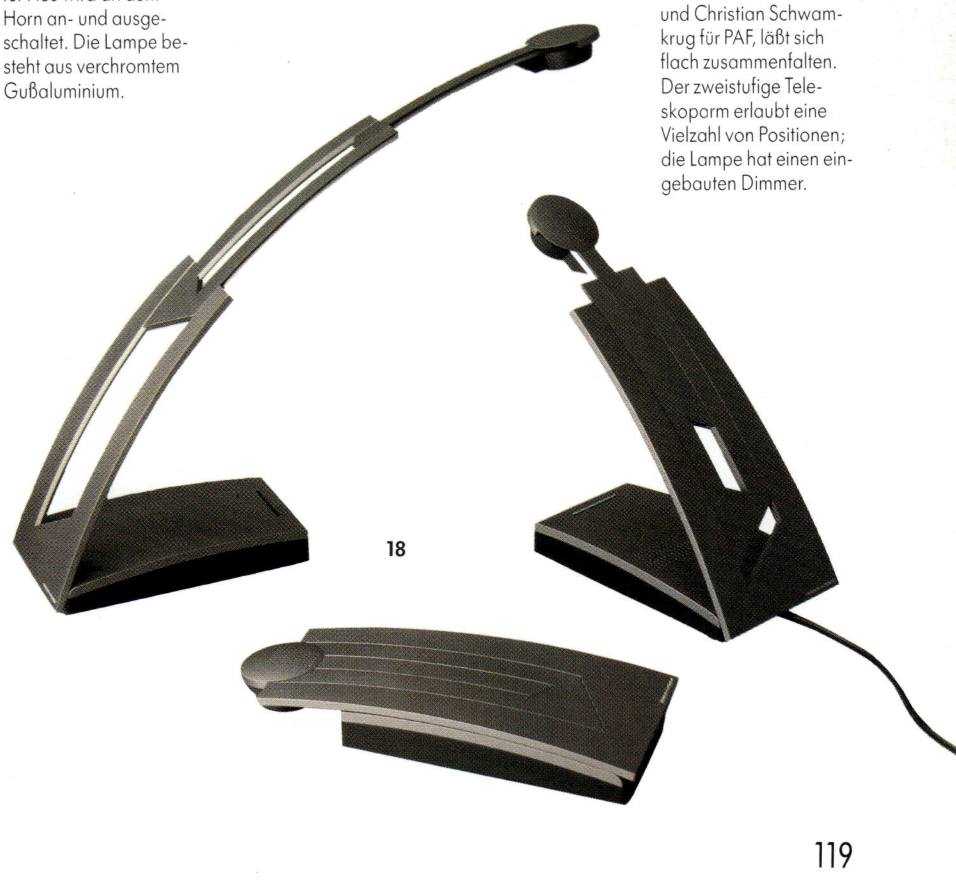

18

15 Woka »159« stammt aus einer Kollektion, die von Josef Hoffmann und Adolf Loos entworfen wurde. Diese klassische Lampenserie läßt sich von alten Modellen inspirieren, das Original stammt aus dem Jahr 1925.

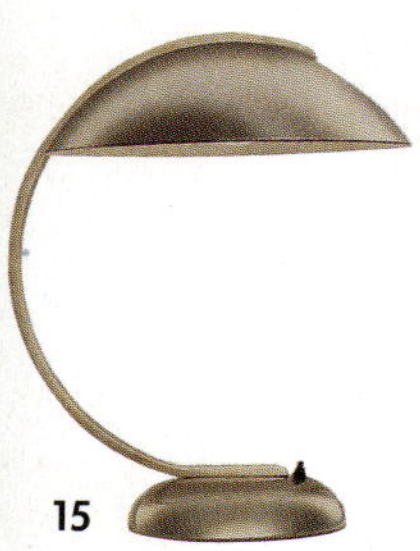

15

16

16 Mario Barbaglia und Marco Colombo haben das schwebende Modell »Dove« für PAF entworfen, eine verstellbare Halogenlampe mit Stützen in poliertem Schwarz. Der Fuß und der Arm sind mattschwarz, weiß, gelb, rot oder blau.

BELEUCHTUNG

1 Asahara Sigeakis »Tokio« für Stilnovo ist eine Leselampe, die sich beugen läßt, um eine bestimmte Seite zu beleuchten. Sie hat eine 500-Watt-/12-Volt-Birne und einen Bügel aus lackiertem Metall. Der Mekralon-Reflektor hat einen eingebauten Transformator.

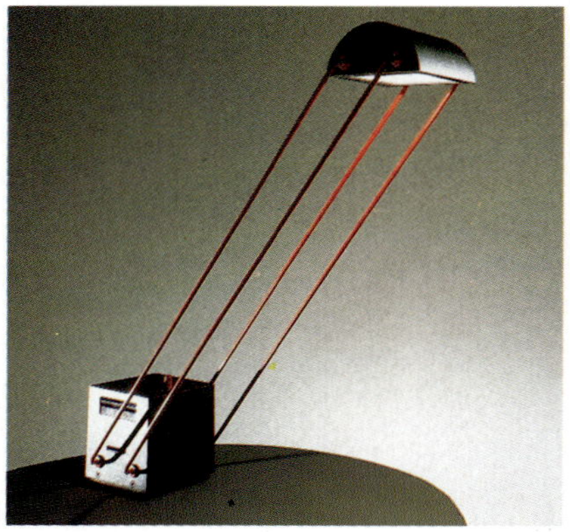
1

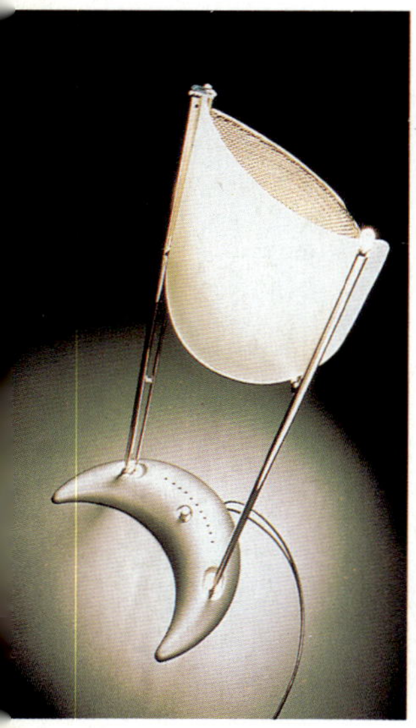
2

2 »Lola« von C. Bermudo für Marset ist 55 cm hoch und steht auf einem halbmondförmigen Fuß.

3

4

3 »Tizio« von Richard Sapper für Artemide markierte in den siebziger Jahren den Beginn einer neuen Generation von Niedervoltlampen. Der Arm der Lampe ist verstellbar. Dieses Modell ist inzwischen zu einem Ikon moderner Schreibtische geworden.

4 »Tolomeo« von Michele de Lucchi und Giancarlo Fassina steht in Gary Cunninghams umgebautem Umschaltwerk. Die Lampe legt ihre Zugdrähte offen, durch die die Arme auf eine Berührung hin bewegt werden.

8

8 Lampenschirmhersteller verwenden traditionell Pergamentpapier, ein Material, das man bei modernen Lampen selten antrifft; der Lichtstrahl wird eher durch Glas oder Metall gebändigt. Doch für Wokas Art Collection hat Jörg Wurmitzer Pergamentpapier als Reflektor für drei Halogenspots auf einer Installation aus Messing und Holz wiederaufleben lassen.

5

5 »Zoom« von Patrick Magnin für Arteluce macht ihren Namen wahr, indem sie ihren sondenartigen Kopf ausstreckt oder sich im Zickzack an ihren Stangen bewegt. Die Lampe hält entweder eine oder zwei 50-Watt-Halogenbirnen mit rotierenden Reflektoren.

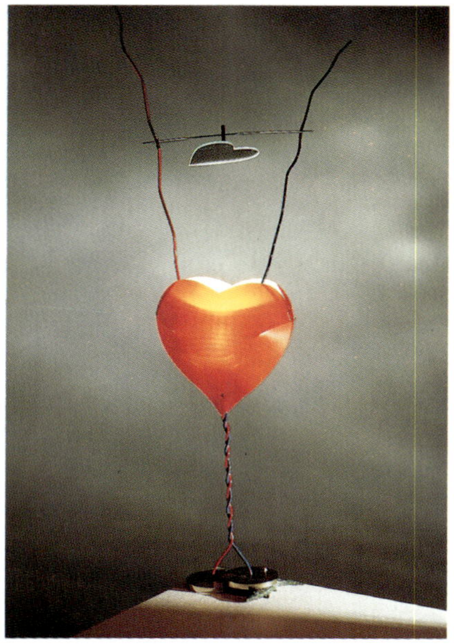
6

7

6 Ingo Maurer ist der phantasievolle Erfinder von »One From the Heart«. Sie besteht aus Metall, Glas und Plastik und ist 95 cm hoch.

7 »Hasard« von Ingo Maurer ist mit dem groben, handgearbeiteten Fuß und Schirm bewußt im Industriedesign gehalten. Die Lampe läßt sich drehen und beugen und streckt sich bis zu einer Höhe von fast 45 cm. Sie hat eine 50-Watt-Halogenbirne.

STAURAUM

2

Vorangehende Seite
Eine Wand aus Birkenschränken mit Schubladen, die schlichte D-förmige Griffe aus Metall haben, bietet Stauraum im Schlafzimmer eines Hauses von David Chipperfield.

1

1 Milchglasstützen für Regale aus klarem Crown-Glas mit grünen Kanten auf Aluminiumrohren sind Andreas Webers Lösung in einer Wohnung aus dem 18. Jahrhundert.

Schränke und Stauraum, dieses langweilige Versteck, das jeder von uns wohl oder übel einplanen muß, ist eines der größten Probleme modernen Wohnens. Gegenstände, die vor hundert Jahren untergebracht werden mußten, zeugten von einem anderen Leben, von anderen Tätigkeiten und sogar von einer anderen Freizeitgestaltung als die Dinge, mit denen wir uns heute umgeben. Das Musikzimmer beherbergt nicht länger ein Klavier und ein Grammophon mit vielen zerbrechlichen Schellackplatten – jetzt findet man statt dessen einen CD-Player und Lautsprecher. Und das Arbeitszimmer, das heute die Bibliothek ersetzt, wird von Computer, Bildschirm, Drucker, Fax-Gerät, Telefon und Anrufbeantworter beherrscht, die alle in ihren leichten, mobilen Gehäusen verpackt sind. Das Problem modernen Stauraums liegt darin, einen Modus zu finden, wie man harmonisch mit der sich stetig weiterentwickelnden Technik zusammenlebt und sie immer in Reichweite hat.

Vor einem Jahrzehnt noch schien es, als seien aufeinandergesetzte Regalwände und Schränke die Antwort auf diese Frage; man bezeichnete sie sogar als »Arbeitswände«. Heute be-

2 Ein an der Wand befestigtes Kastensystem von Duravit bietet 18 Schubladen in verschiedenen Größen und läßt zugleich die wertvolle Bodenfläche in diesem kleinen Raum frei.

3 Driades »Eloise« von Antonia Astori ist ein wunderschön gearbeitetes Stück aus Birnen- und Rosenholz.

4 In »Duo-tone« wird Interlübke dem Bedürfnis nach offenen Regalen gerecht. In Verbindung mit dem passenden Schreibtisch »Cockpit« bieten die Regale leichten Zugriff zur Stereoanlage oder auch zum Steuerformular.

3

4

5 John Pawson demonstriert hier seine Überzeugung, daß Platz das Wertvollste ist, was ein Minimalist bieten kann. Riesige Schrankblöcke, die eine unglaubliche Menge an Dingen aufnehmen, befreien den Raum von unwichtigen Gegenständen und Krimskrams.

6

trachtet man dies skeptischer, denn die komplizierten Regalsysteme nehmen viel Platz in Anspruch. Moderne Versuche, Ästhetik mit praktischen Gesichtspunkten in Einklang zu bringen, haben ausziehbare Flächen, leichtgewichtige Wandschienen mit langen Regalen, Arbeitseinheiten mit verzweigten Leitungssystemen, die das Kabel-Wirrwarr der elektronischen Systeme verbergen, und künstlerische Garderobenaccessoires wie Mantelständer und Halter, auf denen Schuhe, Hosen und Krawatten abgelegt werden können, hervorgebracht. Nicht alles, was heutzutage entworfen wird, ist kleinformatig. Als Alternative zu den schwarzen Containern, die elektronische Anlagen von der Stereoanlage bis zum Computer beherbergen, sind neue Designs aufgekommen, die Musikanlagen in Form eines riesigen Cellos oder einer Tuba präsentieren.

Die meisten Dinge werden im Schlafzimmer verstaut, das oft von Schrankwänden mit Schiebetüren oder auch von begehbaren Schränken geprägt wird. In manchen Wohnungen sind die Räume so klein, daß es einfacher ist, die Kleidung auf offene Stangen zu hängen anstatt in Kleiderschränke, so daß das Schlafzimmer selbst zu

5

6 Riesige Räder vermitteln den phantastischen Eindruck eines futuristischen Science-fiction-Schranksystems. Dieser Entwurf des Architekten John Young ist an vier großen Gleitvorrichtungen angebracht. Zwischen den Stahlschränken befinden sich leicht zugängliche Korridore, die Unmengen von Utensilien aufnehmen.

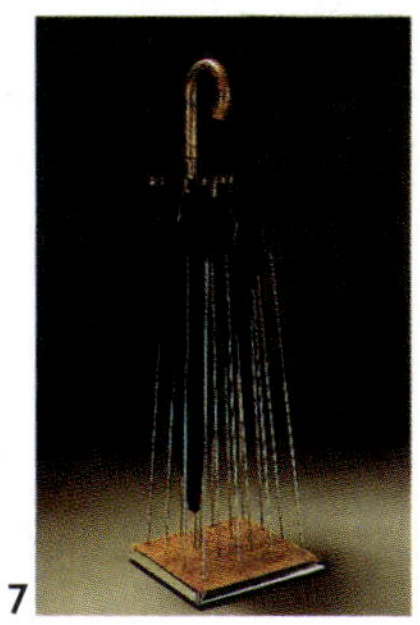

7

7 Tebong liefert eine interessante Interpretation der Regenschirme in diesem Ständer, der umgedreht die Formen der darin stehenden Schirme wieder aufgreift.

1

1 Ein Fuß aus Kugellagern, die zwischen zwei Glasscheiben liegen, hält Tonellis »Cactus«, ein freistehendes, angewinkeltes Bücherregal. Eine Klarglas-Scheibe ist die Stütze für die v-förmigen Regalbretter.

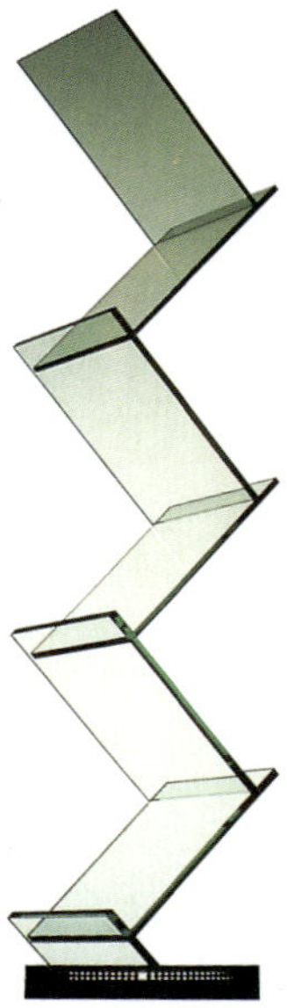

2

3

5

2 Wie »Cactus« besteht auch Tonellis »Albero« aus angewinkelten Regalbrettern, die die Bücher in einem Winkel von 45° tragen. Auch diese Konstruktion steht auf einem Kugellager-Fuß; Glas bildet ein Zickzack-Muster – es ist die geometrische Erweiterung von »Cactus«.

3 Marcello Morandini manipuliert in seinem Regal »Corner« für Rosenthal-Möbel phantasievoll die Geometrie. Es besteht aus fünf unterschiedlich großen Komponenten, die ein flexibles Regalsystem bilden.

4

4 Die schwarze Einheitlichkeit mit den farbigen Rändern von »Corner« (siehe **3**) stellt eine Ähnlichkeit zu »Mobile« (ebenfalls von Marcello Morandini für Rosenthal) her und macht beide Systeme kombinierbar.

5 Reduzierung der Masse ist das Schlagwort für Eva Jiricnas freischwebende Regale. Dicke Glasplatten liegen auf kleinen Stöpseln, die an dünnen Stahldrähten angebracht sind. Die Drähte hängen an einer Balkenkonstruktion, die sicher in der Wand verankert ist. So erhält man eine maximale Ablagefläche.

6

7

8

6, 7 und 8 Archille Castiglionis Tisch »Joy« für Zanotta besteht aus sieben Stufen, die sich um eine zentrale Säule drehen, ähnlich wie eine Wendeltreppe. Das System läßt sich auch als mehrstufiges Regal verwenden.

einem Schrank wird. Unkonventionelle Ideen stammen vor allem von Designern, die sich von der Einrichtung professioneller Ausstatter inspirieren lassen, von den Schwingstangen der Modeschöpfer bis hin zu den Werkzeugkästen der Mechaniker. Die ausziehbaren Tische der Krankenhausbetten sind das Vorbild für private Nachttische, die auf diese Weise Fernseher, Telefon oder Bücher in greifbare Nähe bringen. In einem Kinderzimmer wird das Bett oft zum Hochbett über einer Schrankfläche und ist mit einer Leiter und einem Sicherheitsgeländer ausgestattet. Die heutige Realität sieht so aus, daß mehr und mehr Menschen sich immer weniger Lebensraum teilen müssen. Auf jeden Fall muß man die Frage nach dem Stauraum angehen, indem man eine Prioritätenliste aufstellt – und das ist eine sehr individuelle Angelegenheit. Moderne Schlaf-Systeme bieten gewöhnlich die Möglichkeit, ein Faltbett in einer dafür vorgesehenen Lücke zu verstauen. Stauraum wie drehbare Regale, Schuhregale, Kleidercontainer und Boxen werden hinter platzsparenden Schiebetüren verborgen; in der Regel verfügen diese Systeme über eine eingebaute Beleuchtung.
Für Schlafzimmer werden moderne Hängesysteme entworfen; auf Mö-

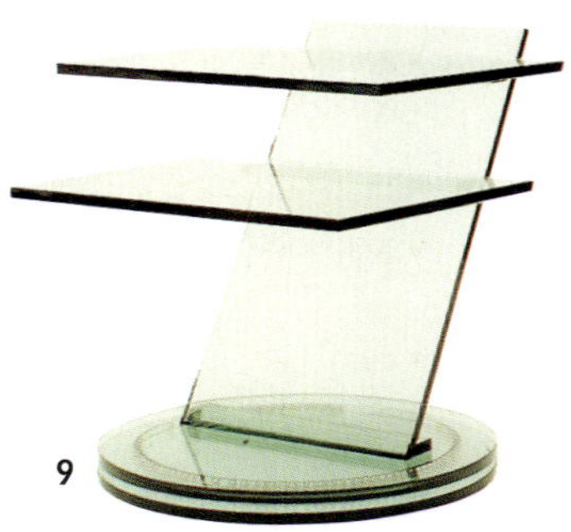

9

9 Vor den achtizer Jahren war es nicht möglich, Glas in solch exakte Formen zu schneiden, wie moderne Schrank- und Regalsysteme es erfordern. Dann erfand man den Laserschneider, mit dessen Hilfe Sicherheitsglas in Formen wie die hier abgebildete geschnitten werden kann (»Scenario« von Tonelli).

10

10 Dieses an der Wand befestigte Bücherregal »MB 1500« aus Glas von Marais besteht aus fünf halbmondförmigen Glasplatten, die ein transparenter Rahmen trägt.

11

11 Dieses System fest angebrachter Regale ist ein Design von Munkenbeck & Marshall. Die Spezialanfertigung ist so hoch und so tief, daß nicht nur Bücher darin untergebracht werden können. Milchglas wird um zylindrische Halteknöpfe angepaßt und bietet ein stabiles Regal, das sich jedoch nicht verstellen läßt.

12

12 Das Regal »Cidonio« aus grauem Scogliera-Marmor ist ein Entwurf von Afra und Tobia Scarpa für Fucina, die zur Skipper-Gruppe gehören.

1 Die einer Gangway abgeschauten Füße verbinden das neue Schranksystem »Naos« von Enea, ein Entwurf von Gabriel Teixido, mit den Regalen, die an Decke, Boden oder Wand angebracht werden können.

1

2

3

4

2 und 3 »Cubo« (oben links), ein Entwurf von Antonia Astori für Driades Baukastensystem »Oikos«, besteht aus Modulen, die sich jeweils aus sechs Kästen zusammensetzen. Zu demselben System gehört auch »Favo« für kleine Räume (oben rechts).

4 Die dreibogige Brücke gehört zu dem vielseitigen System »Naos« und stammt von Teixido.

5 Tectas System »S 69« besteht aus fünf gebogenen schwarzen und blauen Brettern, die durch drei Kästen und eine Schublade miteinander verbunden werden.

6 Diese Metallsäulen mit Innenleben, die wie Stoff zusammengerollt und dennoch stabil sind, wurden von der Architektin Eva Jiricna entworfen.

5

belstücken, die wie Kunstwerke wirken, kann Kleidung abgelegt werden. Lord Snowdons Design, das gerade in Produktion gegangen ist, heißt »Weekend Wardrobe« (Wochenendgarderobe) und sieht aus wie eine Holzleiter; an der obersten Sprosse ist ein schräger Spiegel befestigt, und auf den anderen Sprossen werden Hosen und Krawatten drapiert. Zwei breite Lederriemen halten Beutel, in denen sich Hemden unterbringen lassen. Auch für Schuhe ist ein Platz vorgesehen. De Pas, d'Urbino und Lomazzi haben für die italienische Firma Zanotta eine Art Wigwam aus Stöcken entworfen, die so eingekerbt sind, daß sie Kleidungsstücke halten können. Ein teleskopischer Bogen aus Federstahl von Spanish Disform ist zwischen Boden und Decke angebracht; verstellbare Knöpfe, an denen man alles Nötige aufhängen kann, gleiten an den gebogenen Stangen nach oben und unten. Selbst

6

7

9

7 Dieser an zentraler Stelle eingesetzte Schrank von Franklin D. Israel ist auf der einen Seite Kunstwerk und auf der anderen ein verstellbares Regalsystem für Schallplatten oder eine Stereoanlage.

8 Diese blaue Säule in der Mitte des Interlübke-Regalsystems besteht aus zwei Schrankfächern und vier Schubladen. Sie wird links von zwei verglasten Regalen und rechts von fünf offenen Regalen für häufig benutzte Gegenstände flankiert.

8

der schwedische Möbelhersteller Ikea verkauft in seinen weltweit verbreiteten Möbelhäusern einen originellen Kleiderständer: männlich und weiblich geformte Drahtgestelle in Lebensgröße, die mit Kleidung behängt werden können.

Diese Möbelskulpturen sind eine mobile, wenn auch weniger stabile Alternative zu den Möbelstücken, die, an der Wand aufgestellt, zu einem festen Bestandteil des Hauses werden. Schlafzimmer in modernen Häusern sind selten größer als 3,5×3 m, was bedeutet, daß der Raum in der Regel nur eine Wand bietet, an der eingebaute oder auch freistehende Schränke Platz finden. Eine einzelne geräumige Kommode nimmt zwar auf den ersten Blick weniger Platz in Anspruch, benötigt dafür aber mehr Raum um sich herum, denn die Schubladen müssen geöffnet werden können. Das Aussehen eines Schlafzimmers hängt in hohem Maße von den

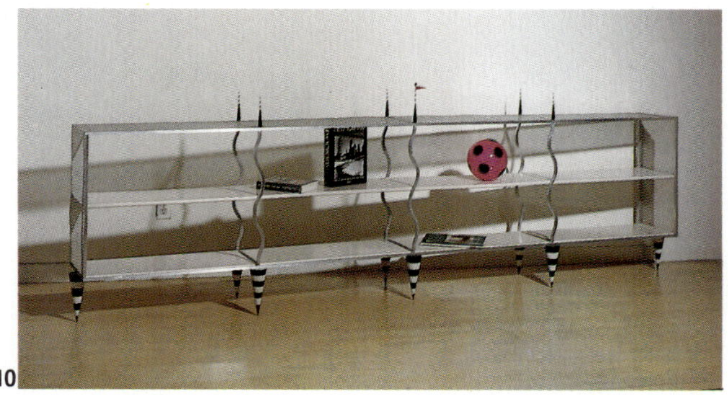
10

11

12

9 Diese dicken Glasregale auf Metallstreben, die großzügigen Stauraum an den Wänden bieten, sind ein Entwurf von Eva Jiricna. Der Fernseher wird von einer drehbaren Metallklammer gehalten.

10 Maschengitter, spitze Füße und eine kleine Flagge verleihen diesem Bücherregal von J. Borris ein mittelalterliches Aussehen.

11 Die fünf Regalbretter und der Rahmen von Marais System »Mec 500« lehnen ohne Befestigung ganz lässig an der Wand.

12 Eneas Wandregal-Design besteht aus offenen Regalbrettern, die mit rutschfesten Polyäthylen-Scheiben an stranggepreßten Aluminiumhaltern angebracht sind. Die Regalbretter können in jeder beliebigen Höhe angebracht werden.

1

1 Eine ganze Privatbibliothek kann in diesem großzügigen Regalsystem von Interlübke untergebracht werden. Es besteht aus 32 Kästen und sechs Schubladen im mittleren der fünf Regale.

2 Interlübkes endlos langes Schranksystem bedeckt eine ganze Wand mit Stauraum für Kleidungsstücke. Dieses Baukastensystem ist sowohl raffiniert als auch praktisch. Hier sehen Sie eine Kombination von Regalbrettern und Schubladen in natürlichem Holz und weiß lakkiert.

2

8 Der Architekt David Wild hat in seinem eigenen Haus wertvollen Stauraum gewonnen, indem er Raum neben Treppen nutzt, der gewöhnlich nicht zugänglich ist. Die Holzschränke und -regale sind von der darüberliegenden Treppe erreichbar, wenn man sich über das Geländer lehnt.

3

3, 4 und 5 Interlübkes vielseitige freistehende TV- und Video-Bar »Duo-center«, ein Entwurf von Siegfried Bensinger, läßt sich an ihrer zentralen Stange um 360° drehen. Das Modell ist für einen privaten Haushalt, aber ebenso gut für ein Büro geeignet. Andere Ansichten von »Duo-center« zeigen schwarzes Lochblech, das die Fernsehabteilung belüftet, und eine Schublade unter dem Video-Regal, wo Videokassetten aufbewahrt werden.

4

5

6

6 Marshall Erdmans rahmenloses Schranksystem »Techline« hat vorgebohrte Löcher, so daß eine Vielzahl von Scharnieren, Schiebevorrichtungen oder Regalbrettern eingesetzt werden kann. Die Teile sind PVC-laminiert.

7 Arc Lineas »Odeon«, entworfen von Carlo Bartoli, ist um einen Mauerdurchbruch herum gebaut und erlaubt leichten Zugriff von beiden Seiten. Es ist in schwarz oder weiß lakkiertem italienischen Walnußholz erhältlich.

7

8

9

Schranktüren ab; ihr Stil bestimmt den Stil des gesamten Raumes.
Jeder Haushalt stellt unterschiedliche Forderungen an den Stauraum. Ein professioneller Inneneinrichter wird den Auftraggebern zu Beginn eine Reihe von Fragen stellen, um das bestmögliche Arrangement zu entwerfen. So wird ein Küchen-Einrichter folgendes fragen: Wie viele Mahlzeiten pro Tag bereiten Sie zu? Welche Art von Essen bevorzugen Sie? Wie viele und welche Art von Küchengeräten verwenden Sie? Wie viele verschiedene Tafel- und Kaffeeservices besitzen Sie? Nehmen Sie die Mahlzeiten in einem separaten Eßzimmer mit zusätzlichen Möglichkeiten zur Unterbringung von Geschirr ein? Der Yuppie, der alleine lebt und Mikrowelle sowie Gefrierschrank besitzt, benötigt wahrscheinlich sehr wenig Raum zum Abstellen von Dosen oder anderen Vorräten, geschweige denn einen Blumenkasten für Kräuter. Die

9 Die Schränke in diesem Haus, einem Entwurf von Gwathmey/Siegel, folgen den Konturen des ungewöhnlichen Raums, um eine Grenze zwischen dem Wohnzimmer und dem in Glas gefaßten hohlen Schacht, der ein Stockwerk höher reicht, herzustellen. In dem Betonkasten am Ende dieser Konstruktion wird Brennholz aufbewahrt.

10

10 Diese Konstruktion ist eine Spezialanfertigung von David Chipperfield. Acht Kirschholzschubladen, die nach unten immer größer werden, ziehen sich in vier Etagen über die ganze Länge des Schranks. Darüber befindet sich ein Fernseher auf einem Ausziehtisch.

große Familienküche mit Gasherd und Vorratskammer verlangt dagegen viel Stauraum für Töpfe, Pfannen und Geschirr, eine Spülmaschine und große Lebensmittelvorräte.
Aus praktischen Gründen werden schwere Gegenstände weiter unten und ständig gebrauchte Teile ganz vorne untergebracht; leidenschaftliche Köche werden ihre Küchenutensilien an Haken über der Arbeitsfläche aufbewahren. Es gibt vielseitige, gut belüftete Schränke mit individuell kombinierbaren Drahtgestellen für Gemüse, Brot und andere Dinge.
Stauraum im Wohnzimmer ist dagegen weniger zweckorientiert als der in der Küche. Hier sitzt man mit Freunden zusammen, bringt Fernseher und Videorecorder unter und hört Musik. Zugleich dient das Wohnzimmer als Bibliothek und Galerie, wo Kunstwerke ausgestellt werden. Die Wand muß für Regale freigehalten werden. Die Höhe der Regale sollte sowohl praktischen (leichter Zugriff) als auch ästhetischen (Abstimmung auf die üb-

2

1

1 Diese Konstruktion aus Arc Lineas Serie »Odeon« des Designers Carlo Bartoli schafft neben geschlossenen Schränken einen Türdurchgang. Die verschiedenen Schubladen, Schränke und Kästen zeigen, daß Platz, der gewöhnlich verschenkt ist, sinnvoll genutzt wird. Weitere Variationen von »Odeon« auf Seite 128 und 133.

2 Tadao Andos Haus ist in dem für Japan typischen minimalistischen Stil gehalten. Die einfachen Holzschubladen werden von einem Betonpfosten flankiert, der auch das Ende der Kommode bildet. Die schlichte Schale rundet die Komposition ab.

3 Der gerundete Schreibtisch befindet sich an der halbrunden Wand der Le Corbusier-Villa Turque. Andrée Putman hat ein Interieur entworfen, das sich perfekt in das Haus einpaßt.

3

4

4 Driades System »Oikos« verändert durch den metallenen Schrank »Dilemma« sein Aussehen. Die reflektierende Qualität des Materials erzeugt eine Atmosphäre von Raum und Tiefe.

5

6

5 Unter dem Gaggenau-Backofen ist ein unauffälliger Schrank ohne Griffe angebracht. Die Konstruktion besteht ganz aus Kiefernholz und stammt von David Chipperfield. Solche spartanischen Designs können in allen Räumen eingesetzt werden.

6 John Pawson demonstriert hier die klösterlich-strengen Prinzipien, die seine Entwürfe bestimmen.

7 Dünne Holzplatten sind von Franklin D. Israel zu einer leicht geschwungenen Schrankwand ohne Türen oder verborgene Regalbretter verarbeitet worden. Am äußersten Ende der Wand ragen drei Glasplatten hervor; darunter befindet sich ein schlichter quadratischer Kamin mit einer flachen, polierten Kaminplatte.

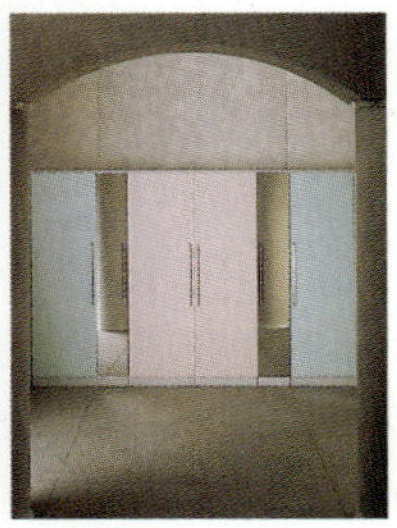

8

8 Driades System von Antonia Astori ist in dieser »Abaco«-Konfiguration recht ungewöhnlich. Die Kombination von Glas, Lamellen und Stahlrohr ist eine farbenfrohe Beigabe zu dem System »Oikos«.

9

9 Interlübke löst das Problem, die oberen Regalbretter zu erreichen, durch eine Schiene, die unter dem obersten Regal dieser siebenetagigen Einheit angebracht ist. Eine einfache Metalleiter kann leicht zwischen Schiene und Boden angebracht werden und so den Zugang nach oben hin ermöglichen – so kann man auf eine sperrige und unschöne Haushaltsleiter verzichten.

7

1 Die Rollentüren gleiten hinter den Schrank, um den Inhalt dieser multifunktionalen Schrankeinheit »Perseo« von Estudi Blanc zu enthüllen.

1

5 Der 1988 verstorbene Piero Fornasetti hat hervorragende Design-Stücke und architektonische Perspektiven hinterlassen; die Tradition wird von seinem Sohn Barnaba in Stücken wie diesem klassischen Wandschirmen und der Kommode bewahrt.

5

2

2 Mit »Maya« konzentriert sich Artespaña auf die Unterbringung des Videorecorders. Das trapezförmige Regalsystem von P. G. Bellas wirkt wie ein Pyramidenstumpf.

3 Die Einzelteile des Baukastensystems, die wie Klone wirken, erfordern auffällige Farben und Details, so wie diese dreieckigen und runden Griffe aus Metall, so daß ihre schlichte Form, die überall eingepaßt werden kann, dennoch einen eigenen Charakter hat. »Cubiform« ist ein Design von Estudi Blanc.

4 Dieses Regalsystem von Pep Bonet für bd-Ediciones de Diseño ist eine visionäre Lösung bei begrenzter Bodenfläche.

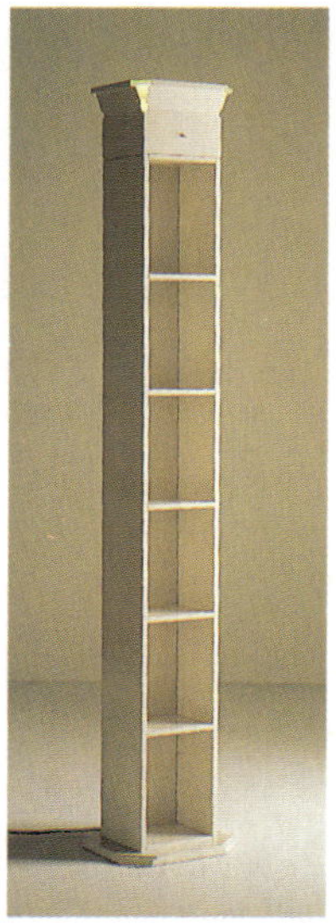

4

6 Jeannot Ceruttis totemistisches Stück »Libabel« für Sawaya & Moroni hat gespannte Drähte, die als Seitenwände dienen.

3

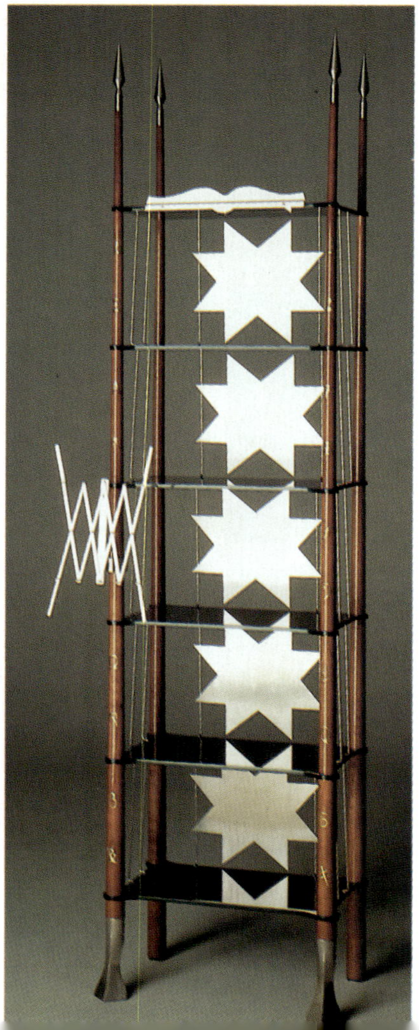

6

rige Einrichtung) Anforderungen genügen. Die Unterbringung elektrischer Geräte wird durch die Lage der Steckdosen und die Länge der Kabel bestimmt; es muß genug Platz bleiben, um Möbel dort so aufzustellen, daß das elektronische Angebot auch genutzt werden kann.

Wände bestimmen den Raum, und jeder Heizkörper, jedes Fenster und jedes große Möbelstück schränkt die Möglichkeiten für Stauraum ein. Zweckgebundene Schranksysteme sind oft freistehend und lösen solche Probleme, indem sie sich als Raumteiler einsetzen lassen. Ein Regalsystem an verstellbaren Schienen an der Wand ist eine praktikable Lösung, die zugleich zusätzliche Wärme- und Schallisolierung bietet – kein anderes Isoliermaterial ist so dick wie eine Wand voller Bücher.

7

7 Arc Lineas »Odeon« ist ein eindrucksvolles Regalsystem aus italienischem Nußholz mit einer hochglänzenden, schwarzen oder weißen Oberfläche. Es ist ein Design von Carlo Bartoli und kombiniert je nach Bedarf offenen und geschlossenen Raum.

8 »Life Service« ist von Jochen Flack für Rosenthal entworfen worden – ein mobiler Turm, mit dem sich Besteck, Teller und Gläser zum Eßtisch schieben lassen. Die ausklappbare Fläche dient als Arbeitsfläche, drehbare Fächer garantieren leichten Zugriff.

8

9

9 Diese Kombination aus Aktenschrank und Pult setzt Winkelgeometrie in ein wohldurchdachtes Schranksystem um. Der Entwurf von Klaus Block ist noch nicht in Produktion gegangen. Blocks interessante Arbeit, die vom Berliner Zimmer, der Avantgardebewegung im Möbeldesign, ausgestellt wird, hat auf mehreren Möbelmessen Aufsehen erregt. Das Berliner Zimmer hat den Anspruch, der Gegenpart zur »aufrechten Wertarbeit« zu sein, die deutsches Design häufig bestimmt.

10

10 »Kuubi« von Pirkko Stenros für Muurame ist ein Baukastensystem, bei dem jedes Jahr neue Elemente hinzukommen, so daß es sich in den achtziger Jahren von einer einfachen Sammlung zu einem multifunktionalen Schranksystem für jeden Raum des Hauses entwickelt hat.

11, 12, 13, 14 und 15 Der Kultfilm der ausgehenden achtziger Jahre, »Batman«, zeigte kunstvolle Schränke von Jaume Tressera Clapés. Seine kleine Kollektion wurde hochgelobt, denn sie zeichnet sich durch höchste handwerkliche Ansprüche aus, und jedes Design wird nur 25mal hergestellt. Diese verschiedenen Perspektiven zeigen seine handgearbeitete Einheit »Samuro«, die wie sein japanischer Namensvetter das ganze Familiengut behütet.

15

11

12

13

14

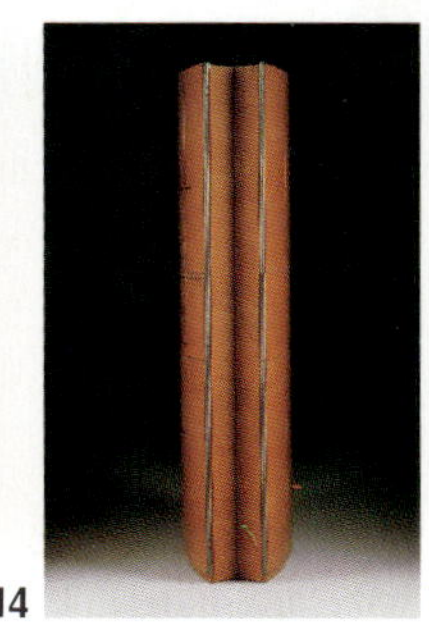

16

16 Die invertierten dreieckigen Seiten des freistehenden Regals »Laurenziana«, ein Design von Colantoni, Contini und Stella, führen einen Balanceakt mit einer Reihe klarer Glasplatten durch.

1 Der Garderobenständer »Taka« in schwarz emailliertem Metall mit einem Fuß aus schwarzem Marquina-Marmor stammt von Atrium.

2 Das zerbrechlich wirkende Kleidergestell »N.A.U.« von Inno verläuft wie der Faden einer Näherin die Wand hoch und endet in einem praktischen, vierfingrigen Haken.

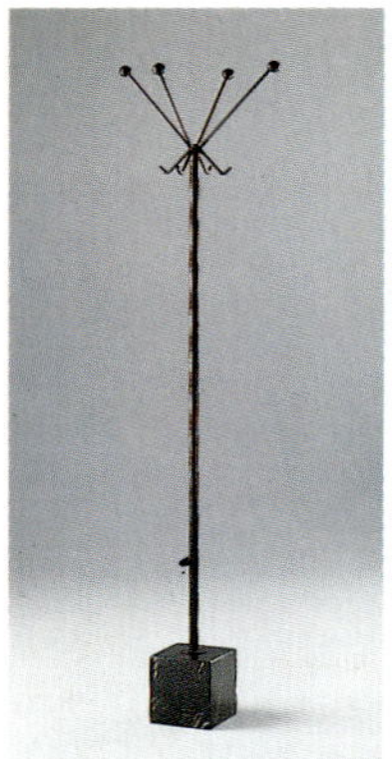

1

3 Der überall anzutreffende Kleiderständer aus Metall, den viele Bekleidungshersteller benutzen, wird hier auf sehr individuelle Weise von der Designfirma Tebong interpretiert. Das Ergebnis ist ein moderner und stabiler, aber dennoch preiswerter freistehender Schrank.

6

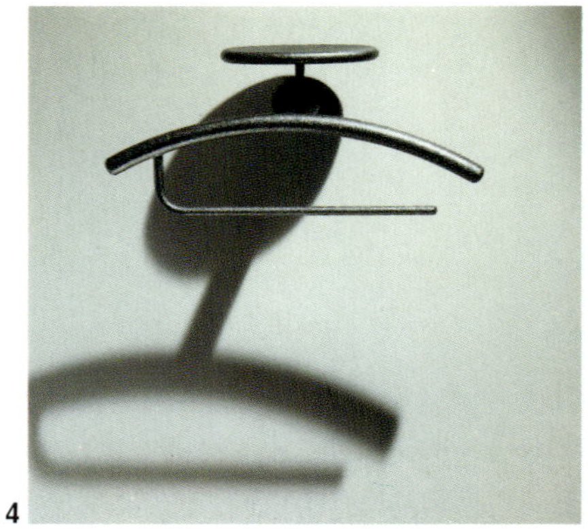

4

4 Dieser mit einem Heiligenschein umgebene Hutständer, ein Design von Salvadó und Solé, nennt sich »Percha«. Das winzige Detail ist die praktischste und sauberste Lösung, einen Wintermantel, einen Schal und eine Mütze gleichzeitig an einem einzigen Haken an der Wand unterzubringen.

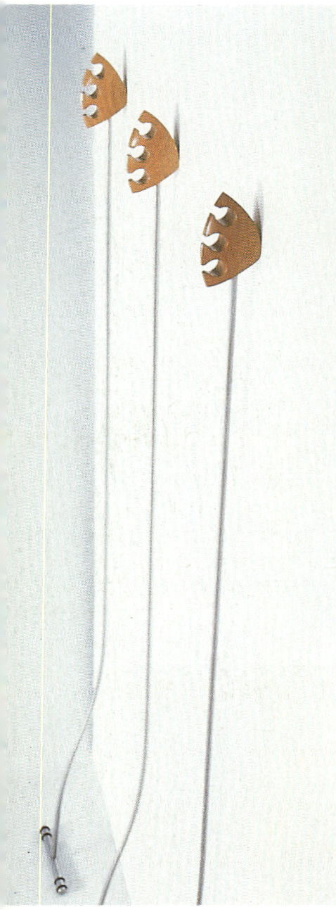

2

3

8

6 Diese interessante Silhouette namens »Parrucca« von Disform, ein Entwurf des Trios De Pas, D'Urbino und Lomazzi, bietet Ihnen viele Möglichkeiten, Hut und Mantel aufzuhängen.

8 Der treffend bezeichnete Ständer »Octopus« breitet seine imposanten Fangarme aus. Von Zerodisegno.

5 Die Aufgabe von »Magazine«, einem aufgeklappten Ständer von Piero de Longhi für Atrium, ist offensichtlich.

5

7 Moderne Haken zeichnen diese Hängeleiste von Carl F. Petersen aus. Fleischerhaken werden zwar als praktische Hängevorrichtungen angesehen, sind aber schwer aufzutreiben. Hier haben Sie eine alternative Lösung.

7

BÄDER

Vorangehende Seite
John Young hat s-förmige, verchromte Stahlrohre installiert, um die Handtücher anzuwärmen. Außerdem ergänzt das Design das Edelstahl-Waschbecken sowie den Eileen-Gray-Spiegel.

1 Dieses minimalistische Design stammt von dem ehemaligen Team Pawson und Silvestrin. Ein schmaler Lichtstrahl, der durch eine dreieckig gestaltete Wand geworfen wird, hebt das Travertin-Waschbecken und die geschwungenen Wasserhähne hervor. Ein Santanyi-Steinboden und die mattweißen Wände verstärken die klösterliche Badeatmosphäre.

2 Die von Gary Cunningham umgebaute ehemalige Umschaltstelle eines alten Elektrizitätswerks weist viele rohe Oberflächen auf und reflektiert so die ursprüngliche Funktion des Gebäudes.

Die gelungensten modernen Badezimmer kleiden Hygiene in ein spartanisches Gewand und tragen so den Traditionen der westlichen Kultur Rechnung: Abgeschlossenheit und minimale Berührung. Obwohl die neunziger Jahre im Zeichen der Gesundheit und des Körperbewußtseins stehen, haben dennoch nur wenige Menschen einen der größeren Räume ihres Hauses zum Ort der Gesundheit mit Whirlpool oder Sauna gemacht. Gesundheitsbewußte Fitneßanhänger haben aber dennoch für eine neue Sichtweise des Badezimmers gesorgt und machen es zu einem Mini-Fitneßraum, indem sie eine Übungsstange an einer Spiegelwand anbringen und ein Laufband aufstellen, das an die Wand gelehnt werden kann, wenn es nicht in Gebrauch ist.

Es ist ernüchternd, wenn man sich überlegt, wie wenig neue Ideen es gegeben hat, seitdem die Römer durch Leitungen heißes Wasser in Badewannen geführt haben, die bis heute in den alten Badekurorten zu besichtigen sind. 1931 erfand der Amerikaner Buckminster Fuller sein erstaunliches Dymaxion-Badezimmer, einen mobilen Raum, der in einem Stück aus Stahl besteht und in

1

2

5

3 Dieses ovale Waschbecken namens »Point« von Dornbracht weist einen postmodernen, gotischen Charakter auf. Das sechseckige Becken steht auf einem dreieckigen Fuß.

6 Die offengelegten Armaturen über einem Edelstahl-Waschbecken, das gegen mitternachtsblaue Kacheln gesetzt ist, unterstreicht den High-Tech-Charakter dieses Badezimmers. Die Architekten setzen hier auf Kontraste und Wiederholungen in den vielen reflektierenden Oberflächen.

6

3

4

4 Stein ist die beliebteste harte Oberfläche für Badezimmer, da das Material wasserbeständig und leicht zu reinigen ist. Diese Accessoires von Dornbracht auf einer Granitplatte greifen die hartkantige, geometrische Form des Materials wieder auf.

5 Dieses Badezimmer wurde von John Young entworfen. Der Ring aus rostfreiem Rohrstahl trägt sowohl die sanitären Anlagen als auch die Heizrohre. Die Kreisform wird in der Duschstange wieder aufgegriffen. Das Bad hat eine japanische Zedernholzwanne, die, wenn sie nicht benutzt wird, aus Sicherheitsgründen abgedeckt wird. Durch das Doppelglasdach von Pilkington ist dieses Penthouse hell und warm.

7

7 »Die besten Hotels sind immer unprätentiös, abstrakt bequem und niemals kompliziert«, sagt Andrée Putman, deren für Hotels entworfene Badezimmeraccessoirs jetzt auch über Société André für den Privathaushalt zu beziehen sind.

1

Fullers Dymaxion-Fertighaus eingesetzt wurde. Doch hat sich diese patentierte Idee der American Radiator Company nie richtig durchgesetzt, vielleicht weil der Transport dieses Badezimmers zu umständlich war.
Durch die Installationen und Armaturen ist das Badezimmer an die Wände gebunden und deshalb wohl der unflexibelste Raum des ganzen Hauses. Da es auch der am aufwendigsten ausgestattete Raum ist, mit Armaturen, die jeweils nur eine einzige Funktion aufweisen, ist diese Fläche auch am schwierigsten für andere Zwecke zu nutzen.
All diese Aspekte lassen die Planung eines Badezimmers zu einer komplizierten Angelegenheit werden. Während die Hersteller den Käufern einer Küche mit einem kompletten Angebot dienen können, vom Design über die Installation hin zur Renovierung, bieten Badezimmerhersteller nur separate Dienste wie das Verlegen der Leitungen und Installationen an. Anders als das Einrichten einer Küche ist die Badezimmer-Ausstattung in erster Linie eine Frage der Armaturen, die man in Baumärkten aussucht. In einem nächsten Schritt stellt man die Einzelteile so zusammen, daß sie mit Badewanne, Dusche und anderen Einrichtungen korrespondieren. Hersteller von Sanitäranlagen und Ac-

3

2

1 Dieses kalifornische Badezimmer, ein Entwurf des Architekten Arata Isozaki, wirkt mit seinen weißen Wänden sowohl abgeschlossen als auch meditativ. Es ist, ähnlich wie eine Küche, mit Schrankeinheiten ausgestattet. Das hier sichtbare Fenster ist nur eines von dreien, die hoch oben in die Südwand eingesetzt sind und viel ungebrochene Wandfläche darunter frei lassen.

2 Serienproduzierte Baukastenteile bieten großzügigen Stauraum hinter den Türen, die die sanitären Anlagen verbergen und zugleich das Waschbecken tragen. Der marmorartige »Clipstone«-PVC-Boden von Amtico imitiert echten Stein.

3 In diesem Badezimmer von Gwathmey/Siegel nutzen Anbauteile den schmalen Raum. Ovale Waschbecken, die symmetrisch zu beiden Seiten der Badewanne angebracht sind, verbinden modernen Komfort mit einem klassischen Thema.

4

5

4 und 5 Die in eine erhöhte Plattform versenkte Badewanne läßt das Badezimmer, vor allem einen kleinen Raum, höher wirken. Dies ist der Fall in einem Bad wie dem abgebildeten, das zusätzlich noch mit Spiegelwänden ausgestattet ist. Michael Carapettan, der es entworfen hat, brachte die Armaturen für die Wassermassage-Wanne unter der Abdekkung aus 5 mm starkem Fiberglas und Metallacryl an.

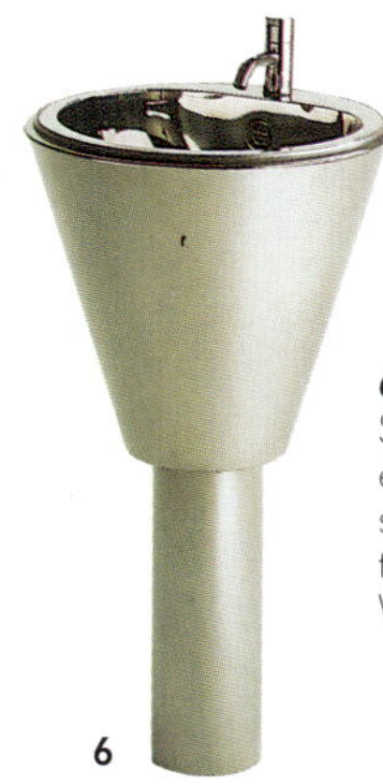

6

6 Finn Skoedt hat für Studio Rapsel »Euclide« entworfen, eine Säulenskulptur aus verchromtem Metall, die als Waschbecken dient.

8

9

7 Milldues Toilettentisch- und Ablagensystem aus Walnuß, mit Polyesterfurnier überzogen, haben passende Aufsätze aus Granit. Die Kollektion »Clio« trägt ein ovales Waschbecken auf einer überhängenden Arbeitsplatte und spart so wertvolle Bodenfläche.

7

8 Der kleine Schrank mit dem beleuchteten Spiegel gehört zur Serie »Giamo« von Duravit. Er befreit den Raum von eingebauten Möbeln, und die geschwungenen Linien greifen die Form der Armaturen auf, ebenfalls von Duravit.

9 Der Travertinbelag der gerundeten Treppen, die in dieses Badezimmer führen, ist kanalisiert, so daß Wasser ablaufen kann. Das Design stammt von Peter Wilson in Zusammenarbeit mit dem Architekten Chassay Wright.

1

1 Badewannen mit integrierten Duschen nutzen den Platz optimal, benötigen aber eine wasserundurchlässige Abschirmung. Die Duschtür »950« ist ein Serienprodukt von Daryl, hier abgebildet mit weißem Rahmen und Sicherheitsglas.

2

2 Die strenge Badewanne in diesem mallorquinischen Haus, einem Entwurf des ehemaligen Architekten-Duos Claudio Silvestrin und John Pawson, ist tief genug, um darin unterzutauchen. Sie wird durch eine aus heimischem Santanyj-Stein handbehauene Travertin-Wand vom Waschbecken abgetrennt.

cessoires bieten bis heute keine Gesamtkonzepte für die Einrichtung eines Badezimmers an.

In den Vereinigten Staaten haben die französischen Designer Andrée Putman und Philippe Starck ihre Original-Entwürfe für Hotelbadezimmer in Putmans Morgan's Hotel und Starcks Royalton auch für den Privatverbraucher auf den Markt gebracht. Das war eine Antwort auf das fehlende Angebot an attraktiven Becken und Wannen, die durch passende Accessoires in Chrom oder Email ergänzt werden. Es ist der erste Schritt hin zu einem Design des kompletten Badezimmers.

3 Die Stufen, die zu einer erhöhten, mit Travertin-Kacheln umgebenen Badewanne von Gwathmey/Siegel führen, erzeugen den Eindruck eines versenkten Bades. Die Jalousie bietet Abgeschlossenheit. Das Gefühl, eingemauert zu sein, das bei Badewannen oft aufkommt, wird durch die Kachelung, die Spiegel, das Glas und die schöne Aussicht aufgehoben.

3

4 Eine gekachelte Badewanne wird durch eine Reihe von Glasblöken erhellt, durch die das Licht, das von oben einfällt, verdoppelt und außerdem von den spiegelnden Oberflächen zurückgeworfen wird. Die Details sind Weiß-in-Weiß gehalten und vermitteln diesem Stadtbadezimmer, einem Entwurf von Gwathmey/Siegel, die frische Atmosphäre eines Kurbades. 4

5

5 Dieses an der Wand befestigte Telefon in einem Badezimmer im New Yorker Trump Tower, einem Entwurf von Gwathmey/Siegel, erinnert an Details in Tom Wolfes Roman »Fegefeuer der Eitelkeiten«, doch die kühle Wall-Street-Atmosphäre wird durch den Einsatz von Holz, Glas und Tonkacheln etwas abgemildert. In einem kleinen Raum, wo Platz ein wichtiger Faktor ist, wird der Eindruck von Geräumigkeit erzeugt.

Die Badezimmer-Gestaltung wird dadurch erschwert, daß die technische Ausstattung in der Regel nicht zu den Armaturen, Schränken und Accessoires paßt. Untersuchungen über den durchschnittlich von einem Erwachsenen im Badezimmer benötigten Raum haben ergeben, daß das Minimum an Fläche, das vor der Badewanne erforderlich ist, 100×70 cm, die Fläche vor der Toilette 80×60 cm beträgt.

Als platzsparende Maßnahme wird der Einbau einer Dusche empfohlen; so kann die Badefläche reduziert werden. In Japan waschen sich die Menschen in einem Raum, der nicht größer ist als ein schmaler Korridor, und tauchen in tiefe Waschzuber, die wenig mehr Platz einnehmen als eine gewöhnliche Dusche. Die westliche Standardbadewanne mit einer Länge von 167 cm bekommt heute Konkurrenz von der höherwandigen Badewanne, die nur 137 cm lang ist. Die früheren Badewannen aus Gußeisen, die in gefülltem Zustand sehr schwer waren, sind durch modernere Versionen aus Fiberglas und leichtem Stahl ersetzt worden, die mit kratzfesten farbigen Beschichtungen überzogen sind. Mit Handgriffen ausgestattete Badewannen, deren Form dem

6 Laufen reduziert mit seinem Porsche-Design die konventionelle Badezimmerkeramik zu einem Dreieck und einer ovalen Form und überführt diese Geometrie in ein komplettes, ergodynamisch geformtes Einrichtungssystem.

6

1

1 Diese hochwandige Badewanne, ein Entwurf von John Pawson, wurde aus einem Marmorblock gehauen und weist eine in sich diagonale Maserung auf, die im rechten Winkel zu der des Bodens verläuft.

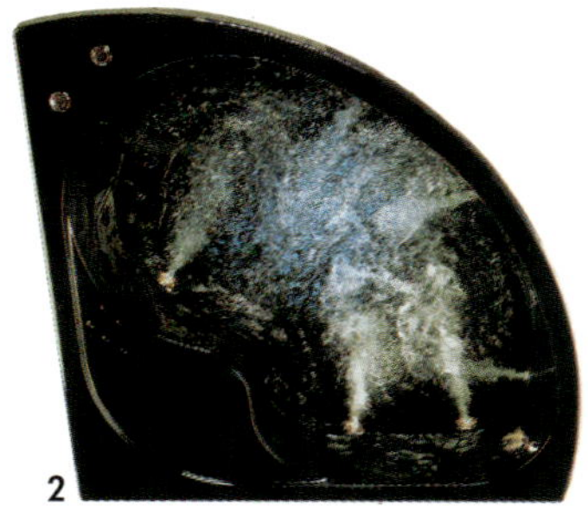

2

3

2 Die »Unica«-Eckbadewanne aus gegossenem Acryl von Gruppo Novellini bietet Whirlpool-Massagedüsen.

3 Der Architekt Jan Kaplicky hat bei seiner Ideal Standard-Badewanne »Michelangelo« auf die seitlichen Verkleidungen verzichtet und sie in einen konventionellen Skelettrahmen gesetzt. Toilette und Becken stammen aus derselben Serie, die von John Beauchamp entworfen wurde.

4

menschlichen Körper angepaßt ist, erlauben einen höheren Wasserstand als herkömmliche Badewannen – auch wenn sie von oben betrachtet etwas an einen Sarg erinnern.

Whirlpool-Wannen mit Schaltern zur Regulierung der Intensität des Wasserstrahls sind eine vielgelobte, erst vor kurzem in private Haushalte gelangte Einrichtung. Dasselbe gilt für Elektro-Pumpen, die die Dicke des Wasserstrahls kontrollieren und es ermöglichen, kohlensaures Wasser in die Dusche zu leiten. Pumpen können das Wasser auch direkt von der Hauptquelle abzapfen und es dann mit Hilfe eines kleinen Elektro- oder Gaserhitzers, der neben der Duscheinheit angebracht ist, erwärmen. Die Wassertemperatur wird durch die Erhöhung oder Verminderung des Drucks bestimmt – je höher der Druck, desto niedriger die Temperatur. Das Angebot an Duschen umfaßt

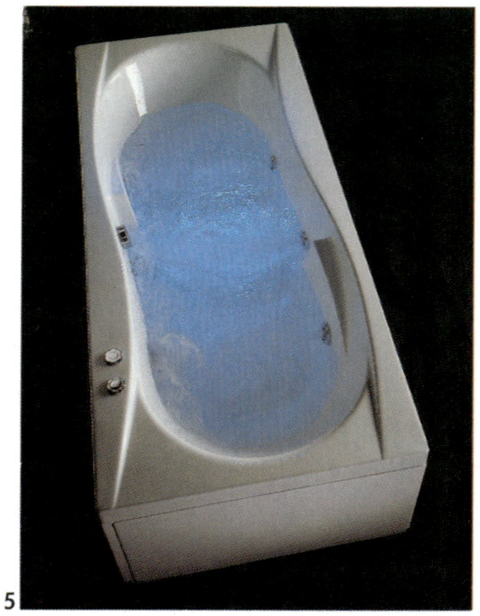

5

4 Eva Jiricna kombiniert speziell angefertigte Stahlarmaturen mit Serienware aus weißer Keramik und einer schräg abfallenden Verkleidung, die die Masse dieses großen Stücks optisch reduziert.

5 Diese geschwungene Badewanne »Sinuosa« von Gruppo Novellini hat drei Massage-Düsen, deren Richtung und Intensität sich verstellen lassen und die von einer Motorpumpe betrieben werden.

7

6

6 Philippe Starck wurde beauftragt, das New Yorker Royalton Hotel wieder auf Hochglanz zu bringen, ein ursprünglich eher schäbiges Hotel aus der Jahrhundertwende, das mit Wasserbetten mit Münzeinwurf ausgestattet war. In den Badezimmern im Edwardianischen Stil schuf er Konzeptionen, die Badewanne und Dusche auf geniale Weise durch eine halbrunde Wand und einen runden Duschvorhang miteinander kombinieren.

7 John Pawsons und Claudio Silvestrins Einsatz einer Badewanne mit gebogenem Rand vor dem minimalistischen Hintergrund einer monolithischen Duschwand läßt die Entfernung vom Boden bis zur Decke endlos erscheinen. Diese optische Wirkung wird durch die übertrieben großen Bodenfliesen und die etwas kleineren Wandfliesen noch verstärkt.

3 Die Dusche wird oft erst ganz am Schluß ausgesucht und muß sich so der schon vorhandenen Umgebung anpassen. Dieses Duschbecken aus Cesanas Serie »Boglass« hat eine integrierte Sitzstufe, und die Glastüren, entweder Dreh- oder Falttüren, folgen den Konturen des Beckens.

1 Für eine High-Tech-Wohnung hat Eva Jiricna eine runde Dusche entworfen, bei der die Heizelemente und Armaturen in die »Raumkapsel« selbst eingebaut sind.

2 Bei diesem Modell, »Logic« von Cesana, werden die sanitären Installationen erstmals gemeinsam mit dem Mischventil in eine Säule eingebaut. Zusätzlich verfügt die Säule noch über acht verschiedene Massagefunktionen.

elektrische Batterien, Mischbatterien, Massageduschen und kombinierte Bad- und Duschbatterien. Am preisgünstigsten zu installieren sind die einfachen elektrischen Batterien, doch Massageduschen sind die beliebtesten multifunktionalen Modelle; sie haben Köpfe mit verschiedenen Strahlern und eine Pumpe, die den Druck erzeugt.

Einfache Waschbecken können auf einem Fuß oder direkt an der Wand angebracht werden, meist in einer Höhe von 81 cm zwischen Fußboden und Beckenrand. Hinter dem sehr treffend benannten Modell »Vanity« (Toilettentisch) verbirgt sich ein Waschbeckenpaar im Stil eines modernen Luxushotels. Die Idee ist nicht so langweilig, wie es auf den ersten Blick erscheinen mag, da die Konstruktion die Möglichkeit bietet, Armaturen in eine Linie zu bringen und zusätzliche Wasserhähne einzubauen, ohne allzuviel Raum zu verschwenden, wie es zum Beispiel bei zwei einzelnen Waschbecken mit Fuß der Fall wäre. Waschbecken gibt es in ovalen, rechteckigen, quadratischen oder runden Formen. In Starcks phantasievollem Café Costes in Paris findet man dreieckige Waschbecken aus Glas; der Wasserstrahl kommt

4 Neben den traditionellen Duschbecken haben die Hersteller auch neue platzsparende Modelle für Eckbereiche entwickelt, so zum Beispiel Cesanes Sene 700 »Compass«.

5 Diese dreieckige Dusche Modell »635 Pentagon« von Daryl paßt nahtlos in eine Ecke von 90 × 90 cm. Die Tür mit Schwenkmechanismus ist mit 8 mm dickem, robustem Glas versehen.

6

6 Badezimmerarmaturen der Firma Laufen harmonieren durch ihre Formen. Der Toilettensitz kann zum Säubern problemlos abgenommen werden, und das Material des Spülkastens beschlägt nicht – eine wichtige Überlegung, wenn sich Dusche und Toilette im selben Raum befinden.

7 Die Glastüren dieser Duschkabine von Daryl, Modell »961«, sind wie gewöhnliche Türen in Scharniere eingehängt und lassen sich auf ganzer Breite der rechteckigen Kabine zu beiden Seiten hin öffnen, um leichten und sicheren Zugang zu gewähren. Das Glas ist klar oder mit Gittermuster erhältlich.

8 Ein Duschkopf aus Chrom in großzügigen Ausmaßen wird von oben durch ein rundes Glasfenster beleuchtet, das in die Badezimmerdecke eingesetzt ist. Der Duschkopf in diesem vollständig gekachelten Bad von Arata Isozaki berieselt den Duschenden mit kohlensaurem Wasser.

aus einem gebogenen Rohr. Das Ganze wird durch ein Fußpedal in Bewegung gesetzt.

»Warmes Wohnen« ist das Motto, mit dem das Problem kalter Oberflächen angegangen wird. Ein gutes Beispiel dafür sind beheizbare Handtuchhalter und Fußbodenheizungen, die warme Luft durch einen Rost ins Badezimmer blasen, aber auch die hohen Stahlheizkörper, in denen Wärme mit kräftiger, funktionaler Einfachheit durch warmes Wasser erzeugt wird.

Da Badezimmer nur selten über große Fensterflächen aus Klarglas verfügen, muß natürliches Licht häufig durch künstliche Beleuchtung ergänzt werden. Die exakte Plazierung ist sehr wichtig – Deckenlicht und Spiegel können unvorteilhafte Schat-

7

8

9

9 Die Glas-Schiebetür »933« von Daryl paßt in jedes beliebige Duschbecken. Die Türen sind vor allem für kleine Räume ideal, da sie sich nach rechts oder links schieben lassen. Sie sind an einem schmalen, selbstreinigenden Schienensystem angebracht.

1

3

2

1 Der Stil des Architekten John Pawson wird in diesem Badezimmer deutlich. Eine Marmorplatte, die angewinkelt ist, um einen hohlen Kanal mit Wasser aus der Chromrinne zu füllen, läßt sich sowohl in seiner Form als auch in seiner Funktion von den alten Molkereikammern aus der Zeit inspirieren, als Milchprodukte noch in kannelierten Marmorbecken und nicht in Kühlschränken aufbewahrt wurden. Industriedesign hat, gemeinsam mit japanischen Traditionen, einen großen Einfluß auf Pawson.

2 Das Waschbecken »Pump« von Agape besteht aus Stahl und hat seitlich röhrenförmige Stützen, die auch als Handtuchhalter fungieren – ein nützliches Design für ein kleines Badezimmer.

3 Dieses runde Waschbecken mit Sockel von John Pawson ist aus einem Marmorblock gehauen. Seine Schlichtheit und die klare Linienführung wird durch den Wasserhahn noch betont – ein Chromrohr, eine Armatur, die normalerweise im Sockel verschwinden würde.

ten erzeugen. Die meisten Badezimmerlampen sind Niedervoltlampen, die häufig an einer Leiste über dem Spiegel angebracht sind, oder Kugelleuchten aus nicht reflektierendem Glas. Die gelungensten Badezimmer sind die, die ihrer strengen, kalten Wirkung und der oft auch wenig anziehenden Funktionalität eine schlichte, skulpturale Form und einen unauffälligen Hintergrund entgegensetzen. Solche Badezimmer bieten den Komfort von fließend heißem Wasser, einer Dusche mit kräftigem Strahl, großzügigen Waschbecken, warmen Handtüchern und glatten, eleganten Flächen.

4 Die Firma Duravit existiert seit über 170 Jahren und ist auf Keramikartikel spezialisiert. Die austauschbaren Sockel in Form eines Stahlyzlinders, einer Urne, eines Schornsteinrohrs und eines bronzeüberzogenen Holzblocks verbergen die Wasserleitung.

5 Duravits weißes Doppelbecken aus Keramik, Modell »Dellarco«, ist ein Sinnbild für die Kunst des Zusammenlebens. Auf wenig Raum befinden sich zwei Becken – ein ideales Design für berufstätige Paare, die wenig Zeit und Raum zur Verfügung haben.

6 Philippe Starck entwarf das Waschbecken »Lola Hertzburg« aus Edelstahl und Chrom für Rapsel; es soll völlig autark sein wie die Science-fiction-Figur, deren Name für dieses Modell entlehnt wurde. Zubehör wie Spiegel, Handtuchhalter oder Seifenschalen, die ein Waschbecken gewöhnlich ergänzen, sind hier in den Rahmen eingebaut.

7 »Rapsody«, ein Entwurf von Berger und Stahl für Rapsel, ist ein Edelstahlbecken auf einem Rechteck aus Glas. Dieses Beispiel wird durch einen modernen, verchromten Wasserhahn von Vola vervollkommnet, der bei vielen Innenarchitekten der unumstrittene Favorit für die Ausstattung von Badezimmern ist.

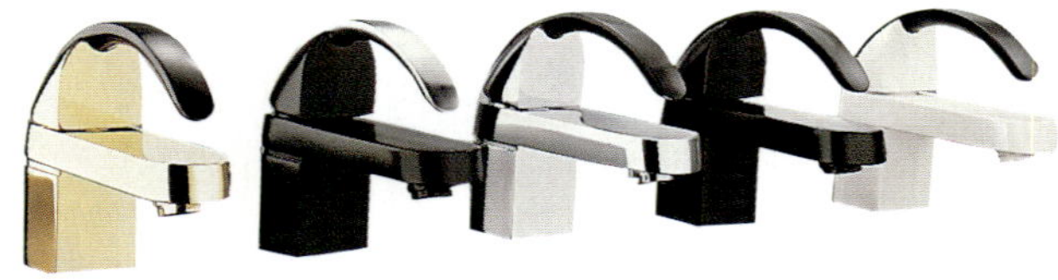

1

1 Die Armaturen-Serie von Dornbracht bietet eine große Auswahl an wasserbeständigen und rostfreien Modellen.

2

2 Diese Serie von Einhandmischern aus Chrom stammt von Vola, einem bei Architekten weltweit beliebten Hersteller.

3

3 Das Rubinetterie-Modell »Time 95« ist ein Einhandmischer mit stromlinienförmigem Design.

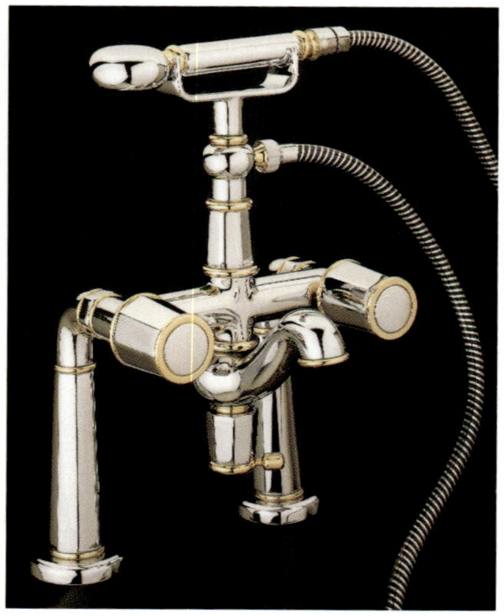

4

4 Rubinetteries »Chantal 27« ist ein Modell aus Messing und Chrom im Edwardianischen Stil mit Wasserhähnen und Duschkopf. Warm und Kalt treffen sich in einer Querleitung, so daß das temperierte Wasser mit Hilfe eines Drehknopfes aus einem einzigen Hahn in der Mitte strömt.

5

5 »Univers«, das erste Wasserhahn-Design von Kevin Walz, dem preisgekrönten Möbeldesigner, greift den Art-Deco-Stil auf. Er setzt Chrom und Messing in einem sechseckigen Einhandmischer ein.

6 Ein neuer Wasserhahn-Entwurf von Rubinetterie, »Ondatris 78«, setzt in erster Linie auf Funktionalität.

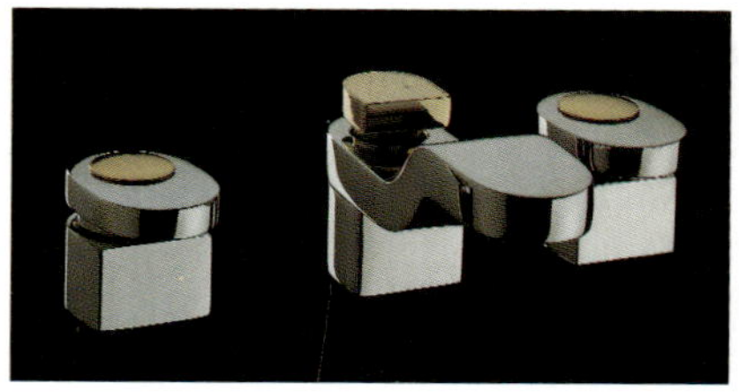

6

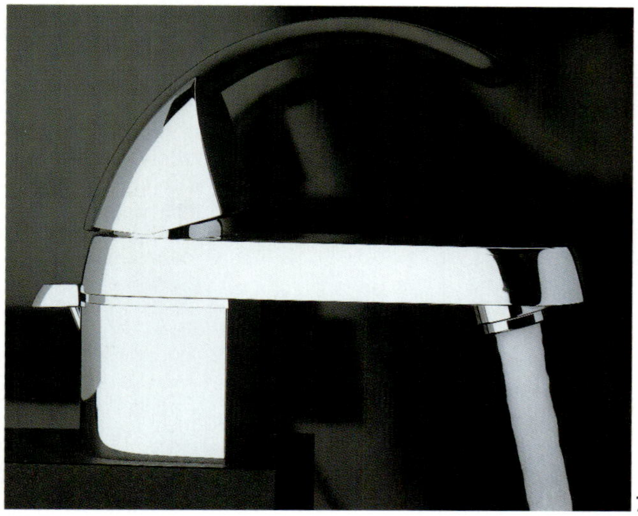

7

7 Der Einhandmischer von Dornbracht hat einen langen, gebogenen Griff.

8

8 Gruppo Metals produziert den Wasserhahn »Giro tondo«, einen Entwurf von Davide Mercatali mit deutlichen Pop-Art-Einflüssen – Kugeln, die die Drehknöpfe beidseitig vom Wasserhahn zieren. Der einzelne Knopf auf dem Einhandmischer greift das Motiv wieder auf.

9 Børma produziert eine ganze Serie von Badezimmer-Accessoires, die im Stil der Wasserhähne – wie diesem weißen Hahn »Lux« – gehalten sind. Das Modell ist auch in Chrom oder Messing lieferbar.

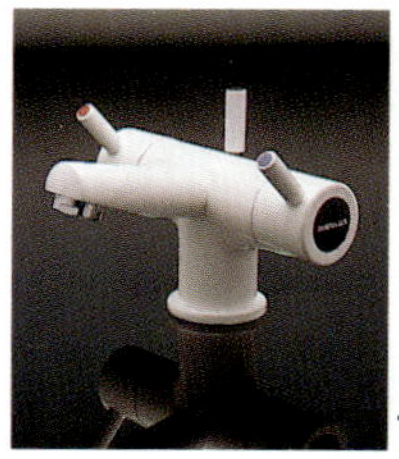

9 10

11, 12 und 13 Diese drei Wasserhähne der innovativen Designfirma Gruppo Metals zeigen einen witzigen und auf jeden Fall farbenfrohen Ansatz in der Badezimmergestaltung. Die Designer sind Edgardo Angelini (links), Davide Mercatali (Mitte) und Roberto Boni (rechts).

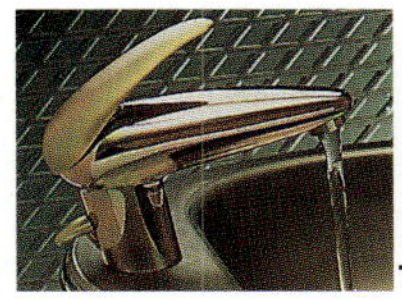
11

12

13

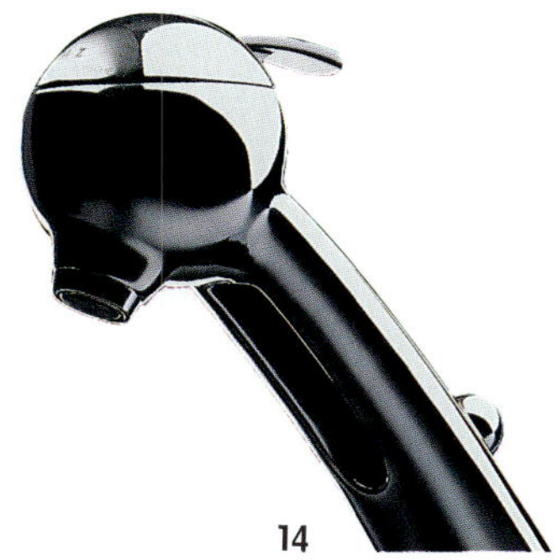
14

14 Ein selbstsicheres Desing zeigt F. A. Porsches »Eclisse« für M. & Z. Rubinetteria.

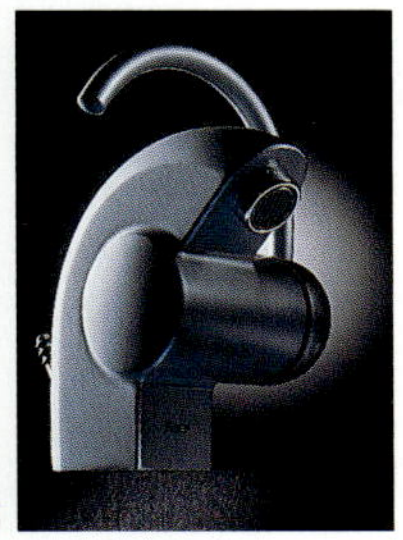
15

15 Ein für Armaturen ungewöhnliches Design bieten die Spiralformen von Schmidt-Lackners Modell »Roca«.

16

16 »Elemta« von Toni ist eine schlichte, aber dennoch elegante Lösung für einzelne Armaturen in Chrom.

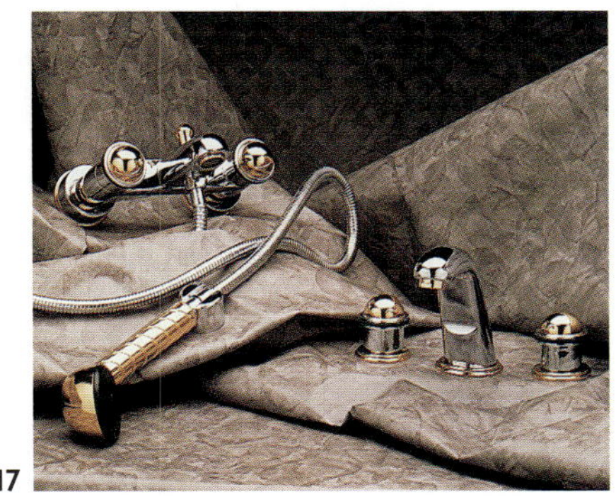
17

10 In diesem Badezimmer der Architekturfirma Munkenbeck & Marshall werden Kunst und Design miteinander verbunden. Das spezialgefertigte Waschbecken des Künstlers Danny Lane zeichnet sich durch seine ästhetische Form und ihm innewohnende Funktionalität aus.

17 Rubinetteries Wasserhahn »Toscane Ponsi« wirkt sehr taktil und zugleich formell. Während die Form an vergangene Eleganz erinnert, ist die Funktion ultramodern.

18 Dieses Design von Sieger heißt »Domani«, das italienische Wort für »morgen«. Es reguliert den Wasserstrahl durch den Druck, der ausgeübt wird.

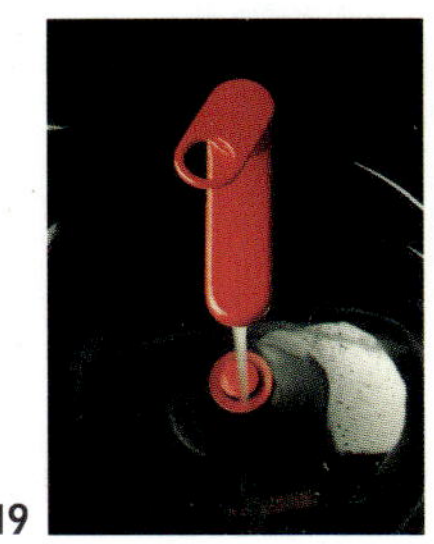
19

19 Dornbracht behält die traditionelle Geometrie eines Wasserhahns bei, macht ihn aber größer und lenkt den Druckhebel in die Diagonale.

18

1 »Ego«, ein narzistischer Toilettentisch mit Metallrahmen von Renzo de Liberali für StudioLine, hat ein drehbares Schubladensystem und einen Tisch aus Carrara-Marmor.

2 Eine Badewanne aus Beton mit Heizspiralen aus Kupfer und funktionalen Accessoires bewahrt die Integrität des Designs eines ehemaligen Kraftwerks, das Gary Cunningham umgebaut hat.

7

6

6 Carl F. Petersens Glashalter und Seifenschale, beide sanft gerundet und aus Chrom, sind unaufdringlich und modern.

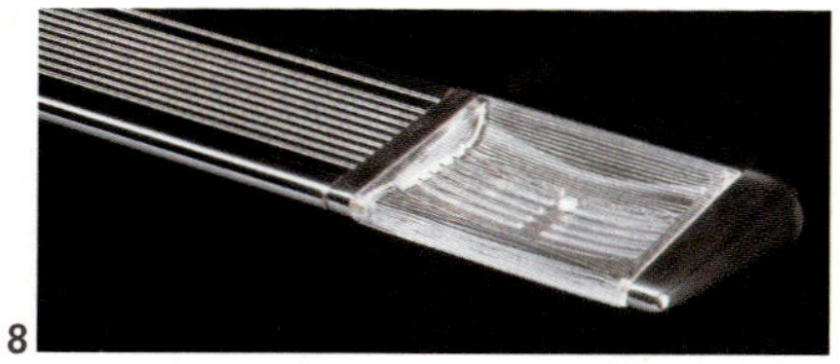

8

1

2

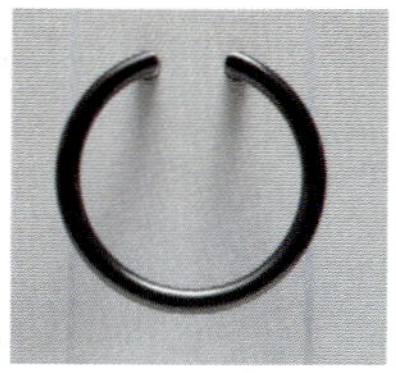

9

7 Kartells Spiegel »Delphi« von Matteo Thun lehnen auf ihren Gummifüßen lässig an der Wand.

8 Diese Seifenschale aus Chrom und Plastik stammt von Jorge Pensi und ist Bestandteil einer Reihe von Badezimmer-Accessoires, die Inno mit dem Wunsch in Auftrag gegeben hat, daß sie »rauh, aber dabei auch klassisch« sein sollten. Diese Schale zeigt eine Konzentration aufs Detail, sie hat eine kanellierte und hohle Einlage aus klarem Acryl, so daß das Wasser von der Seife ablaufen kann.

3 Dieser Spiegel von Barovier & Toso hat einen schwarzen Rahmen und eine Schalenlampe. Er ist ein schönes Beispiel für die Verbindung von traditionellem Glasmacherhandwerk mit modernem Design.

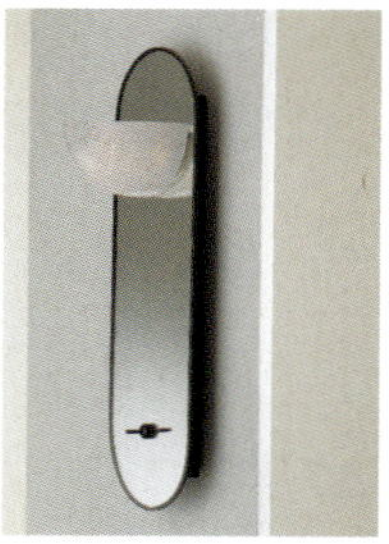

3

4 »Pan« von Turi und Gagliardi für Rapsel besteht aus konzentrischen Scheiben aus geschmirgeltem oder lackiertem Glas sowie einem rechteckigen Spiegel; das Ganze wird von einer vernickelten Messingsäule getragen, die an der Wand befestigt ist.

5 Das Badezimmer in Le Corbusiers Villa Turque wurde von Andrée Putman renoviert; es hat einen Rasierspiegel mit ausziehbarem Arm, eingebautem Licht und Vergrößerungsglas (ein Entwurf der Architektin Eileen Gray).

4

5

9 Dieser schlichte runde Handtuchhalter stammt von Agape.

KÜCHEN

Historische Häuser, die zur Besichtigung offen stehen, bieten dem interessierten Betrachter einige Einblicke in das Leben und die Sitten vergangener Zeiten. Zugleich erinnern sie uns daran, wieviel davon heute überflüssig geworden ist. Die Küchen dieser großzügig gebauten alten Häuser sind Zeugen wechselnder historischer Bedingungen, davon, daß man heute ohne Küchenhilfe auskommen muß, daß Mahlzeiten keine förmlichen Veranstaltungen mehr sind und die arbeitssparende Ausstattung großen Einfluß auf unsere heutige Lebensweise hat.

Llanhydrock im Norden Cornwalls ist ein gutes Beispiel für den Glanz einer spätviktorianischen Küche. Kaum ein Jahrhundert ist vergangen, und doch ist heute fast die gesamte Küchenausstattung überflüssig. Kupfertöpfe für Marmelade hängen neben Wildhaken, der Fleischschrank steht neben dem Geschirrwaschbecken, und die mit Marmor ausgekleidete Molkerei mit den großen Butterfässern verfügt über Kannelierungen für Eiswasser – Kühlschränke waren damals noch unbekannt. Die Tatsache, daß Wäschekammer, Vorratskammer und das Eßzimmer hinter den mit grünem Boi

1

1 Ein nautisch beeinflußtes Bullauge sitzt in einem Küchenschrank von Eva Jiricna. Es erinnert an das Sichtfenster von Waschmaschinen.

Vorangehende Seite
John Young hat sich für die Oberfläche dieser Kücheneinrichtung vom Flair japanischer Stahllastwagen inspirieren lassen. Die Anlage ist aus Edelstahl.

2

2 Roberto Pezzetas Kücheneinrichtung aus Zanussis Serie »Wizard« lenkt durch die mattschwarze Oberfläche die Aufmerksamkeit auf sich. Die Geräte sind hinter Melaminharz, emailliertem Stahl und Glas untergebracht.

3

3 Der Architekt Johnny Gray ist Spezialist für die Einrichtung ungünstig geschnittener Küchen. »Wie ein Maßanzug muß eine Küche in das Haus und zum Kunden passen«, ist seine Devise. Alles wird von Handwerkern hergestellt, bis hin zu den aus Gußeisen geschmiedeten Griffen.

4

4 Die freistehende Kücheninsel aus Edelstahl befindet sich in dem geräumigen Wohnraum im Londoner Haus des Architekten Sir Richard Rogers. Es ist eine multifunktionale Konstruktion mit einem Doppel-Bekken und einem Gasherd mit vier Platten. In der Mitte befindet sich eine Art Mülleimer.

6

5

5 Die schwarzen laminierten Schränke von Alno wirken durch die Kombination mit der Edelstahl-Dunsthaube und den offenen Regalen sehr wohnlich.

6 Strato ist ein Küchenhersteller, der dem »Konzept vom offenen Raum« anhängt. Holz, Stein und Metall werden in Küchen mit Modul-System miteinander kombiniert. Diese rechteckige Anlage mit den violetten Schubladen hat eine Verlängerung von fünf Metallrohren in der Mitte der Küche. An der Wand befindet sich eine Zeile mit Waschbecken und Küchengeräten.

7 Diese Küche von Gwathmey/Siegel wirkt, obwohl sie sich in einer kleinen Ecke befindet, durch ein paar architektonische Tricks dennoch geräumig – kleine reflektierende Kacheln werfen das Licht von der Wand und der Glasfront zurück, die an das Fenster mit der Jalousie angrenzt.

7

1 Der erste Blick täuscht in dieser Küche von Bulthaup, »Woodline Structure«, die komplett aus lackiertem Holz besteht. Sämtliche Elemente stammen von Bulthaup, von dem freistehenden Birkentisch mit Schubladen bis hin zu dem von der Decke herabhängenden Lochblech.

überzogenen Türen separate Räume waren, macht deutlich, wieviele Funktionen die Küche heutzutage in einem Raum vereint. In den sechziger Jahren zum Beispiel präsentierte jede Küche stolz eine endlose Reihe von Kasserolen, die als Vorratsbehälter für gefriergetrocknete Lebensmittel dienten, und sie verströmten die Atmosphäre eines Labors, das sich von der Raumfahrttechnik inspirieren ließ.

Eine weitere Veränderung der Lebensformen in den Siebzigern wies der Küche eine zentrale Schlüsselrolle zu, wenn es darum ging, die »Lebensqualität« zu definieren. Die Küche wurde zum Mittelpunkt des sozialen Lebens und war von einer heimeligen Atmosphäre erfüllt, die durch selbstgezogene Kräuter und »natürliche« Baumaterialien wie Backstein, Stein und Holz noch verstärkt wurde.

Später, in den achtziger Jahren, machte sich die *nouvelle cuisine* in unseren Küchen breit, und das nicht nur in Form von Ideen, sondern auch

4 Dieser unregelmäßig geformte Tisch, der an einer Seite geschwungen ist und an der anderen eine gerade Kante hat, wird von einem Stahlrohr-Fuß getragen. Die Schranktüren öffnen und schließen sich durch einen Druckmechanismus, so daß sie kein Profil in diese Küche der kantigen Kontraste bringen. Das elegante Edelstahl-Geschirr stammt von Alessi.

2 Ungewöhnliche Kombinationen von Tür- und Arbeitsoberflächen sind eine Besonderheit von Miele. Ihr »Programm 560« hat laminierte Fronten in vier Pastellfarben, hier in Platingrau, und dazu Arbeitsflächen aus Birkenholz. Dazu kann man sich aus 130 verschiedenen Griffen den richtigen aussuchen.

3 Woodstocks spezialangefertigte Küche »Tracz« kombiniert Schränke mit Ahorn- und farbigem Platanenfurnier mit einer Arbeitsfläche aus Wallisischem Granit. Spots erhellen den in zwei Farbtönen gehaltenen Raum. Der achteckige Tisch im Vordergrund ist eine platzsparende Methode, acht Leute in einer kleinen Küche unterzubringen. Unter den grauen Kacheln ist eine Fußbodenheizung verlegt.

von Utensilien, mit denen man aufs effizienteste reiben, extrahieren, pulverisieren, braten und dämpfen konnte. Die glänzende Edelstahl-Küche, ausgestattet mit Produkten der Designerfirma Alessi, wurde zum teuersten Raum im ganzen Haus.

Hinter den Oberflächen aus Stahl, emaillierten Metallplatten und Industrieglas in Verbindung mit Hartholz nahmen praktische Geräte dem Waschen, Kochen und Kühlen ihren Schrecken. In der Küche wurde jeder Zentimeter mit Behältern, Regalen und Schubladen, mit Ober- und Unterschränken ausgefüllt, die alle möglichen zeit- und arbeitssparen-

7

7 Diese weiß laminierte Küche ist ein Design der klassischen Moderne und wurde ursprünglich von Poggenpohl eingeführt. Die Stahltheke aktualisiert ihr zeitloses Aussehen. Strato produziert Baukastenteile, die in unterschiedlichen Räumen eingesetzt und an unterschiedliche Bedürfnisse angepaßt werden können.

8

8 Glänzender Metalliclack zieht sich über die sanften Kurven dieser Küche »SL 808« von Siematic; segmentierter Marmorboden umgibt die runde Arbeitsfläche.

5

5 Diese Küche hat nicht nur ein hübsches Gesicht – unter dem roten Lack von Mieles »Programm 660« verbirgt sich eine robuste Struktur. Die moderne Hochglanz-Ausführung mit klassischem Rahmen kleidet einen Rumpf aus Spanholz ein.

6

6 Poggenpohls »Profil 2000« bietet 45 unterschiedliche Möglichkeiten für Oberflächen und Griffe, neun Oberflächenstile sowie Griffe in Ahorn, Birke, Kirschholz, Chrom und Schwarz.

den Geräte beherbergten. Drehschränke, Haken, Fächer, Weinregale, Eiszerkleinerer – die Küche konnte jedem Geschmack gerecht werden. Im Gegensatz zu dieser üppigen Ausstattung bewies die Yuppie-Küche, die weniger zum Kochen diente, einen neuen Minimalismus: ein rundes Edelstahl-Becken mit stromlinienförmigem Wasserhahn, ein kleiner Herd mit zwei Platten und ein Mikrowellengerät auf einer Gefriertruhe, in der die unterschiedlichsten Fertiggerichte lagern, und das ganze vor dem Hintergrund einer selten benutzten Arbeitsfläche aus Schiefer und anonym wirkenden Schränken.

1 Hinter Scavolinis Küche aus Bruyèreholz steht die Idee von territorialer Aufteilung des Raums; die Funktionen Kochen und Spülen sind streng getrennt. Die horizontalen Regale, die durch eine mattschwarze Abzugshaube unterbrochen werden, integrieren einen eingebauten Ofen und einen Herd.

5

5 Poggenpohls Küche »2400 GH« ist mit Hochglanzlaminat beschichtet; eine breite Käuferschicht soll dadurch angesprochen werden. Glatte Fronten ohne Griffe werden durch einen polierten Aluminiumrand geziert.

1

3

3 Effetis klassisches Design »Misura«, entworfen 1974 von Barsacchi und Vegni, ist von Giancarlo Vegni modernisiert worden, indem er alle unpraktischen kleinen Ecken, die für Küchen so typisch sind, ausgenutzt hat.

4 John Youngs Küche setzt keine Zeichen häuslicher Gemütlichkeit. Die Stahlschränke sind maschinell gearbeitet, und zwei Tische, die mit einem Sprungmechanismus an die Wand geklappt werden können, bilden den Sitz- und Eßplatz für acht Leute.

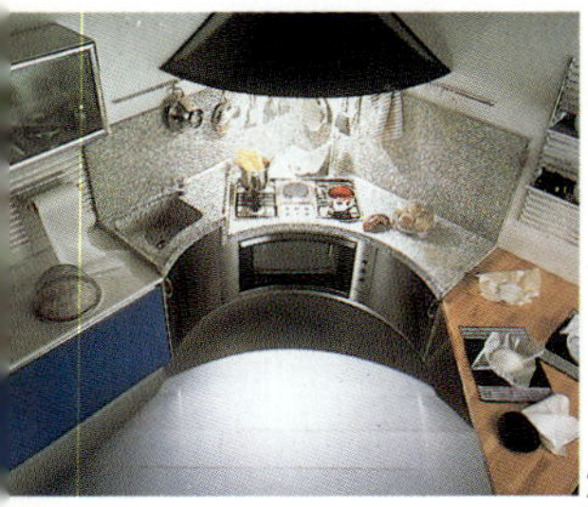

2

2 Selbst der konventionelle Herd paßt sich elegant in die Kurven dieser Küche von Effeti ein, deren Schränke fast zu fließen scheinen.

In der heutigen Küche ist diese beeindruckende Maschinerie sowohl raffinierter als auch entspannter geworden. Die moderne Küche ist weniger förmlich, sie wirkt nicht mehr steril wie ein Labor und ist menschenfreundlicher. Ein Abendessen zwischen kalten Aluminiumflächen ist wenig gemütlich. Deshalb fügt man ein altes, heißgeliebtes Möbelstück hinzu – vielleicht einen schon verblichenen Küchentisch, einen Eckschrank mit Ziergiebeln oder eine Wanduhr aus Opas Zeiten, die gemütlich zur Begleitung tickt.
Hinzu kommt, daß das Einbeziehen solcher Möbelstücke die neue Mobilität spiegelt. Sie können sie verrükken, wenn Ihre Situation sich verändert und Sie einen neuen Job, eine neue Wohnung oder eine neue Beziehung haben. Diese Stücke sind nicht fest an der Wand installiert, so daß Sie Ihre Küche bei einem Umzug nicht ganz zurücklassen müssen.

4

6 Diese Küche hat eine Arbeitsfläche mit abgerundetem Ende, so daß man sich nicht daran stößt. Zugleich dient sie als informeller Eßtisch.

6

Jeder Kunde bringt einen Grundriß mit, wenn er sich eine Küche aussuchen will. Doch hinter den Kulissen hat die Zusammenarbeit zwischen Herstellern von Fertigküchen und Herstellern von Haushaltsgeräten schon zur Entwicklung von Küchen geführt, die sich in erster Linie nach dem Lebensstil und den Gewohnheiten der Kunden richten.
Es ist unvermeidlich, daß die Gestaltung eines Raumes, dessen Hauptfunktion die Zubereitung des Essens ist und dazu noch das Geschirrspülen und das Waschen der Kleidung, in erster Linie von den Haushaltsgeräten bestimmt wird. Die Küche ist der am stärksten automatisierte Raum des Hauses, und dennoch versuchen auch moderne Küchen zu betonen, daß der Herd, oder das, was man damit verbindet, noch immer ein kulturelles Symbol der heutigen Gesellschaft ist. Warum sonst sollte man die Geräte hinter beruhigenden Holzfronten verstecken, die die funktionalen Innovationen industrieller Entwicklungen verhüllen?
Technologische Fortschritte bedeuten, daß die Energienutzung sich verbessert, während die Größe der Geräte reduziert wird. Das Einbaugerät, das ursprünglich eine Fläche von 60 qcm benötigte, ist heute in einer Größe von 40 oder 45 qcm lieferbar, ohne daß es dabei etwa weniger leistungsfähig wäre. In zehn Jahren werden diese Geräte 50% weniger Energie, 70% weniger Wasser und 40% weniger Wasch- oder Spülmittel verbrauchen, und das verwendete Material wird in vielen Fällen ökologisch abbaubar sein. Nur der Kühlschrank wird weiterhin immer größer und hat inzwischen oft Doppeltüren,

7

7 Farbblöcke in Blau und Rot (»Logos« von F.lli Ferretti di Ferretto) stapeln sich unter der Arbeitsfläche. Die Frühstücksbar betont die feinen Details und die handwerklich saubere Arbeit.

8

8 Küchen, die sich um die Ecken winden, sind eine vernünftige Lösung, um wenig Platz effektiv zu nutzen, ohne dabei neue schlecht zugängliche Ecken einzubauen. Die neue Küche von Siematic, Modell »9009«, ist mit Polyester beschichtet, das in einem aggressiven Tomatenrot (wie hier) oder auch in Schwarz, Elfenbein oder Grau lieferbar ist.

9

9 Diese Küche von Sera Noce steht mit ihren scharfen rechten Winkeln in starkem Kontrast zu der gebogenen Glasbausteinwand. Die Küche hat Arbeitsflächen aus Holz und eine Front aus eleganten, schwarzlackierten Schränken; hinter der Herdplatte bildet die Marmorplatte einen robusten Hintergrund.

10

10 Stabile Einheiten aus glänzenden Schränken vom Boden bis zur Decke werden durch die passenden niedrigeren Schränke mit Arbeitsflächen ergänzt. Die Arbeitsplatten sind aus Stahl, was in Kombination mit den Glasregalen ein sehr eindrucksvolles Ambiente erzeugt.

11

11 Blöcke aus Küchenschränken sind diagonal in diesen Raum eingepaßt. Die neue Poggenpohl-Serie »Time« ist in Chrom, Schwarz, Ahorn, Birke oder Kirschholz lieferbar.

da er in durchdachter Kombination auch als Vorratskammer und Weinkeller eingesetzt wird.
Hinter der Geräteentwicklung steht ganz klar »grünes Denken«, auch wenn es sich hinter einer mattschwarzen Maske verbirgt. Auch die »weißen« Teile machen eine massive technologische Entwicklung durch – anstatt sich hinter Holzfassaden zu verbergen, ziehen sie als freigelegte Einrichtung die Aufmerksamkeit auf sich. Backöfen, die Dampfgaren und spezielles Dampfdruckkochen mit Bakken und Grillen kombinieren, sind in Kisten aus Isoliermaterial untergebracht, so daß die Fläche, auf der sie stehen, nicht angegriffen wird. Man kann sie also fast überall aufstellen. Und der moderne freistehende »Kochblock« macht den Herd zum Mittelpunkt der heutigen Küche.
Das Ergebnis ist eine Absage an die Einbauküche. Diese Zeilen perfekt eingepaßter Schränke und Einheiten

1 Die Ahornplatte auf dieser Arbeitsfläche in der Allmilmö-Küche »Atlanta«, einem Modell aus Chrom und Laminat, paßt gut zu dem Holzboden.

2 1986 wurde zu Le Corbusiers 100. Geburtstag seine Villa La Turque (entstanden 1916) renoviert; die Innenarchitektin Andrée Putman wurde damit beauftragt, die Innenräume des ersten Hauses, das jemals mit verstärktem Betonrahmen gebaut wurde, zu entwerfen. Putmans Firma Ecart hat für jeden Raum spezielle Möbel hergestellt. In der Küche ist eine freistehende Arbeitsfläche aus Edelstahl mit drei schwarzen Ahornplatten bedeckt.

3

3 Dieses Regalsystem von Techline beweist, daß extra-dicke Spanplatten kräftig genug sind, um Stein zu tragen. Techlines Ziel ist, wie es ihr Präsident Marshall Erdman formuliert, »hochqualitative Materialien und ein schlichtes, klassisches Design mit der modernsten Technologie zu kombinieren«.

4

4 Corian kombiniert auf geschickte Weise natürliche Mineralien und Acryl. Das Material ist geeignet für Arbeitsflächen, die dann gerundet und geformt werden und so nahtlos um Spülbecken eingepaßt werden können. Alno bietet Corian-Produkte in »Sierra dark« (unten), »Cameo white« (Mitte) und »Sierra light« (oben) an.

5

5 Granit ist eine belastbare Arbeitsfläche. Alno bietet »Sardo rosso« (unten), »Tiffany black« (Mitte) und »Nador light« (oben) an. Der Hersteller bezeichnet diesen Stein als hydroskopisch, denn Flüssigkeit verdunstet, ohne Wasserflecken zu hinterlassen.

6

6 John Pawsons solide graue Marmorfläche zieht sich über die gesamte Länge des Küchenschranks. Im Einklang mit seinem minimalistischen Ansatz hat die Oberfläche keine besonderen Merkmale, keine Ausbuchtungen, Kurven oder sonstige Dekorationen.

7

7 Marmor und Stein sind beliebte, wenn auch teure Materialien für Arbeitsflächen. Das Architekten-Duo Gwathmey/Siegel, das in ihren Interieurs gerne Kombinationen von warmen Holztönen verwendet, ergänzt sein Design mit einer Steinplatte, in die das Waschbecken eingelassen ist.

8

8 Drei solide Marmorplatten schaffen eine Arbeitsfläche, die hinten von einer Holzplatte getragen wird. David Chipperfields Auseinandersetzung mit Nahtstellen wird in dieser Küche durch die Marmorbank deutlich illustriert, die trotz ihres offensichtlichen Gewichts auf den Seitenstücken zu fließen scheint. Zarte Kerben, die sich an den Nahtstellen zwischen Arbeitsplatte und Stützsteinen befinden, verstärken den Eindruck von Leichtigkeit und Schwerelosigkeit.

1

im Baukastensystem, die technisch gebaut und dann mit Lasur überzogen, aufgerauht und mit Gitterwerk dekoriert werden, sind eine peinliche Erinnerung an eine überholte Üppigkeit und verschwenderische Lebensweise. Die ideale Küche ist heute mit umweltbewußten Geräten ausgestattet. Heute, wo jeder in Eile ist und immer mehr Frauen berufstätig sind, ist das traditionelle Bild von der Küche als Statussymbol ein Anachronismus.

Auch wird mehr mit verschiedenen Eßkulturen experimentiert, als es früher der Fall war. Die Menschen probieren fremde Küchen aus und essen Japanisch, Vietnamesisch, Thai, Malayisch und Kalifornisch. Die traditio-

1 Salimas Schranksystem »Monoblocci« besteht aus zwei Basisschränken, die in einem Holzrahmen zusammen mit einer Arbeitsfläche, Spülbecken, Herdplatten und Tellergestell untergebracht sind. Diese Arbeitsabteilung kann bei Nichtgebrauch hinter einer Jalousie versteckt werden. Die Küche ist kompakt und vollständig und paßt auch in die kleinste Wohnung.

2 Köchinnen und Köche müssen ihre Ausstattung immer griffbereit haben. Andrée Putmans Lösung sieht vor, daß man die Geräte an Fleischerhaken an einem Stahlgestell aufhängt. Dieses moderne Interieur ist Teil der Renovierung von Le Corbusiers Küche in seiner Villa Turque, die 1916 gebaut und 1988 renoviert wurde.

2

3

3 Diese moderne Vorratskammer von Poggenpohl, »Form 1000 CS Vorratsschrank«, verfügt über zwei tiefe Regale und ein großes Drehregal, das die Lebensmittel leicht zugänglich macht. Die Regalhöhen sind verstellbar.

4

4 Organischer Abfall wird in das grüne Abteil von Alnos Dreifach-Mülleimer aus Plastik gegeben, das, wenn die Tür geschlossen ist, durch eine Verbindung vom Waschbecken gespeist wird. Verschiedenfarbige Mülleimer trennen Müll, der recycelt werden kann, von dem restlichen Müll.

5

5 Offene Regale sind nicht immer praktisch in einer Küche, die auch gleichzeitig als Eßzimmer dient. Poggenpohls Lösung sieht so aus, daß feste Regale durch ein Schiebefenster schnell verdeckt werden können.

6 Diese moderne Version eines Küchenschranks des Architekten Michael Carapettan ist so aufgebaut, daß viel Geschirr auf wenig Raum untergebracht wird. Eine integrierte Arbeitsfläche aus Granit mit weißen Kacheln im Hintergrund ist sehr praktisch.

6

7

8

9

7 Mit dieser ansehnlichen Sammlung von Kochtöpfen an Haken vor einem schwarzen Lochblech hat Eva Jiricna eher ein modernes Stilleben als einen konventionellen Schrank entworfen.

8 Ein Säulenpaar mit weichen Konturen gleitet auf Rollen nach außen und enthüllt eine Vorratskammer in dieser platzsparenden Küche von Strato, die sich bei ihrem Design von Getreidesilos inspirieren ließen.

9 Köche sammeln in der Regel immer neue Utensilien, doch der Platz ist begrenzt. Die Serie »Esprit« von Boffi bietet ein System von horizontalen Stangen an, mit Hilfe derer man die Regalbretter auf beliebigen Höhen anbringen kann, je nachdem, was verstaut werden soll.

10

10 Das Museum of Modern Art in New York hat Boffi-Küchen ausgestellt; man braucht über ihre hervorragende Gestaltung also kein Wort mehr zu verlieren. Doch auch ihre Innovationen werden gelobt: die erste Tür mit farbigem Polyesterbezug, 1954; die erste Tür aus Holz und Laminat, 1960; die erste Tür ohne Türgriff, 1974. Hier abgebildet das Modell »Dogu«.

11

11 Boffis Polyesteroberfläche »Xila« wurde 1974 zum ersten Mal hergestellt; es handelte sich um die erste Küche, bei der sich die grifflosen Türen auf Druck öffneten.

12

13

12 Ahorngriffe mit ausgespartem Fingerraum sind nur eine von 45 Möglichkeiten in Poggenpohls Serie »Form 2000 WP«.

13 Toter Raum wird hier funktionalisiert. Die Küchenschränke stehen auf Plinthen, und Siematic nutzt diesen Raum für zusätzlichen Stauraum, der mit dem Fuß geöffnet werden kann.

KÜCHEN

1 Diese Kocheinheit im Industriedesign mit Chromgriffen wurde neben freistehenden Regalen plaziert und ist so eine deutliche Absage an Einbauküchen. Sergio Puente verbindet die einzelnen Elemente durch den aufsteigenden, gekachelten Hintergrund.

2 Der elegante Stahlherd »1071 N3« von Neff ragt nach vorne aus der Zeile von Küchenschränken heraus. Der Herd sitzt direkt auf dem Ofen.

2

3

3 Mit dem Ofen »AKG 334« von Philips wird jede Arbeit vom Auftauen bis zum Plätzchenbacken kinderleicht.

4 Das Modell »Gilda« von Ariston hat einen Rahmen aus rostfreiem Stahl und ist der erste freistehende Dampfherd. Er verfügt neben dem konventionellen Ofen über einen eingebauten Dampfkondensator.

8 Die Geschirrspülmaschine von Siemens, die in dieser Poggenpohl-Küche unter einem Siemens-Backofen angebracht ist, ist auch mit farbiger Front erhältlich, so daß sie sich in unterschiedliche Konzepte einfügt.

nelle Küche wird im Zuge der modernen Erkenntnisse der Ernährungswissenschaft hinterfragt und entsprechend verändert.
Mit neuen Funktionen hat sich die alte, beengte Küche als zu unflexibel erwiesen, zu starr auf einen Zweck gerichtet. Der variable Arbeitsraum, der oft eine doppelte Funktion hat und zugleich auch als Eßzimmer dient, ist kein Prestigeobjekt mehr, sondern vielmehr der Ausdruck einer Lebensweise, in der das gemeinsame Eßvergnügen wichtiger ist.

4

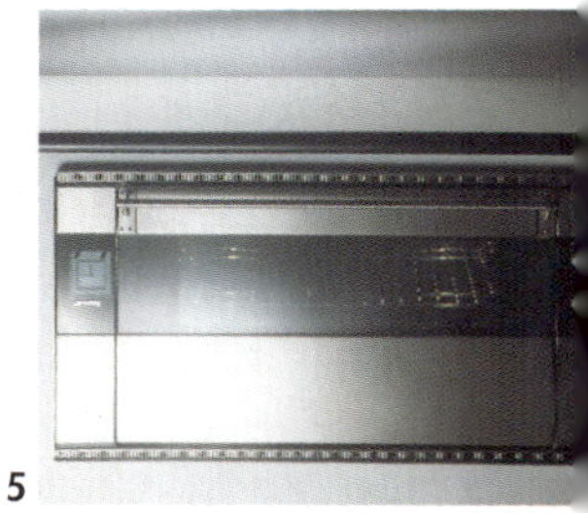
5

5 Anders als die meisten modernen Backöfen hat Smegs »S20XMFR Multi-function« eine klassische Analoguhr anstelle einer Digitaluhr, ein Understatement der High-Tech-Ausführung.

7 Diese weißen Küchenschränke von F.lli Ferretti di Ferretto setzen sich gegen ein lebhaftes Kobaltblau ab. Eingebaut ist ein Gasherd und ein Gaggenau-Backofen, der wie eine Tür zur Seite hin geöffnet wird.

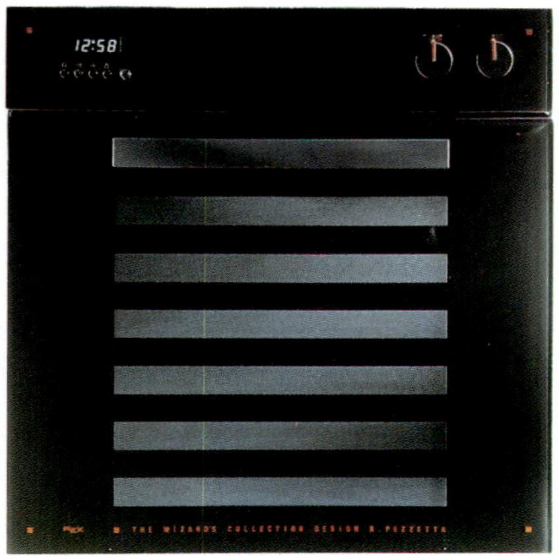

6

6 Die Kollektion »Wizard« von Zanussi, entworfen von Roberto Pezzeta, hat internationale Anerkennung gefunden. Der Ofen ist mattschwarz und hat einen horizontalen Griff in Metallicsilber, der mit den sechs grauen Einsätzen eine Einheit bildet. Die Einsätze dienen als Sichtfenster auf dem schwarzen Design.

7

1

8

9

10

9 Aristons kombinierter Kühl-/Gefrierschrank »Four Seasons« ist ein vielseitiges Kühlsystem; die Schubladen in der Mitte können entweder zum Kühlen oder zum Gefrieren verwendet werden. Das Modell ist auch in Weiß erhältlich.

11

10 Diese Küche in dem von Gary Cunningham umgebauten Elektrizitätswerk ist von einer computerberechneten Stahlrahmenkonstruktion umgeben. Sperrholzplatten wurden aufgestellt und dann einfach an die Schränke geschraubt anstatt sorgfältig in Gehrung geschnitten zu werden.

12

11 Küchengeräte und -armaturen werden in der neuen Bosch-Serie »Concept« für kleine Küchen in kleineren Abmessungen produziert. Dieses Design entspricht dem Trend zum kinderlosen Single- oder Paardasein, bei dem weniger Platz benötigt wird.

12 John Outram ist für die britische Architektur das, was Steven Spielberg für das amerikanische Kino ist – ein Träumer, der einen funktionalen Entwurf mit allegorischen und ornamentalen Verzierungen ausstattet. Diese Küche von Outram vereint ein wahres Feuerwerk an Ausstattung in einem Raum – eine Miele-Spülmaschine, zwei Neff-Backöfen plus vier Gas- und zwei Elektrokochplatten auf der Arbeitsfläche, die von einer Abzugshaube in extravaganten Ausmaßen gekrönt wird.

1

1 Boffi stellt Arbeitsflächen aus Edelstahl her, in denen tiefe Spülbecken und Herdplatten für professionelle oder aber zumindest begeisterte (Hobby-)köche integriert sind. Die Ausstattung stammt von Zanussi und paßt in jede Küche von Boffi. Die Serie trägt den passenden Namen »Gourmet«.

3 In dieser Küche von David Chipperfield setzt sich ein quadratischer, fast freistehender Block mit Kochplatten gegen eine Küchenzeile an der Wand ab. Die Rahmen sind aus Beton, die Türen aus Nußholz, die vier Kochplatten unter einem robusten, erhöhten Stahlgestell sind mattschwarz gehalten.

3

2 Der Gasherd »AKG 085« von Philips besteht aus einem dünnen Skelettgitter und vier Kochstellen in verschiedenen Größen. Die Ausstattung kann in jede 2,5 cm tiefe Oberfläche eingebaut werden.

4

4 Dacor bietet ein Kochfeld mit fünf Platten aus Keramikglas an, die von elektrischen Spiralen erhitzt werden, so daß die wärmeleitende Oberfläche aus schwarzem Glas erleuchtet wird. Die Kochfelder dieses modernen Herdes sind weiß umrandet, die Schalter sind auffällig sichtbar.

2

5

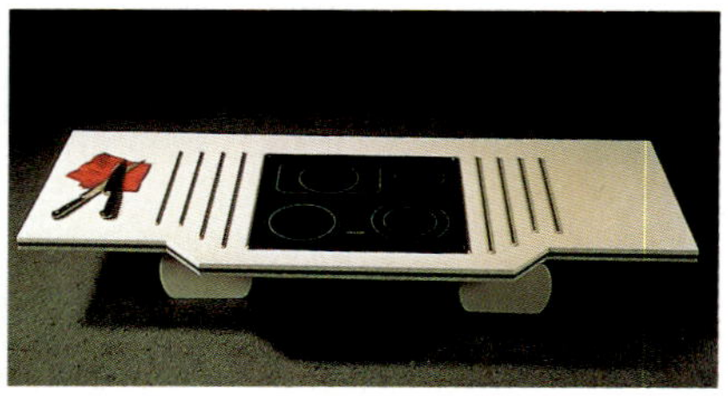

6 Der mattschwarze Herd mit vier Platten aus Zanussis Serie »Wizard«, ein Entwurf von Roberto Pezzeta, zeichnet sich durch die farbigen Schalter aus.

7 Diese Herdplatte aus Vetrokeramik von Zanussi bedient sich elektrischer Elemente und Keramikglas für schnellen und effizienten Hitzeeinsatz. Markierungen führen von den Schaltern hin zu den Platten.

5 Diese weiße Corian-Herdplatte verfügt über austauschbare Stahlstäbe, die in 3 mm tiefen Rillen geschoben werden. Die Stäbe sind hitzeabsorbierend, so daß heiße Pfannen problemlos darauf gestellt werden können.

6

7

9

9 Vier Kochfelder mit doppeltem Schaltkreis aus Keramik werden in einer etwas ungewöhnlichen Anordnung miteinander kombiniert. Der Herd aus Edelstahl stammt von Neff, Modell »1094 85NK«. Darunter befindet sich ein Circotherm Plus-Backofen.

10 Der phantasievolle Herd »Piano Ectura Circolare« von Salima hat fünf Kochstellen, die in einem Halbkreis angeordnet sind, was dafür sorgt, daß die Töpfe und Pfannen einander nicht in die Quere kommen. Ein weiterer Pluspunkt des Designs ist der zusätzliche Raum zum Abstellen oder Vorbereiten von Essen.

8 In der Küche ist die Frage der Belüftung noch problematischer als im Badezimmer. Bulthaup kombiniert einen Vier-Platten-Herd aus Edelstahl mit einer Abzugshaube, ebenfalls aus Stahl, die auch zur Zirkulation der Luft eingesetzt werden kann. Sie hat eingebaute Spots, die sich genau über den Kochplatten befinden, und eine Leiste, an der Küchengeräte aufgehängt werden können.

8

10

12 Die Arbeitsfläche besteht, wie fast alles andere in dieser Küche des Architekten De Maria, aus Granit. Die aufregende Zirkelform erlaubt leichten Zugriff zu allen Funktionen.

11 Der Edelstahl-Herd »S93AX« der italienischen Firma Smeg verfügt über großzügige Ausmaße – er ist fast einen Meter lang. Er ist mit einer Fischkochplatte und einer extraschnellen Kochstelle ausgestattet und kommt so kulinarischen Forderungen in fast jeder möglichen Form entgegen.

11

12

2

3

3 Das schmale Spülbecken »Venus« von Avonite kann entweder in einer Oberfläche versenkt oder aufgesetzt werden; es ist ideal für jede Art von Avonit-Arbeitsflächen. Avonit ist ein künstliches Material aus Polyester mit granit- oder marmorartiger Oberfläche.

4

4 Villeroy & Boch entfernen sich allmählich von den traditionellen Keramikbecken und stellen eine Serie aus neuem, strapazierfähigem Synthetikmaterial her. Dieses Material sieht zwar wie Keramik aus, ist jedoch elastischer, was bedeutet, daß man weniger Gefahr läuft, Porzellan oder Glas zu zerbrechen. Auch ist es extrem hygienisch und läßt sich leicht reinigen. Dieses Spülbecken mit passendem Tauchbecken heißt »Mira«, die Farbe ist »Brazil«.

1

1 Ciatti a Tavolas innovatives Spülbecken ist an der Wand befestigt und benötigt nicht mehr den Unterschrank, auf dem die konventionellen Spülbecken ruhen. Unter der Marmorfläche verbergen sich die Leitungen für Wasser, Gas und Elektrizität. Auf der ganzen Länge der Platte verläuft ein Stahlrohr. In dieser Küche dienen niedrige Schränke und Arbeitsflächen zugleich auch als Eßtische.

2 Niedrige, horizontale Flächen bestimmen diese geräumige Küche der Architekten Cecilia und Ottorino Berselli. Spezialgeschnittener, großflächiger Marmor umfaßt auch ein nach hinten versetztes Fenster und ein rundes Waschbecken sowie ein zusätzliches langes, niedriges Spülbecken.

5 Ein von unten installiertes Waschbecken aus Edelstahl des Waschbecken-Spezialisten Franke sitzt in einer modernen Arbeitsfläche aus Marmor.

5

6

6 Das Acrylmaterial Colorcor enthüllt unter seiner strapazierfähigen Oberfläche unterschiedlich gefärbte Schichten, wenn man diese einschneidet. Eva Jiricna hat es für das kannellierte Abflußbrett verwendet, das das tiefe rechteckige Waschbecken einfaßt.

7

7 Das Waschbecken »Blancostone« von Blanco besteht aus Siligranit, einem Material aus Granitstein und einer Acrylmischung; es trotzt Kratzern, Hitze, Kälte und Säuren. Das Waschbecken bietet zwei Becken, eine Abtropffläche, einen Geschirrkorb, ein Schneidebrett und einen eingebauten Mülleimer.

8

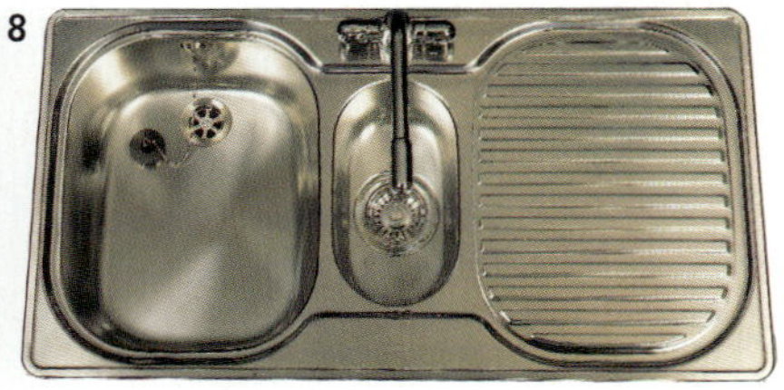

8 Frankes Waschbecken »Compact« ist als Arbeitszentrum konzipiert und wurde nach Ergebnissen entwickelt, die bei einer Umfrage unter Köchen ermittelt wurden. Ein einsetzbares Schneidebrett deckt das Spülbecken ab, wenn es nicht gebraucht wird.

9 Die Spüle »Athens« von Avonite umfaßt zwei Becken, die entweder von unten oder von oben in jede Avonit-Arbeitsfläche einmontiert werden können, wie in diese saubere weiße Fläche. Avonit kann auch ohne Übergänge mit Stahlbecken kombiniert werden.

9

10

11

10 und 11 In diesem Siematic-Modell befinden sich zwei Becken nebeneinander, so daß Gemüse unabhängig vom Geschirr gewaschen werden kann. Unter den Becken befindet sich ein ausziehbares Müllsystem.

12 Ein außergewöhnlich tiefes Becken, das in traditioneller Weise zweigeteilt ist, wurde von F. lli Ferretti di Ferretto durch ein kanneliertes Abflußbrett in eine moderne Form gebracht.

12

1 Der vielseitige Einhandmischer »Ladyline« von Grohe bietet mehrere austauschbare und arbeitssparende Aufsätze, beispielsweise einen Sprühkopf, einen Duschkopf, einen ständig durchspülten Pfannenreiniger und eine Flaschenbürste. Auch ein zusätzlicher Wasserfilter ist lieferbar.

2

3

2 und 3 Im Gegensatz zu anderen Herstellern, die sich entweder auf Wasserhähne oder auf Spülbecken spezialisieren, kombiniert Franke beide Funktionen miteinander und bietet so ein integriertes Design. Ein Beispiel ist das Becken mit darunterliegender Installation (ganz links und links), das sich in kompakte Arbeitsplatten aus Corian oder Granit integrieren läßt.

4

4 Peglers schlanker Wasserhahn »CD« ist in Chrom, Grau, Weiß, Beige, Rot und Gelb lieferbar.

1

6

5

5 Einen Blick von oben auf das Waschbecken »Uranus« aus einem pflegeleichten, hygienischen Synthetikmaterial von Villeroy & Boch. Der Chromwasserhahn »Europlus« ist von Friedrich Grohe.

6 Der Architekt Charles Rutherfoord hat seinen Vola-Wasserhahn spezialanfertigen lassen und ihn mit Industrieknöpfen zum An- und Abdrehen versehen. Viele Küchenaccessoires werden individuell angefertigt, doch die Garantie des Herstellers wird dadurch ungültig.

7 Blancos Chromwasserhahn »Borma Lux« auf dem Stahlbecken »Blancoprimo«. Dieser leicht zu handhabende Wasserhahn ist auch in Weiß, Messing, Savanne, Beige, Platin, Brasil und Schwarz lieferbar.

8 Der Wasserhahn »Tantadisc« von Tantofex hat einen drehbaren Kopf und ist verchromt. Er ist aber auch mit Goldüberzug, in Weiß, Braun, Rot, Gelb und Beige lieferbar.

7

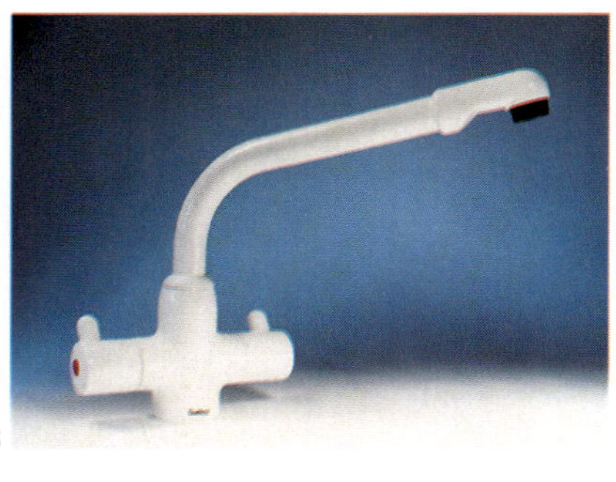
8

HERSTELLER-NACHWEIS

ANMERKUNG DER REDAKTION: Im Falle der ausländischen Hersteller finden Sie in der folgenden Auflistung die Adresse des Stammsitzes. Auf Anfrage nennen Ihnen die Firmen entsprechende Repräsentanten in Ihrer Nähe.

Wände und Decken

Abet Laminati SpA
Viale Industria 21
I-12042 Bra

Abet Laminati ist einer der bekanntesten Hersteller von Laminat-Produkten. Täglich werden etwa 120000 qm Laminat hergestellt und weltweit vertrieben. Es besteht ein enger Kontakt zu renommierten Designern.

Laminate Seite 22, 23

Bigas und Sant
Siehe Luxo Italiana SpA

Blockleys Brick Ltd
Sommerfield Road
Trench Lock, Telford
GB-Shropshire TF1 4RY

Backsteine Seite 30, 31

Ceramgres SnC di Fossaluzza C&G
Vicolo Spercenigo 21
I-Mignagola die Carbonera

Die Kachelserie »Rinascimento« greift das antike, rautenförmige Bossenwerk mit Hell-Dunkel-Effekten auf. In seiner modernen Spielart wird das Motiv entweder abgeschliffen, oder es steht als Relief hervor.

Ceramica Bardelli SpA
Via Pascoli 4/6
I-20010 Vittuone

Seit 1960 stellt die italienische Firma Bardelli Keramikkacheln her. Drei Prinzipien bestimmen ihre gegenwärtige Produktion: ruhige Farben, die Entwicklung von unterschiedlichen Größen und ein modernes, graphisches Design.

Wand- und Bodenkacheln Seite 40

C.I.S. di Baldini G.e.C. SnC
Via Acquale 3
Zona Industriale
I-54100 Massa

C.I.S. di Baldini G.e.C. SnC beauftragt die Architekten und Designer Adolfo Natalini, Michele De Lucchi, Matteo Thun, Andrea Branzi, Alessandro Mendini und Luca Scacchetti seit 1980 mit Entwürfen für ausgesuchte Boden- und Wandbeläge aus Marmor.

Wand- und Bodenkacheln Seite 40

Cotto Veneto Srl
Vic. Tentori 12
I-31030 Carbonera

Cotto Veneto ist das Warenzeichen eines führenden Herstellers für Ausstattungskeramik. Die glasierten Kacheln in einer Größe von 10×10 und 5×5 cm sind handdekoriert, dazu gehört auch die haltbare glasierte Kachel »Gres« für Böden, Küchen, Außenwände und Arbeitsflächen sowie die strapazierfähige Kachel »Cotto« für Küchen- und Badezimmerböden.

Designers Guild
Einrichtungs-GmbH
Schwanthalerstr. 111
8000 München 2

Tapeten, Dekorationsstoffe

Dimensione Fuoco SaS
Via V. Veneto 58
I-30027 S. Dona'di Piave

Die Architekten Afra und Tobia Scarpa haben Glaswände für Dimensione Fuoco entworfen, eine Firma, die die alte Kunst der Glasmalerei wiederaufleben ließ. Sie fassen das farbige Glas mit vergoldeten Metallrahmen ein.

Glaspaneele Seite 26

Fendi
Siehe Nuove Ceramiche Richetti Srl

Fornasetti Srl
c/o Immaginazione Srl
Via Brera 24–26
I-20121 Milano

Die Mailänder Firma Fornasetti besteht schon seit vielen Jahren und führt die Produktion der Möbel und Ausstattung weiter, die der *trompe-l'oeil*-Kunsttischler Piero Fornasetti schon in den fünfziger Jahren entwickelt hat. Die Firma gibt sich einen künstlerischen Anstrich, und ihre handgearbeiteten Produkte werden in limitierter Stückzahl hergestellt.

Paravent Seite 27

Foscarini Murano SpA
F.ta Manin 1
I-30141 Murano

Foscarini vertritt die Devise, daß Glas sich sinnvoll zur Beleuchtung einsetzen läßt, und damit sind sie weit entfernt von der Tradition der Murano-Glasbläser, deren Schwerpunkt eher auf der Ästhetik als auf der Funktionalität lag. Ohne vergangene Traditionen wachzurufen, betont Foscarini – mit modernem Ansatz – das Know-how, das Murano allen Glasherstellern hinterlassen hat. Foscarinis Produkte folgen dem Diktum der Moderne, daß Funktionalität und Ästhetik in einer Dimension miteinander vereint werden müssen. Foscarini hat sich von einem Spezialhersteller zu einer Einrichtungsfirma für den breiten Markt entwickelt und so neue und originelle Ideen einer größeren Käuferschicht zugänglich gemacht.

Wandsystem Seite 26

Granitifiandre SpA
Via Radici Nord 112
I-42014 Castellarano

Granitifiandre SpA ist einer der größten Hersteller von Porzellan-Steinzeug und wird weltweit mit großen Projekten betraut. Die Granitifiandre-Fliesen sind eine Konkurrenz zu Materialien wie Marmor oder Naturstein, weil sie aus hochqualitativen Grundstoffen bestehen und extrem haltbar sind.

T. J. Harris & Sons Ltd
Liver Industrial Estate
Long Lane, Aintree
GB-Liverpool

Keramikkacheln für Wand und Boden

Hodsoll McKenzie Cloths
52 Pimlico Road
GB-London SW1W 8LP

Dekorationsstoffe für Wandbespannungen

Id-Ekor
115 Rue de Donci
F-5900 Lille

Wandverkleidung Seite 21

Kartell SpA
Via delle Industrie 1
I-20082 Noviglio

Kartell wurde in den fünfziger Jahren gegründet und ist heute der führende Hersteller von Plastikmöbeln. Die Firma arbeitet mit international bekannten Designern zusammen, dazu gehört auch Matteo Thun mit seiner Spiegelkollektion.

Spiegel Seite 150

Klingenberg Dekoramik GmbH
Postfach 1020
D-8763 Klingenberg/Main

Die Klingenberg Dekoramik GmbH wurde 1898 gegründet und produziert glasierte und unglasierte Wand- und Bodenkacheln aus Keramik. Heute gehört die Gesellschaft zu Division Ceramica Tarkett und besitzt Produktionsanlagen in Italien und Deutschland. Die Gesellschaften exportieren erfolgreich und beliefern weltweit kommerzielle und private Kunden.

Langley London Ltd
161-167 Borough High Street
GB-London SE1 1HU

Glasbausteine

Luxo Italiana SpA
Via delle More
I-24030 Presezzo

Zusammengesetzte Regale, Wandverkleidungen, Handläufe und sogar Badinstallationen befinden sich an den Wänden und werden mit einer Lichtquelle aus der Serie »Cornice« gespeist.

Lichtformstücke »Cornice« Seite 28, 90

A. V. Mazzega
Fondamenta Vivarina 3
I-30141 Murano

Seit 1950 produziert A. V. Mazzega Glas, das die klassische Kunst der Murano-Glasbläser widerspiegelt und mit einzigartigen Formen aufwartet. Die Glasbausteine und Glaswände fangen Licht und Farbe ein.

Glaskacheln Seite 24

Mito Srl
Via Lamia
SS18, Km 41 500
I-84015 Nocera Superiore

Zu den Mito-Glaskacheln, die in einem über tausend Jahre alten venezianischen Verfahren hergestellt werden, zählen auch die dreidimensionalen Glaskacheln des Künstlers Lucio Fontana. Die Glaskacheln, die in eine Form gegossen und handgeformt werden, gibt es von 5×5 bis 58×58 cm in verschiedenen Formen. Das Glas ist dick genug für Innen- und Außeninstallationen an Türen, Fenstern und Trennwänden, in Privathäusern oder Bars, Hotels oder Restaurants. Mito produziert auch Türen und Trennwände aus Holz, dazu noch Lampen und Spiegel.

Glaskacheln und Trennwände Seite 18, 25, 26

Nuove Ceramiche Ricchetti Srl
Via Radici in Piano 428
I-41049 Sassuolo

Nuove Ceramiche Ricchetti bildet zusammen mit der Klingenberg GmbH die Keramikabteilung der schwedischen Gruppe Tarkett, einem weltweit bekannten Hersteller für Wand- und Bodenbeläge, deren erfolgreiche Produkte auch strapazierfähige Bodenbeläge, Teppichböden und Parkett umfassen. Ricchetti produziert Keramikkacheln in drei Produktionseinheiten: Sassuolo (doppelt gebrannte Wandkacheln, einfach gebrannte weiße Bodenkacheln), Fiorano (einfach gebrannte, frostresistente Bodenkacheln), Mordana (einfach und doppelt gebrannte Wandkacheln).

Fendi-Kacheln Seite 28

Orac NV
Oudenburgsesteenweg 90
B-8400 Oostende

Stuckleisten Seite 28, 29

Perucchetti Associates
RMC House
15 Townsmead Road
GB-London SW6 2QL

Mauro Perucchetti Associates lassen in ihren modernen Interieurs die alte Kunst der Fresken wiederaufleben. Sie arbeiten mit Designern zusammen, bei denen sie Spezialgips und Marmorstaubwände mit Freskenschablonen in Auftrag geben.

Pilkington Glass Ltd
Prescot Road
St. Helens
GB-Merseyside WA10 3TT

Der Name Pilkington steht synonym für Innovationen in der Glasherstellung und Struktursysteme für Glaswände. Ihre Wand »Planar Structural Glazing System« hat flexible, silikonversiegelte Nahtstellen, mit deren Hilfe Glasfassungen ohne Zuhilfenahme von Rahmen oder Mittelpfosten hergestellt werden können. Diese eignen sich für vertikale, abfallende und horizontale Konstruktionen.

Glaswände Seite 24, 25, 137

P & R Decorative Arts
The Parlour
Grove Farm, Grove Lane
Chesham
GB-Buckinghamshire HP5 3QQ

Trennwände

Riflessitaliani (UK) Ltd
451 Kingston Road
Ewell
GB-Surrey KT19 0DB

Wandverkleidungen Seite 32

Rye Tiles/Rye Pottery
Rye
GB-East Sussex TN31 7DH

Wand- und Bodenkacheln

Sadi
PO Box 810
I-36100 Vicenza

Sadi produziert seit 1910 Deckenkonstruktionen für den italienischen Markt. Jetzt beliefern sie auch England, Spanien und Japan mit unterschiedlichen Arten von doppelten Decken. Diese bestehen aus porösem Gips, galvanisiertem oder rostfreiem Stahl, Aluminium und Mineralfasern. Sie stellen auch Gipsdekorationen her, die nach Entwürfen von Architekten hergestellt werden.

Gianfranco Salvi
Siehe Riflessitaliani

Sanderson
100 Acres, Oxford Road
GB-Usbridge, Middx UB8 1HY

Stofftapeten und farbige Tapeten

G. Schrattenecker Holzwaren GmbH
Magetsham 19
A-4923 Lohnsburg

Tilo wurde 1952 als Kunsttischlerei mit nur einem Angestellten gegründet und hatte 1991 300 Angestellte. Heute stellt Tilo mit modernsten Technologien Preßformen, Paneele und hochqualitatives Parkett her.

Paneele Seite 28

M. E. Short Ltd
Hewitts Estate
Elmbridge Road
GB-Cranleigh,
Surrey GU6 8LW

Tapeten, Wandbespannungen

Ingrid Stegmann
Oldenwaldstr. 8
D-2000 Hamburg

Ingrid Stegmann kombiniert und überzieht farbige Strukturen und setzt bis zu 15 Verfahren ein, um exklusive Farbeffekte zu erzielen. Ihr Künstlerteam appliziert Pigmentglasuren mit Metallic- und Perlmutteffekten, mit Blattgoldüberzügen und Wachspolierungen.

Farbdesign Seite 22, 23

Svedbergs
1/2 Sandown Centre
Whitehorse Business Park
Trowbridge
GB-Wiltshire BA14 0XD

Svedbergs beherrscht den skandinavischen Markt und bietet ein komplettes Angebot mit Badewanne, Dusche, Waschbecken und Toilette sowie Spezialanfertigungen wie Whirlpools und Toilettentische oder auch Deckenkacheln mit eingebauten Lautsprechern und Halogenlampen.

Deckenlautsprecher Seite 28

Tilo
Siehe Schrattenecker Holzwaren GmbH

Tressera Design
Freixa 42
E-08021 Barcelona

Tresserra hat die Einbau-Konstruktionen für den Film »Batman« entworfen. Die Firma gewinnt regelmäßig internationale Preise für ihre Designs und die Qualität ihrer Arbeiten. Das Material, das sie einsetzt, ist im wesentlichen Walnußfurnier, das mit verschiedenen hellen und dunklen Firnissen überzogen und mit Intarsien versehen ist, die die Oberfläche perfektionieren und die Qualität der Stücke ins Licht setzen.

Paravent Seite 27

Vortice Ltd
Milley Lane
Hare Hatch
GB-Reading, Berkshire RH10 9TH

Vortice SpA, gegründet 1955 in Mailand, stellt elektrische Gebläse für Industrie und privaten Gebrauch, Tisch- und Deckenventilatoren sowie elektrische Heizkörper her. Vortices Produkte werden im New Yorker Museum of Modern Art, in La Jolla in Mexiko, in Jerusalem, in München und im Prato in Florenz ausgestellt. Vortices Produkte sind mit Design-Preisen ausgezeichnet worden: Compasso d'Oro (Italien), IF-Gute Industrieform (Hannover) und BIO Ljubljana.

Deckenventilatoren

York Handmade
Forest Lane
Alne
GB-North Yorkshire YO6 2LU

Backsteine

Zanotta SpaA
Via Vittorio Veneto 57
I-20054 Nova Milanese

Zanotta ist einer der renommiertesten italienischen Möbelhersteller, dessen Möbel von weltbekannten italienischen Architekten entworfen werden. Achille Castiglioni ist einer der Stars. Seine beweglichen Wandschirme und Drehstühle bieten mobile funktionale Alternativen zu fixierten, konventionellen Konstruktionen.

Paravent Seite 27

Böden

Amtico Design Floors
Kingfield Road
GB-Coventry CV6 5PL

Amtico gibt in den authentisch wirkenden Bodenbelägen die Struktur von Holz, Marmor, Backstein und Stein wieder, die in Wirklichkeit Meterware aus PVC sind. Amtico-Bodenbeläge sind in unterschiedlichen Farben, in Standardgrößen und -dicken erhältlich.

PVC-Platten und Meterware Seite 35, 37, 45, 138

Artexa SnC di Tosco Ivano & C.
Via Einstein 2
I-30036 S. Maria di Sala

Artexa wurde 1979 zur Herstellung von Teppichen und Tapisserien gegründet und hat inzwischen europaweit einen guten Ruf für moderne, künstlerische Teppiche. Die Firma hat ein großes Angebot; die Teppiche werden in eigenen Werkstätten hand- oder maschinengearbeitet.

Azuvi SA
Avenida de Italia 58
PO Box 26
E-12540 Villareal

Hersteller von einfach gebrannten, glasierten Kacheln, die mit exklusiven Designs in einem breiten Farbspektrum erhältlich sind.

Keramikkacheln Seite 34

Blockleys Brick Ltd
Sommerfield Road
Trench Lock, Telford
GB-Shropshire TF1 4RY

Backsteine Seite 30, 31

Bosanquet Ives Ltd
3 Court Lodge
48 Sloane Square
GB-London SW1W 8AT

Bosanquet Ives bietet dem Dekorateur einen Komplett-Service, vom Entwurf bis hin zur Herstellung und zum Einbau. Die Firma hat ein großes Angebot an Teppichen und ist Spezialist für Einzelanfertigungen aus Samtflor und Brüsseler Webart sowie für handgearbeitete Teppiche.

Teppiche Seite 50

Ceramgres SnC di'Fossaluzza C&G
Vicolo Spercenigo 21
I-Mignagola die Carbonera

Die Kachelserie »Rinascimento« greift das antike rautenförmige Bossenwerk mit Hell-Dunkel-Effekten auf. In seiner modernen Spielart wird das Motiv entweder abgeschliffen, oder es steht als Relief hervor.

Ceramica Bardelli SpA
Via Pascoli 4/6
I-20010 Vittuone

Seit 1960 stellt die italienische Firma Bardelli Keramikkacheln her. Drei Prinzipien bestimmen ihre gegenwärtige Produktion: ruhige Farben, die Entwicklung von unterschiedlichen Größen und ein modernes, graphisches Design.

Kacheln Seite 40

Ceramica Sant'Agostino SpA
Via Statale 247
I-44047 S. Agostino

Ceramica Sant'Agostino stellt seit 1964 Kacheln her; seit den siebziger Jahren sind sie auf doppelt gebrannte Wand- und Bodenkacheln spezialisiert. Sie produzieren jeden Tag 18000 qm Kacheln und 10000 qm weiße, einfach gebrannte Tonkacheln, wobei letztere mit einer Schichtglasur, die reich an Aluminium und Quarz ist, gehärtet werden. Ständige Weiterentwicklungen im Bereich des klassischen und auch modernen Designs haben Sant'-Agostino zu einem der führenden Keramikhersteller werden lassen.

Bodenkacheln Seite 41

C.I.S. di Baldini G.e.C SnC
Via Acquale
Zona Industriale
I-54100 Massa

C.I.S. di Baldini G.e.C. SnC beauftragt die Architekten und Designer Adolfo Natalini, Michele De Lucchi, Matteo Thun, Andrea Branzi, Alessandro Mendini und Luca Scacchetti seit 1980 mit Entwürfen für ausgesuchte Boden- und Wandbeläge aus Marmor.

Wand- und Bodenkacheln Seite 40

Lucy Clegg
42 Cross Tree Road
Wicken, Milton Keynes
GB-Bucks MK19 6BT

Lucy Clegg ist Designerin und Herstellerin von Tufting-Teppichen, die hauptsächlich in Auftrag arbeitet und einige limitierte Editionen entwirft.

Corres Mexican Tiles
15 Ewer Street
GB-London SE1 ONR

Corres, gegründet 1951, ist der größte mexikanische Hersteller von handgearbeiteten Kacheln. Mit kunstfertiger Arbeit und traditionellen Methoden beherrschen sie die gesamte Produktion und den Vertrieb, vom Abbauen des feinsten »barro« (Lehm) bis hin zur Vermarktung des fertigen Produkts.

Kacheln Seite 41

Cotto Veneto Srl
Vic. Tentori 12
I-31030 Carbonera

Cotto Veneto ist das Warenzeichen eines führenden Herstellers für Ausstattungskeramik. Die glasierten Kacheln in einer Größe von 10×10 und 5×5 cm sind handdekoriert, dazu gehört auch die haltbare, glasierte Kachel »Gres« für Böden, Küchen, Außenwände und Arbeitsflächen sowie die strapazierfähige Kachel »Cotto« für Küchen- und Badezimmerböden.

Crucial Trading Limited
PO BOX 689
GB-London W2 4BX

Crucial Trading bietet eine immer größer werdende Kollektion von natürlichen Bodenbelägen in einer Vielzahl von Webarten und Farben an. Belastbare antistatische und pflegeleichte Sisal-, Coir- und Seegrasbeläge werden in einer Breite von 4 m mit Latexuntergrund angeboten.

Sisal- und Coirbodenbeläge Seite 50

Decorwool
Dept. JP
International Wool Secretariat
6 Carlton Gardens
GB-London SW1Y 5AE

Teppiche

Domus Tile Ltd
33 Parkgate Road
GB-London SW11 4NP

Kacheln

Ege Axminster A/S
230 Grejsdalsvej
DK-7100 Vejte

Ege Art-Line-Teppiche, die in Dänemark hergestellt werden, reproduzieren durch den traditionellen Webvorgang des Axminster-Webstuhls berühmte Kunstwerke moderner Künstler wie Josef Albers und Asger Jorn bis hin zu berühmten Gemälden des 20. Jahrhunderts von Paul Klee, René Magritte, Salvador Dali und Wassili Kandinski.

Teppiche Seite 46

Elio Palmisano Edizioni Tessili
Via Stra Madonna Cp. 142
I-21047 Saronno

Elio Palmisano ist seit 1960 auf handgearbeitete Teppiche und Tapisserien spezialisiert. Sie produzieren Entwürfe der italienischen Futuristen Giacomo Balla, Fortunato Depero und Gino Severini. Designs von Oskar Kokoschka, Mark Tobey, Max Ernst und von den italienischen Abstrakten Mario Radice, Mauro Reggiani und Luige Veronesi, die als Teppiche und Tapisserien auf Handwebstühlen hergestellt werden, haben die Kunst-Serie noch vergrößert. Zu den Designs gehören auch die Arbeiten vieler junger Künstler und berühmter Designer wie Nathalie du Pasquier, Ettore Sottsass, George Sowden, Beppe Caturegli, Beatrice Santiccioli, Leslie Ann Keller, Vittore di Sangiacomo, Tarshito und Ugo Marano.

Teppich Seite 34

Fired Earth Tile plc
Twyford Mill
Oxford Road, Adderbury
GB-Oxon OX17 3HP

Das Programm Fired Earth umfaßt handglasierte und -dekorierte Wand- und Bodenkacheln aus der ganzen Welt. Zu den klassischen Bodenkacheln zählt eine Serie aus Terracotta; auch antike Kacheln aus französischen Schlössern, die zwar Jahrhunderte alt, aber dennoch in modernen Interieurs sehr beliebt sind, buntglasierte Kacheln, Mosaike, venezianischer Marmor und Schiefer aus Afrika, Indien und China sind erhältlich.

Forbo-Nairn Ltd
Contract Products Division
PO BOX 1
GB-Krikcaldy, Fife KY1 2SB

Linoleumbelag Seite 44, 45

Gebhan
Postfach 80
D-7151 Affalterbach

Die Teppiche aus der Edition Gebhan, Entwürfe berühmter Architekten, eignen sich für mutige Farbkombinationen. Eine limitierte Edition von Badezimmerkacheln ist Teil der Produktion.

Gerland Ltd
90 Crawford Street
GB-London W1H 2AP

PVC-Beläge Seite 44, 45

Granitifiandre SpA
Via Radici Nord 112
I-42014 Castellarano

Granitifiandre SpA ist einer der größten Hersteller von Porzellan-Steinzeug und wird weltweit mit großen Projekten betraut. Die Granitifiandre-Fliesen sind eine Konkurrenz zu Materialien wie Marmor oder Naturstein, weil sie aus hochqualitativen Grundstoffen bestehen und extrem haltbar sind.

Haddonstone Ltd
The Forge House
East Haddon
GB-Northhampton NN6 8DB

Bodenbeläge

T. J. Harris & Sons Ltd
Liver Industrial Estate
Long Lane, Aintree
GB-Liverpool

Wand- und Bodenkacheln aus Keramik

Hartco
900 South Gray Street
Ste. 1902 Knoxville
USA-TN 37902

Führender Hersteller hochqualitativer Parkettböden.

Holzböden Seite 37

Hodsoll McKenzie Cloths
52 Pimlico Road
GB-London SW1W 8LP

Dekorationsstoffe und Teppiche

Id-Ekor
115 Rue de Donci
F-5900 Lille

Bodenbelag Seite 39

Junckers Ltd
Wheaton Court
Commercial Centre
Wheaton Road
GB-Witham, Essex CM8 3UJ

Junckers ist der führende europäische Hersteller von Hartholzbodenbelägen in Buche, Esche, Ulme und Eiche. Er hat ein breites Angebot an Farben und Dicken und stellt auch spezielle Beläge für Sporthallen her. Daneben bietet er Arbeitsflächen aus Holz und Markenprodukte für die Holzbearbeitung an.

Parkett Seite 36

G. Kievel & Sons Ltd
Lower Farm
Ampfield, Nr. Romsey
GB-Hants SO51 9BP

Natursteinkacheln

Kirkstone Quarries Ltd
Skelwith Bridge
Nr. Ambleside
GB-Cumbria LA22 9NN

Die Firma gehört der Familie Fecitt und verfügt über 60 hervorragende Mitarbeiter. Die ständigen Investitionen in die Modernisierung der Steinschneidemaschinen sind ein Hauptgrund für den steigenden Erfolg von Kirkstone. Die Produktionskapazitäten und die Anzahl der durchgeführten Techniken steigen ständig. Der grüne Kirkstone-Westmorland-Schiefer ist weltweit zu einem Designer-Material geworden.

Schieferkacheln Seite 39

Klingenberg Dekoramik GmbH
Postfach 1020
D-8763 Klingenberg/Main

Klingenberg Dekoramik GmbH wurde 1898 gegründet und produziert glasierte und unglasierte Wand- und Bodenkacheln aus Keramik. Heute gehört die Gesellschaft zu Division Ceramica Tarkett und besitzt Produktionsanlagen in Italien und Deutschland. Die Gesellschaften exportieren erfolgreich und beliefern weltweit kommerzielle und private Kunden.

Liz Kitching
Glenwhelt Farm
Greenhead
GB-Carlisle CA6 7HF

Liz Kitching, eine Designerin und Herstellerin von Teppichen mit handgearbeitetem Tufting für Architekten, Inneneinrichter und Privatpersonen, stellt Teppiche auf Bestellung her. Ihre seit 1983 bestehende Produktion umfaßt Tufting-Teppiche und bemalte Teppiche, die aus recycelten Materialien gefertigt werden.

Teppich Seite 46

Legno Ltd
35 Leyton Industrial Village
Argall Avenue
GB-London E10 7QP

Holzfaserbeläge

MARBO
Siehe Rover SpA

Jasper Morrison
16a Hilgrove Road
GB-London NW6

Teppiche

Néotu
25, Rue du Renard
F-75004 Paris

Néotu wurde 1985 von Gérard Dalmon und Pierre Staudenmeyer gegründet und gibt moderne Möbel und Teppiche in limitierter Stückzahl in Auftrag, stellt sie her und vertreibt sie. Die Firma wählt Designer aus, die sich sowohl von der Vergangenheit als auch von der modernen Kunst inspirieren lassen und zukunftsorientierte Designs schaffen.

Teppich Seite 46

Paris Ceramics
543 Battersea Park Road
GB-London SW11 3BL

Kalksteinplatten Seite 40

Realstone Ltd
Wingerworth, Chesterfield
GB-Derbyshire S42 6RG

Natursteinkacheln

Reed Harris Ltd
Riverside House
Carnwath Road
GB-London SW6 3HS

Marmor- und Granitfliesen Seite 38

Riab
Formia Golvgruppen AB
Fredsgatan 18
S-70362 Orebro

Riab-Bodenbeläge, die in Schweden aus recycelten Autoreifen hergestellt werden, lösen ein Umweltproblem und schaffen zugleich einen schalldämmenden Bodenbelag. Er ist in jeder Farbe lieferbar und eignet sich für Treppen und alle Böden.

Bodenbeläge Seite 45

Rover SpA
Strada della Giara 23
I-37030 Poiano

Hersteller von Marmorharzfliesen für Böden und Wände.

Fliesen Seite 38

Rowi Parket International BV
PO BOX 1033
NL-3430 BA Nieuwegein

In Holland vertreibt Rowi Parket seit 1950 Hartholzparkett, das seit 1985 auch in ganz Europa und die Vereinigten Staaten exportiert wird. Das Parkett wird auf patentierte Weise verlegt, indem es auf gefirnißte, vorgeklebte, 7 mm dicke Bodenstreifen geklebt wird, wodurch man auf Nägel verzichten kann. Das neueste Produkt ist ein Kunststoffboden, der Färberwaidholz und Marmordesigns imitiert.

Holz- und Kunststoffbeläge Seite 35, 37

Ruckstuhl AG
St.-Urban-Straße 21
Postfach 337
CH-4900 Langenthal

Die Schweizer Teppichfirma Ruckstuhl, gegründet 1881, hat nie Massenproduktion betrieben. Die Herstellung von Coir-, Sisal- und Holzbelägen ist weiterhin individuell auf Designer, Architekten und Inneneinrichter zugeschnitten und hält gleichzeitig mit technologischen Neuerungen Schritt. Die langjährige Zusammenarbeit mit J. L. Larsen in den Vereinigten Staaten führte zur Übernahme der Larsen Carpet Co., was wiederum die Teppiche des Künstlers Jack Lenor Larsen nach Europa brachte.

Bodenbeläge Seite 50

Rye Tiles/Rye Pottery
Rye
GB-East Sussex TN31 7DH

Wand- und Bodenbeläge

Saraband Designs
Rooksmoor Hills
Bath Road, Stroud
GB-Gloucestershire GL5 5ND

Sisalbeläge Seite 50

SICIS International
Via Ravennate 5081
I-47023 Cesena

Die Firma SICIS International zeichnet sich durch ihre Marmormosaike aus, die mit einer modernen, patentierten Methode hergestellt werden. Sie imitieren die antiken handgelegten Mosaikböden und werden in vorbereiteten, 1 cm dicken Einsatzstücken geliefert, die sich leicht installieren lassen.

Mosaik Seite 40

Sisal Collezioni div. della Sisal
Via Emilia Pavese 107
I-29100 Piacenza

Sisal Collezioni, ein Hersteller von modernen Teppichen, gibt seine Stücke bei den Berühmtheiten aus der Architektur, der Mode und der Kunst in Auftrag. Sein Ziel ist es, den Teppich nicht nur als funktionalen Bestandteil der Einrichtung, sondern auch als ästhetisches Element einzusetzen.

Teppiche Seite 46, 47

Tarkett AB
S-37281 Ronneby

Parkett und Kunststoffbeläge Seite 36, 44, 45

Tibbals Hartco
Siehe Hartco

Textilart di Renzo Moschini
C.so Gramsci 175
I-51100 Pistoia

Die Firma Textilart ist für ihre hochqualitativen Wollteppiche berühmt, die entweder handgewebt oder handgeknüpft sind. Sie setzt jahrhundertealte Techniken und Webexperten für ihre Kunstteppiche ein.

Toulemonde Bochard
ZI de Villemilan
7, Impasse Branly
F-91320 Wissous

Toulemonde Bochard, gegründet in den vierziger Jahren, hat zwei wichtige Produktionsfelder: zum einen moderne Teppiche in Wolle oder Synthetik, mechanisch oder handgearbeitet, in mehr als 150 Farben und Designs und entworfen von berühmten Designern wie Andrée Putman, Jean Michel Wilmotte, Christian Duc, Pascal Mourgue, Emilio Robba und Hilton McConnico; und zum anderen sind sie der führende Hersteller von natürlichen Wandbespannungen wie Sisalene, entworfen von Jean Michel Wilmotte.

Teppiche Seite 47

Vorwerk & Co Teppichwerke KG
Kuhlmannstraße 11
D-3250 Hameln 1

Die Teppichkollektionen »Dialog 1« und »Dialog 2« der Firma Vorwerk sind sehr stilorientiert. Berühmte Künstler wie David Hockney und Roy Lichtenstein sowie Architekten wie Sir Norman Foster, Jean Nouvel und Zaha Hadid entwerfen phantasievolle Kollektionen von auffällig gemusterten Teppichböden sowohl für private Kunden als auch für Geschäftsräume.

Teppichböden Seite 34, 35, 48, 49

V'Soske Joyce
Oughterard
IRL-Co. Galway

Diese irische Firma stellt seit 1960 handgearbeitete Teppiche in Spezialgrößen her und exportiert sie weltweit. Ihre einzigartige Sammlung aus limitierten Stücken moderner Kunst mit handgearbeitetem Tufting nennt sich »Visions«. Das Tufting ist eine relativ neue Technik in dem Bereich der Teppichproduktion, der Kunstwerke reproduziert.

Teppiche Seite 47

Wicanders (UK) Ltd
Stoner House
Kinmead, Crawley
GB-West Sussex RH 10 2 BG

Wicanders stellt Kork- und Holzbeläge in einer großen Auswahl her; ihr Ruf für gute Qualität ist schon über 100 Jahre alt.

The York Handmade Bricks Co. Ltd
Forest Lane
Alne
GB-North Yorkshire Y06 2LU

Backsteine

Türen

G. & S. Allgood Ltd
297 Euston Road
GB-London NW1 3AQ

Türgriffe Seite 62, 64

Bd-Ediciones de diseño SA
291 Mallorca
E-08037 Barcelona

Bd-Ediciones de diseño SA wurde 1972 in Barcelona von einigen Architekten und Designern unter der Leitung von Xavier Carulla mit dem Ziel gegründet, völlig unabhängig Möbel und Accessoires herzustellen. Die Firma repliziert historische Stücke wie die Türbeschläge von Gaudí aus dem Jahr 1914; sie entwirft daneben zeitgenössische Designs in Zusammenarbeit mit internationalen Architekten. Bd-Ediciones arbeitet mit verschiedenen Industriezweigen zusammen und ihre Technologie reicht von rein künstlerischen Techniken wie in der Gaudí-Serie bis hin zu hochmechanisierten Prozessen.

Türgriffe Seite 63

Becchetti Angelo BAL
Via Montoni 34
I-25067 Lumezzane S.A.

BAL stellt seit 1882 solide Messingware für Türen und Fenster her. Ihre Produktion umfaßt Türgriffe und -knäufe, Scharniere, Türklopfer und andere Accessoires für die Inneneinrichtung, wie Kleiderhaken, Türstopper und Schalter. Die Produkte werden weltweit exportiert.

Türgriff Seite 62

CDI
Siehe Clodagh Design International

Clodagh Design International
365 First Avenue
new York
USA-NY 10010

International renommierte Design- und Architekturfirma.

Türen Seite 61, 64

Dierre
Strada Statale per Chieri 58
I-Villanova d'Asti

Dierre ist auf Sicherheitstüren spezialisiert, von denen sie jährlich 70 000 Stück herstellen, so daß sie zu den 50 am schnellsten wachsenden Firmen im Italien der neunziger Jahre zählen. Für unser sicherheitsbewußtes Zeitalter haben sie Schlösser, gepanzerte Feuertüren, Fensterläden aus Stahl und Safes entwickelt.

Tür Seite 56

Elementer Industrial Design Ltd
Progress House
Wittle Parkway, Slough
GB-Berkshire SL1 6DG

Bekannter Türhersteller, der bei Architekten in der ganzen Welt beliebt ist.

Eurobrass Srl
Via Brescia 104
I-25076 Odolo

Eurobrass wurde 1985 zur Herstellung von massiven Messingprodukten gegründet und ist inzwischen durch seine Türgriffe von Guiseppe Raimondi in ganz Europa und den Vereinigten Staaten bekannt. Die Griffe werden in der Serie »Design Collection« vertrieben.

Türgriff Seite 63

Frascio Giancinto Srl
Via S. Andrea 5
I-25071 Agnosine

Die Ideen für Badezimmer-Armaturen und Beschläge werden bei Frascio in Zusammenarbeit mit Designern entwickelt; nach dem ersten Entwurf auf dem Papier werden sie in Stahlformen gegossen. Die Balance zwischen maschinellem Guß und Handarbeit verleiht den Stükken eine taktile und freundliche Qualität. Frascio besteht seit 1945 als Familienunternehmen.

Türgriffe Seite 63

Franz Schneider Brakel GmbH & Co.
Postfach 1440
D-3492 Brakel

Die Beschläge von FSB spiegeln den Zeitgeist von mehr als 100 Jahren wieder; die Firma wurde 1881 von Franz Schneider im Weserbergland gegründet. FSB produziert Beschläge aus Aluminium, Edelstahl, Messing und Bronze für Türen, Fenster und Möbel. Für die Entwicklung neuer Ideen hat FSB bekannte Architekten und Designer in der ganzen Welt angesprochen. Viele haben die Herausforderung angenommen, beispielsweise Arata Isozaki, Dieter Rams, Peter Eisemann, Mario Botta, Alessandro Mendini und Jasper Morrison.

Türgriffe Seite 62, 64

Fusital
Siehe Valli & Colombo

Handles and Fittings Limited
Unit 1A, Hazelwood Court
Hazelwood Lane
GB-London N13 5EY

Handles & Fittings Ltd sind Spezialisten für Beschläge und haben drei Serien modernen Türzubehörs auf den Markt gebracht. Diese wurde durch eine Badezimmerausstattung, elektrische Accessoires, Türstopper und Schlösser ergänzt, die alle exklusiv für sie in England hergestellt werden.

Philip Hearsey FCSD
Monkhall Court
Callow
GB-Hereford HR2 8DA

Philip Hearseys handgeschmiedete Entwürfe, die sowohl private Kunden als auch Firmen ansprechen, umfassen Kaminaccessoires sowie Türdesigns.

Tür Seite 62

Hewi
Heinrich Wilki GmbH
Postfach 1260
D-3548 Arolsen

Türgriffe und -stopper Seite 62, 64

Lualdi Porte
Via Brigate di Dio
I-20010 Mesero

Lualdi Porte hat 1960 mit der Herstellung von Türen begonnen und als erste Firma Designer mit den Entwürfen beauftragt. Sie haben auch als erste Firma lackierte Polyestertüren hergestellt. Ihre Modelle werden weltweit verkauft.

Tür Seite 57

Mandelli & C. SpA
Via Rivabella 90
I-20045 Besana Brianza

Mandelli & C. stellen Türgriffe her. Für ihre Messinggriff-Serie spielt modernes Design eine wesentliche Rolle; auch einige der klassischen Serien werden wegen der großen Nachfrage bis heute hergestellt. Ihr Angebot an Türzubehör ist in Messing, Bronze, Kupfer, Gold-Schwarz und mit 24karätiger Vergoldung lieferbar. Die Beschläge verfügen über das exklusive »Fluxcoating«-System, das eine längere Haltbarkeit garantiert. Mandelli-Eisenwaren werden in 34 Ländern verkauft.

Türgriff Seite 62

Metall Kommerz Srl
Via Campi della Rienza 41
I-39031 S. Giorgio/Brunico

»Clima«-Fenster- und Türrahmen von Metall Kommerz in Südtirol kombinieren die funktionalen Eigenschaften von Aluminium mit der natürlichen Schönheit von Holz.

Fenster- und Türrahmen Seite 70, 71

Néotu
25, Rue du Renard
F-75004 Paris

Néotu wurde 1985 von Gérard Dalmon und Pierre Staudenmeyer gegründet und gibt moderne Möbel und Teppiche in limitierter Stückzahl in Auftrag, stellt sie her und vertreibt sie. Die Firma wählt Designer aus, die sich sowohl von der Vergangenheit als auch von der modernen Kunst inspirieren lassen und zukunftsorientierte Designs schaffen.

Türgriff Seite 63

Olaria/Disseny SA
Ramón Turro 133
2a planta
E-08005 Barcelona

Olaria/Disseny wurde 1940 gegründet, um zusätzlich zum Kunsthandwerk, das aus der ganzen Welt in Spezialanfertigungen bestellt wird, serienmäßig Türgriffe und Designer-Armaturen herzustellen.

Carl F. Petersen
G1 Koegevej 65
DK-2500 Valby

Die Serie »d-Line« der dänischen Firma Carl F. Petersen umfaßt hochqualitative Beschläge aus Edelstahl oder poliertem Messing, die praktisch jedem möglichen Bedarf in einem Gebäude genügen.

Türgriffe Seite 64

RDS la Guarnimec SpA
Via Cavalieri di Malta 6
I-35038 Torreglia

RDS präsentiert seit 1950 die fortschrittlichste Technologie im Bereich des Messing-Spritzgusses und der Warmpresse von Griffen und Knäufen für Türen und Fenster. Hochqualitatives Design und gutes Management haben RDS eine führende Rolle auf dem Markt verschafft.

Türzubehör Seite 63

Rehabitec y Diseño E. D.
Madre Vedruna 18
E-50008 Zaragoza

Rehabitec ist eine junge Firma, die sich seit 1987 mit ansprechenden Türen einen Namen gemacht hat. Sie stellt auf Messen in ganz Europa aus.

Türen Seite 55

Sellex Innovator SA
Apartado 1366
E-San Sebastián

Sellex wurde 1977 gegründet und stellt in Zusammenarbeit mit den bekanntesten spanischen Designern moderne Designer-Möbel und -Zubehör her. Sellex ist seit Gründung der Gruppe SIDI (1984) Mitglied und hat als erste Firma in Spanien 1987 den nationalen Designer-Wettbewerb veranstaltet.

Türgriffe Seite 63

Tecnolumen
Walter Schnepel GmbH
Lcetzener Straße 2-4
D-2800 Bremen

Tecnolumen produziert Eisenwaren-Accessoires, die in den zwanziger und dreißiger Jahren von berühmten Designern entworfen wurden, darunter auch von Bauhaus-Künstlern. Tecnolumen hat als einzige Firma die Lizenz für diese Designs, daneben arbeiten sie auch nach modernen Entwürfen.

Türgriff Seite 64

Tre-Piu SpA
Via Vittorio Veneto 14/16
I-20060 Cabiate

Der Türhersteller Tre-Piu entstand 1982 durch einen Zusammenschluß zwischen dem großen Türhersteller »Tre P SPA« in Birone di Guissano und dem Möbelhersteller Santambrogio in Cabiate, wobei letzterer schon seit drei Generationen den Möbelmarkt beliefert. Tre-Piu stellt Türen her, deren Entwurf bei Designern und Architekten in Auftrag gegeben wird. Hängetüren, Schiebe- und Falttüren sowie auch Sicherheitstüren werden in hoher Qualität gefertigt und dann mit einem glänzenden Polyesterfinish überzogen.

Tür Seite 56

Valli & Colombo
Via Concordia 16
I-20050 Renate

Valli & Colombo ist seit 1934 ein führender Hersteller von Griffen und Armaturen in hochqualitativem Messing; sie haben internationales Niveau. Ihr breites Angebot umfaßt unterschiedliche Modelle, die in drei Serien zusammengefaßt sind: »Classic«, »Design« und »Casual«.

Türgriffe Seite 62, 63

HERSTELLERNACHWEIS

Fenster

Celia Birtwell
71 Westbourne Park Road
GB-London W2 5QH

Dekorationsstoffe

Dimensione Fuoco SaS
Via V. Veneto 58
I-30027 S. Dona'di Piave

Die Architekten Afra und Tobia Scarpa haben Glaswände für Dimensione Fuoco entworfen, eine Firma, die die alte Kunst der Glasmalerei wiederaufleben ließ. Sie fassen das bunte Glas in dem Bleirahmen mit vergoldeten Metallrahmen ein.

Glaspaneele Seite 26

Faber Fabriker A/S
DK-5856 Ryslinge

Hersteller von Jalousien aller Art, der seine Produkte in 47 Ländern vertreibt.

Jalousien Seite 74, 75

Foenstret EH Podukter AB
Landerigraenden 13
S-223 55 Lund

Foenstret ist ein Hersteller von Jalousien in guter Qualität zu akzeptablen Preisen. Er kombiniert ein einzigartiges Design mit Funktionalität, wie bei den Holzjalousien und Sonnenschutzwänden für Interieurs.

Jalousien Seite 74

Foscarini Murano SpA
F.ta Manin 1
I-30141 Murano

Foscarini vertritt die Devise, daß Glas sich sinnvoll zur Beleuchtung einsetzen läßt, und damit sind sie weit entfernt von der Tradition der Murano-Glasbläser, deren Schwerpunkt eher auf der Ästhetik als auf der Funktionalität lag. Ohne vergangene Traditionen wachzurufen, betont Foscarini – mit modernem Ansatz – das Know-how, das Murano allen Glasherstellern hinterlassen hat. Foscarinis Produkte folgen dem Diktum der Moderne, daß Funktionalität und Ästhetik in einer Dimension miteinander vereint werden müssen. Foscarini hat sich von einem Spezialhersteller zu einer Einrichtungsfirma für den breiten Markt entwickelt und so neue und originelle Ideen einer größeren Käuferschicht zugänglich gemacht.

Glaswand Seite 26

Goddard & Gibbs Studios Ltd
41 Kingsland Road
GB-London E2 8AD

Spezialanfertigungen von kuppelförmigen Oberlichtern und Türen aus farbigem Glas.

Fenster Seite 72, 73

Hubert Blome GmbH
Postfach 1180
D-5768 Sundern 8

Neben einer Stoffkollektion präsentierte Blome auf der Heimtex, der internationalen Textilmesse in Deutschland, auch »Bronze Barock«, eine Kollektion mit Vorhangstangen und Blätterknäufen in einem skulpturalen Stil, entworfen von dem französischen Duo Elizabeth Garouste und Mattia Bonetti.

Industrie Secco SpA
Via Terraglio 195
I-31022 Preganziol

Industrie Secco SpA ist der führende Hersteller für kaltgewaltzte Beschläge für Fenster, Türen und Zwischenwände.

Fenster Seite 69, 71

Leoplast Srl
Via Po 1
I-53036 Poggibonsi

Leoplast stellt seit 1958 PVC-Jalousien her. Ihre Produktion umfaßt jetzt auch Fensterläden, Wandleisten, Falttüren, Schiebepaneele und Jalousien.

Levolor Corp.
25 Greenpond Road
Rockaway
USA-NJ 07866

Seit 1915 Hersteller hochqualitativer Jalousien.

Jalousien Seite 74

Louvre Blind Company Ltd
7 Forward Drive
Harrow
GB-Middlesex HA3 8NT

Jalousie Seite 74

Louver-Lite Ltd
Ashton Road
Hyde
GB-Cheshire SK14 4BG

Jalousien

Marimekko Oy
Puusepänkafum 4
SF-00810 Helsinki

Baumwollstoffe Seite 76

Metall Kommerz Srl
Via Campi della Rienza 41
I-39031 S. Giorgio/Brunico

»Clima«-Fenster- und Türrahmen von Metall Kommerz in Südtirol kombinieren die funktionalen Eigenschaften von Aluminium mit der natürlichen Schönheit von Holz.

Türen Seite 70, 71

Monarch Aluminium Ltd
Manor Road
Cheltenham
GB-Gloucestershire GL51 9SQ

Monarch trägt den Handelsnamen Eden und ist einer der größten Hersteller von Gewächshäusern in Großbritannien. Sie stellen Überdachungen für Einstellplätze her, die kräftiges, aber dennoch leichtes Aluminium mit schönem Design kombinieren und sich leicht installieren lassen.

Navello S. & F.li
Viale Generale Cappa 45
I-12063 Dogliani

Navello produziert eine Vielzahl von Holzrahmen in schwedischer Douglas-Kiefer, die mit passenden Jalousien und Fensterläden angeboten werden.

Pella Rolscreen
Siehe Rolscreen Company

Piceni Serramenti SpA
Via Tito Speri 34
I-25032 Chiari

Piceni Serramenti SpA stellt Holzfenster her, die eine moderne Alternative zu den Aluminiumverkleidungen darstellen. Sie haben eine führende Position auf dem italienischen Markt inne, sind Mitglied von »Consorzio Superlegno« und vertreiben Holzprodukte.

Rea Metal Windows Ltd
Knowsley Works
Green Lane
Stanley
GB-Liverpool L13 7ED

Rea ist seit 1906 als Spezialhersteller und Installationsfirma von Fenstern und Türen tätig und erhielt bereits Auszeichnungen. Seit 1974 stellt Rea auch Fenster und Türen aus kaltgeformtem Schweizer Stahlrohr her. Diese Produktionsreihe umfaßt isolierende und nicht-isolierende feuersichere Fenster sowie Stahlrahmen für Trennmauern.

Rolscreen Company / Pella Windows
Department C28B8
102 Main Street
Pella
USA-IW 50219

Hersteller von Türen, Fenstern, Wintergärten und Oberlichtern.

Tür, Fenster und Veranda Seite 71

Sahco Hesslein
Kreuzburger Straße 19
D-8500 Nürnberg 1

Dekorationsstoffe Seite 76

Sunlight UK Ltd
Unit 7c, Beta Close
Tewkesbury Business Centre
Tewkesbury
GB-Gloucester GL20 8SR

Sunlight UK Ltd gibt es seit 1980, sie stellen hochqualitative vertikale Jalousien und mit Klampen befestigte Jalousien her.

Jalousien Seite 74

Swift Blinds
Aldon Manufacturing (Huddersfield) Ltd
Aldon Works
177 Lockwood Road
GB-Huddersfield HD1 3TG

Jalousien

Technical Blinds Ltd
Old Town Lane
Wooburn Town
High Wycombe
GB-Buckinghamshire

Anfertigung der elektrischen Jalousien für das Penthouse des Architekten John Young.

Jim Thompson
Über: Hanseatisches Seidenkontor
D-2200 Elmshorn

Thai-Seide Seite 76

Varia Textile Limited
43 Acre Road
Kingston-upon-Thames
GB-Surrey KT2 6ER

Zu den Designer-Accessoires von Varia zählen Vorhangstangen und Beschläge, die es in einer Vielzahl schöner Oberflächen gibt, vom traditionellen Messing und Holz bis hin zu Art-Deco-Kupfer und Schwarz.

Vertika International Ltd
PO Box 66
Macclesfield
GB-Cheshire SK11 7PR

Jalousien

Vista Blinds Ltd
Shilton Industrial Estate
Bulkington Road
Shilton
GB-Warwickshire CV7 9QL

Jalousien

Zimmer & Rhode
Zimmermühlenweg 14-18
D-6370 Oberursel

Dekorationsstoffe Seite 76

Treppen

Albini & Fontanot SpA
Km 7, SS Rep. S. Marino
I-47040 Cerasolo Ausa

Albini & Fontanot sind schon seit vielen Jahren der führende Treppen-Hersteller; sie setzen Stahl, Holz und Polyurethan für ihre architektonischen Treppenhäuser ein.

Treppen Seite 81, 83, 84

Ron Arad
Siehe One Off Ltd

Boundary Metal
Boundary Road
Newbury
GB-Berkshire RG14 5RT

Die Angebotspalette umfaßt Treppengeländer aus Flußstahl und Schweißstahl, Zubehör für Treppen und Notausgänge mit Details in Messing oder in einer oxidierten Farbe.

Dimes SpA
Via Provinciale per Modena 49
I-41016 Novi di Modena

Der italienische Hersteller Dimes produziert seit über 25 Jahren hochqualitative Oberlichter und Treppen, insbesondere Klapptreppen, offene Wendeltreppen und Treppenhäuser im Baukastensystem.

Treppen Seite 81, 85, 86

Hewi
Heinrich Wilki GmbH
Postfach 1260
D-3548 Arolsen

Treppenlauf Seite 81

Nusteel Structures Ltd
Airport Works
Lympne, Hythe
GB-Kent CT21 4LR

Treppengeländer für John Youngs Penthouse

One Off Ltd
62 Chalk Farm Rd
GB-London NW1 8AN

Ron Arad gründete 1981 die Design-Firma One Off Ltd. Aus Stahl entwirft er Konstruktionen für Betten, Tische und Schreibtische namens »Kee-Klamp«. Arads innovative Experimente mit unterschiedlichen Materialien und seine Faszination für Metall haben zum Entwurf seiner originellen Treppen geführt.

Treppen Seite 80, 90

Heizung

Alessi F.A.O. SpA
Via Privata Alessi 6
I-28023 Crusinallo di Omegna

Alessi produziert Edelstahl mit Stil und erfreut sich eines weltweiten Rufes; ihre Produkte werden bei international bekannten Architekten und Designern in Auftrag gegeben. In keiner Designer-Küche fehlt ein Alessi-Kessel von Michael Graves oder Richard Sapper. Jetzt hat sich ihr Einfluß auch auf Kaminzubehör und Heizkörper ausgedehnt.

Kaminzubehör Seite 100

Atelier Dominique Imert Sarl
Le Fort
F-34380 Viols le Fort

»Focus« ist das Markenzeichen einer Reihe moderner Kamine mit Rauchabzügen und Schornsteinen, die in ganz Europa, in Japan und Kanada verkauft werden, meist an Architekten und Inneneinrichter.

Kamine Seite 98, 100

Avant Scène
4, Place de l'Odéon
F-75006 Paris

Avant Scène wurde 1986 im Geist eines neuen Ansatzes für Interieurs gegründet; die Möbel und Objekte werden von jungen, meist französischen Bildhauern und Künstlern entworfen, die an der »Renaissance« der Moderne teilhatten.

Kaminzubehör Seite 102

Benn Gürleyik Design Studio
Markgröninger Straße 61
D-7000 Stuttgart 40

Dieses junge, dynamische Design-Studio wartet mit einem internationalen Team auf, das Entwürfe für Kunden aus fast allen Sparten der Industrie liefert.

Ofen Seite 98

Bisque Ltd
244 Belsize Road
GB-London NW6 4BT

Bisque hat das Konzept des »Designer-Heizkörpers« erfunden, eine Heizung, die Form und Funktion kombiniert. Viele unterschiedliche Formen und Größen sind in hunderten von Farben lieferbar, einige auch mit Metallic-Oberflächen.

Heizkörper Seite 93, 96

British Coal
Hobart House
Grosvenor Place
GB-London SW1X 7AE

Moderne Kamine, die mit festen Brennstoffen gefeuert werden, von British Coal in Auftrag gegeben und von der National Fireplaces Association vertrieben werden.

Caradon Heating Ltd
PO Box 103
National Avenue
GB-Hull HU5 4JN

Caradon vertreibt seine Produkte unter der Bezeichnung Stelrad Ideal.

Heizkörper Seite 94, 95

Dimplex Heating
Manor House Avenue
Millbrook
GB-Southampton SO9 2DP

Dimplex stellt seit 1955 neue Designs in elektrischen Heizsystemen her, darunter echt wirkende Flammeneffekte, leistungsfähige Stromspeicherheizungen, Ölradiatoren sowie transportable Klimaanlagen.

Kamin Seite 102

Elgin & Hall Ltd
Adelphi House
Hunton, Bedale
GB-North Yorkshire DL8 1IY

Elgin & Hall reproduzieren berühmte historische Dekors und Kamine mit modernem Touch. Ihre elganten Kamineinfassungen sind von Ludwig XVI. inspiriert, dabei jedoch im Mattschwarz der neunziger Jahre gehalten. Sie werden in limitierten Stückzahlen für moderne Interieurs hergestellt.

Kamin Seite 101

Fondis
Z.I. de Vieux-Thann
F-68800 Thann

Der französische Hersteller Fondis ist auf interessante neue Konzepte spezialisiert und hat in den frühen achtziger Jahren als erster geschlossene Kamine entwickelt, die die Hitze besser halten. Sie produzieren auch Kamine im modernen Stil von Philippe Tailland, die neue Materialien und Designs einführen.

Philip Hearsey FCSD
Monkhall Court
Callow
GB-Hereford HR2 8DA

Philip Hearseys handgeschmiedete Entwürfe, die sowohl private Kunden als auch Firmen ansprechen, umfassen Kaminrücken, Hauben und Körbe.

Kaminaccessoires Seite 102

Infloor Heating Ltd
Spencer Street
Bognor Regis
GB-West Sussex PO21 1AL

Fußbodenheizung im Penthouse des britischen Architekten John Young.

Magnificent Marble
High Street
GB-Sutton, Surrey

Magnificent Marble stellt in ihren Werkstätten in Surrey Kamine und Öfen her, Küchenarbeitsflächen, Toilettentische sowie Badezimmer- und Wandverkleidungen in Marmor und Granit. Seit 1989 bieten sie Innenarchitekten den Komplett-Service aus Entwurf, Herstellung und Einbau.

Marimex SnC
Via Elio Vittorini 12
I-70015 Noci

Marimex ist auf Badezimmer- und Küchenausstattungen spezialisiert, die in der Provinz Bari (Süditalien) hergestellt werden. Qualität, gutes Design und innovative Technologie bei den Badezimmerarmaturen, Heizkörpern, Handtuchhaltern und Wasserhähnen vervollkommnen Bad und Küche.

Heizkörper Seite 96, 97

OWO
1, rue Amaury
F-78490 Montfort L'Amaury

Kaminböcke Seite 101

Piazetta SpA
Via Montello 22
I-31011 Asolo

Hersteller gas- und holzgefeuerter Öfen aus Keramik.

Ofen Seite 98

The Platonic Fireplace Company
Ware House
79A Blythe Road
GB-London W14 0HP

Die »Platonic Fireplace Company« verarbeitet in ihren Entwürfen für moderne Interieurs einfache geometrische Formen, die auf Kugel, Tetraeder und Kubus beruhen. Die Kamine umfassen ein hochqualitatives Gitter in Chrom und Kontrollanzeigen für Glutasche und Gas.

Kamine Seite 93, 102

Rafford Lifestyle Innovations
Madeley House
8 Packhorse Road
Gerrards Cross
GB-Buckinghamshire SL9 7QE

Der preisgekrönte Kamin von Rafford bedeutete eine Revolution im traditionellen Design. Es funktioniert nach einem ungewöhnlichen Brennstoff-Konzept, das echtes Feuer und Wärme produziert, ohne daß ein Abzug notwendig wäre.

Runtal Italia Srl
Via del Lavoro 14
I-20069 Pozzo d'Adda

Runtal Italia ist Lizenznehmer der Schweizer Gesellschaft und bietet 18 000 Heizkörpermodelle in 16 Farben in unterschiedlicher Länge, Tiefe und Breite an.

Heizkörper Seite 94, 95, 96

Stelrad Group
PC Box 103
National Avenue
Kingston-upon-Hull
GB-North Humberside

Kamine Seite 94, 95

Thermocet Heating Company BV
Zelhemseweg 20–22
PO Box 75
NL-7255 ZH Hengeb

Heizung Seite 99

Tranter Corp.
Real Fire Heating Company
Telford Way, Kettering
GB-Northants NN16 8UN

Hersteller des Heizsystems in John Youngs Penthouse.

Heizung Seite 91

Trox Brothers Ltd
Caxton Way
Thetford
GB-Norfolk IP24 3SQ

Trox Brothers produzieren Lüftungssysteme und setzen Stahl- und Kunststoffkonstruktionen für ihre Gitterflächen ein.

Vermont Castings Inc. UK
Unit 9
Prime Industrial Park
Shaftesbury Street
GB-Derby DE3 8YB

Ofen Seite 98

Zehnder-Beutler GmbH
Postfach 26
D-7630 Lahr 12

Zehnder Arcus ist ein modernes Design von Prof. Bitsch und Partner, das Heizung und Handtuchwärmer miteinander kombiniert. Es wird in unterschiedlichen Farben und Farbkombinationen, Höhen und Breiten angeboten. Arcus kann auch an schon vorhandene Zentralheizungssystem angeschlossen werden. Die Metallstreben sind horizontal angeordnet und erinnern eher an eine Leiter als an eine Heizung.

Heizkörper Seite 94, 95, 97

HERSTELLERNACHWEIS

Beleuchtung

Arteluce
Flos GmbH
Am Propsthof 94
D-5300 Bonn 1

Arteluce produziert seit der Art-Deco-Periode in den dreißiger Jahren Lampen und entwickelt neue Technologien und Materialien. Damals arbeiteten sie hauptsächlich für Hotels, Schulen, Büros und öffentliche Auftraggeber. 1974 wurde Arteluce von Flos übernommen; die Produktion wurde sowohl auf private Haushalte als auch auf Firmenbedürfnisse ausgerichtet. Heute schafft Arteluce neue Trends für anspruchsvolle Interieurs. Das Produkt-Image lautet: »Jung, aber mit Stil«.

Beleuchtung Seite 109, 116, 117, 120

Artemide
Via Bergamo 6
I-20010 Pregnana Milanese

Artemide wurde 1959 von Ernesto Gismondi gegründet und gelangte in kürzester Zeit zu Weltruhm. Das wohl bekannteste Design ist die Schreibtischlampe »Tizio«.

Beleuchtung Seite 109, 113, 120

Baldinger Architectural Lighting
Louis Baldinger & Sons Inc.
19-02 Steinway Street
Astona
USA-NY 11105

Hersteller der von Michael Graves entworfenen Beleuchtungskörper.

Beleuchtungen Seite 114, 116

Barovier & Toso Vetrerie
Art. Riunite Srl
Fondamenter Vetrai 28
I-30141 Murano

Beleuchtung Seite 115

Belux AG
Bremgartenstraße 109
CH-5610 Wohlen

Belux stellt seit den siebziger Jahren Lampen her. Zunächst entwickelten sie Beleuchtungen für Büros und Produktionsstätten, für Zeichentische und Werkbänke. Qualität und Langlebigkeit standen immer im Vordergrund, und heute wird dieser Aspekt mit der neuesten Technologie kombiniert. 1982 entwickelte Belux die erste Hängekonstruktion, »Metro«. 1989 folgte das neue Steck-Lichtsystem namens »Contacto«. 1984 veranstaltete Belux einen Design-Wettbewerb; zur Jury zählten unter anderem Achille Castiglioni, Robert und Trix Haussmann sowie Margit Weinberg-Staber. Für diesen Wettbewerb entwarf Benjamin Thut die erfolgreiche Drehlampe »Lifto«, die mit mehreren Preisen ausgezeichnet wurde.

Beleuchtung Seite 111, 118

Blauet SA (Grupo Sidi)
Aragón
333 Bajos
E-08009 Barcelona

Blauet wurde 1983 in Barcelona zur Herstellung und zum Vertrieb von Beleuchtungssystemen gegründet und hat inzwischen internationales Profil und einige Auszeichnungen für ihre Decken- und Stehlampen gewonnen.

Beleuchtung Seite 117

B LUX SA
Avda. de Xemein 19
PO Box 4
E-Markina-Bizkaia

Die spanische Firma B LUX blickt auf eine zehnjährige Erfahrung in der Herstellung und im Verkauf moderner Lampen zurück, verfügt über ein internationales Designer-Team und erhielt bereits mehrere Preise. Sie hat Niederlassungen in Deutschland, den Vereinigten Staaten, den Benelux-Ländern, in Frankreich, Italien, Japan und Skandinavien.

Busch-Jaeger Elektro GmbH
Postfach 1280
D-5880 Lüdenscheid

Busch-Jaeger ist Hersteller von Elektro-Installationen. Die GmbH besteht aus drei Produktionsstätten, neben dem Hauptsitz Lüdenscheid in Aue und in Hamm, zudem hat sie Niederlassungen in Spanien und Finnland sowie eine Produktionsanlage in Singapur. Sie stellt mehr als 6000 klassische und innovative Elektro-Produkte her.

Candela Ltd
Unit 47
Abbey Business Centre
Ingate Place
GB-London SW8 3NS

Der englische Hersteller Candela Ltd, gegründet 1982, entwirft, produziert und vertreibt die neue Lampengeneration – Niedervoltlampen, Halogenlampen, Reflektoren. Angeboten werden sowohl allgemeine als auch Spezial-Beleuchtungssysteme.

Beleuchtung Seite 110

Clipsal
Gerard Industries Pty Ltd
12 Park Terrace
AUS-Bowden 5007

Clipsal ist der führende Hersteller von Elektro-Zubehör in Ozeanien und Asien und stellt seit 1920 seine Produkte in Australien her. In England vertreiben sie eine Serie von Schaltern und Steckdosen in modischen Farben.

Zubehör Seite 114

Concord Lighting Ltd
174 High Holborn
GB-London WC1V 7AA

Concord Lighting ist der führende britische Hersteller für Ausstellungsbeleuchtung. Die Produkte werden in 65 Ländern vertrieben. Seit 1990 umfaßt das Programm auch energiesparende Beleuchtungen und Hochleistungsleuchten.

Beleuchtung Seite 107, 108, 109

Design M
Ingo Maurer GmbH
Kaiserstraße 47
D-8000 München 40

Ingo Maurer ist der bekannteste deutsche Leuchtendesigner. 1966 gründete er die Firma »Design M«.

Beleuchtung Seite 38, 109, 115, 119, 120

Ecart International
5, Rue des Grands Augustins
F-75006 Paris

Ecart, das Palindrom von *trace* (= Spur), entwickelt Andrée Putmans Devise vom Fortschritt mit dem Blick in die Vergangenheit. Sie vertreiben, neben Klassikern der Eileen Gray-Kollektion und den Fortuny-Lampen, weltweit Putmans Geschirr, Möbel, Lampen und Stoffe.

Beleuchtung Seite 105

Erco Leuchten GmbH
D-5880 Lüdenscheid

Die Firma Erco verwirklicht ihren Anspruch, nicht nur bloße Lampen, sondern Licht zu verkaufen, durch Know-how und in den Produkten selbst. Sie vertritt die Einstellung, daß Licht die vierte Dimension der Architektur ist, und hat eine Reihe von Produkten entwickelt, bei denen das Licht in seine architektonische Umgebung integriert wird.

Beleuchtung Seite 108

Estiluz SA
Ctra. Ogassa
E-17860 S. Joan de les Abadesses

Die spanische Firma Estiluz entwirft und produziert seit 1969 Halogenlampen in eigenen Produktionsbetrieben unter Zuhilfenahme auswärtiger Spezialisten. Sie vertreiben auf dem europäischen, amerikanischen und kanadischen Markt.

Beleuchtung Seite 112, 114

F. Fabbian & F.lli SnC
Via S. Brigida 50
I-31020 Castelminio Di Resana

Fabbian ist auf allen großen Märkten vertreten; die Firma expandiert unaufhaltsam. Spitzenkenntnisse im Bereich der Metall- und Glastechnologie sowie Sicherheitstests elektrischer Armaturen für die unterschiedlichen Länder ermöglichen den weltweiten Einsatz von Fabbian-Produkten. Das gute Design versteht sich von selbst.

Beleuchtung Seite 118

Flos GmbH
Am Probsthof 94
D-5300 Bonn 1

Die Firma Flos hat in den sechziger Jahren damit begonnen, Beleuchtungssysteme mit hohem Anspruch an das Design herzustellen. Sie hat dabei nicht nur die innovativen Aspekte des Designs im Auge, sondern produziert auch zeitlose Stücke – viele der 30 Modelle aus der ersten Produktion sind noch heute im Katalog zu finden und stellen damit die vergangenen Techniken unter Beweis. Flos setzt so unterschiedliche Materialien wie Marmor, Glas, Metall und Plastik ein, um der Technologie und den Sicherheitsstandards auf dem nationalen und internationalen Markt zu genügen.

Beleuchtung Seite 104, 113, 114, 119

Foscarini Murano SpA
F.ta Manin 1
I-30141 Murano

Foscarini vertritt die Devise, daß Glas sich sinnvoll zur Beleuchtung einsetzen läßt, und damit sind sie weit entfernt von der Tradition der Murano-Glasbläser, deren Schwerpunkt eher auf der Ästhetik als auf der Funktionalität lag. Ohne vergangene Traditionen wachzurufen, betont Foscarini – mit modernem Ansatz – das Know-how, das Murano allen Glasherstellern hinterlassen hat. Foscarinis Produkte folgen dem Diktum der Moderne, daß Funktionalität und Ästhetik in einer Dimension miteinander vereint werden müssen. Foscarini hat sich von einem Spezialhersteller zu einer Einrichtungsfirma für den breiten Markt entwickelt und so neue und originelle Ideen einer größeren Käuferschicht zugänglich gemacht.

Beleuchtung Seite 118

Garcia Garay SA
San Antonio 13
E-08923 Sta. Coloma Gramenet

Garcia Garay SA wurde in den achtziger Jahren in Barcelona gegründet und produziert Entwürfe von J. A. Garcia Garay und anderen Designern – meist Beleuchtung, aber auch Möbelstücke wie zum Beispiel die Tische, auf denen die Lampen stehen.

Beleuchtung Seite 110, 117, 118

iGuzzini Deutschland GmbH
Bunsenstraße 5
D-8033 Martinsried

Beleuchtung Seite 106, 108, 110, 111

Leucos Srl
Via Treviso 77
I-30037 Scorze

Leucos verwendet für seine Lampenherstellung Muranoglas. Die Produktpalette reicht von Wandleuchten über Decken- und Stehlampen bis hin zu Glaskacheln.

Beleuchtung Seite 115

Lighthouse Interiors Ltd
71 Richmond Avenue
GB-London N1 0IX

Lighthouse Interiors ist ein Beleuchtungsspezialist, dessen Lampen Käufer ansprechen, die innovative, exklusive Lampen suchen. Die Stücke werden aus Italien, Frankreich und Spanien importiert, und viele verbinden Schmiedeeisen mit Muranoglas.

Luceplan SpA
Via Bellinzona 48
I-20155 Milano

Luceplan wurde 1979 von den Architekten Riccardo Sarfatti, Sandra Severi und Paolo Rizzatto gegründet, die damals schon seit über 15 Jahren im Beleuchtungsbereich tätig waren. 1981 hat Luceplan den XI. »Compasso d'oro« für ihre innovative Lampe »D7« gewonnen. Luceplans Ziel ist es, innovative Produkte zu realisieren, die ein hohes Niveau im Design erreichen und zugleich einer großen Gruppe von Verbrauchern zugänglich sind.

Beleuchtung Seite 105, 113

Luci
Siehe Lucitalia SpA

Lucitalia SpA
Via Pelizza de Volpecto 50
I-20092 Cinisello Balsamo

Lucitalia wurde 1966 von Renato Mammani gegründet und kam in kurzer Zeit zu Weltruhm. Viele namhafte Designer liefern Entwürfe für die ausgefallenen Modelle.

Beleuchtung Seite 111, 112, 114, 115

Marset Iluminación SA
Alfonso XII 429–431
E-08912 Barcelona

Beleuchtung Seite 120

Ingo Maurer
Siehe Design M

Metalarte SA
Avda. Barcelona 4
E-08970 S. Joan Despi

Die spanische Firma Metalarte, gegründet 1932, entwickelt, produziert und vertreibt seit mehr als einem halben Jahrhundert Lichtobjekte von weltweit bekannten Designern.

Beleuchtung Seite 112, 113, 114, 117, 118

Mobles 114 SA
Enric Granados 114
E-08008 Barcelona

Dieser Hersteller von modernen Möbeln und Beleuchtung (gegründet 1978) exportiert seine Produkte nach ganz Europa, Australien, in die Vereinigten Staaten, nach Japan, Hong Kong und Taiwan. Er stellt auch Spezialanfertigungen her.

O-Luce SpA
Via Conservatorio 22
I-20122 Milano

Beleuchtung Seite 112

PAF Srl
Via Edison 118
I-20019 Settomo Milanese

Durch das strenge und innovative Design und das hochentwickelte technologische Niveau hat PAF seit 1975 ein weltweites Renommee erlangt. Mit praktischen, schönen Lampen zu vernünftigen Preisen wollen sie Designerstücke einem größeren Kundenkreis zugänglich machen.

Beleuchtung Seite 119

Sirrah Industria
Via Molino Rosso 8
I-40026 Imola

Sirrah hat mit Designern und Architekten moderne Beleuchtungssysteme für Geschäftsräume und private Haushalte entwickelt.

Beleuchtung Seite 17

Skipper
Via Serbelloni 1
I-20122 Milano

Skipper wurde 1968 gegründet und versucht, Form und Funktion miteinander zu verbinden, was ihnen durch Marktforschung und die Verbindung von gutem Design mit technischer Perfektion gelingt. Zu der Skipper-Gruppe zählen die neun Firmen Arcani, Comput, Fucina, Green, In-Dy, Horus, Maxmill, Pollux und Relasto, die alle die oben genannten Maximen vertreten. Die Skipper-Kollektionen sind das Ergebnis von Experimenten, die sich durch Materialien und Techniken nicht beschränken lassen. Neue Methoden in Verbindung mit traditionellen Materialien führen zu innovativen Formen.

Beleuchtung Seite 112

Stilnovo Srl
Via Borromini 12
I-20020 Lainate

Die innovativen Lampen von Alberto Fraser, Asahara Sigeaki und dem Designer-Trio de Pas, d'Urbino & Lomazzi setzen gewöhnliche Glühbirnen, Reflektor- und Halogenlampen ein.

Beleuchtung Seite 104, 113, 115, 118, 120

Targetti Sankey SpA
Via Pratese 164
I-50145 Firenze

Die Targetti-Gruppe setzt sich aus verschiedenen Firmen und Abteilungen zusammen und ist zur Zeit der führende Herstellung für Beleuchtungssysteme in Italien. Sie sind durch eigene Betriebe, Verkaufsstellen, Verteiler und Lizenzfirmen in der ganzen Welt vertreten. Für die Entwicklung der Lichttechnologie hat Targetti zwei Labors eingerichtet, eins für photometrische Computermessungen und das andere zu dem Zweck, die Produkte gemäß der internationalen Sicherheitsvorschriften zu testen.

Tebong
ZI Landean
F-35133 Fougères

Tebong wurde 1985 als Zusammenschluß von Pascal Bauer und Philippe Daney gegründet. Tebong ist die einzige französische Firma, die ausschließlich Möbel, Accessoires und Beleuchtung entwirft, herstellt und vertreibt.

Beleuchtung Seite 110, 115, 123, 134

Thorn Lighting Ltd
Lincoln Road
Enfield
GB-Middlesex EN1 1SB

Thorn Lighting ist der größte Beleuchtungs-Hersteller außerhalb der Vereinigten Staaten und Japan und wird in 140 Ländern von Tochtergesellschaften und Agenten vertreten. Ihre Produktion umfaßt Beleuchtungssysteme für kommerzielle, private und industrielle Bereiche, ebenso wie Flutlichtanlagen und Straßenbeleuchtung. Eine neue Entwicklung ist »Sensa«, das als das erste wirklich intelligente Licht-System in Büros gilt.

Beleuchtung Seite 109

Woka
Wolfgang Karolinsky
Singerstraße 16
A-1010 Wien

Heute ist Woka mit der Serie Woka Classic einer der autorisierten Hersteller für Lampen, die von Josef Hoffmann, Adolf Loos und anderen Architekten um die Jahrhundertwende entworfen wurden; in ihrer Art Collection vertreten sie hingegen das Ziel, futuristische Beleuchtungen für das Jahr 2000 herzustellen. Woka macht sich die moderne Kreativität zunutze, um außergewöhnliche Lampendesigns zu schaffen, die auch den Ansprüchen von Liebhabern moderner Kunst genügen.

Beleuchtung Seite 105, 116, 119, 120

Stauraum

Alchimia Trade
Via Cappuccio 14
I-20123 Milano

Die Mailänder Firma Alchimia revolutioniert alltägliche Dinge, indem sie Gegenstände wie Fernseher und Stereoanlagen in runden Raumkapseln unterbringt und alte Veredelungstechniken wiederaufleben läßt, zum Beispiel die Wasserlackierung, die mit der Hand aufgetragen wird und ökologisch unbedenklich ist (erhältlich in der Serie »Ollo«).

Arc Linea Arredamenti SpA
Via Pasubio 50
I-36030 Caldogno

Die italienische Firma Arc Linea stellt seit 1960 Möbel für Einbauküchen, Wohnzimmer und Büros her, die von den besten italienischen Möbeldesignern entworfen werden: Carlo Bartoli, Antonio Citterio, Roberto Pamio.

Stauraum Seite 128, 130, 133

Artespana Empresa Nacional
de Artespana
Vélaquez 140
E-28006 Madrid
Spanien

Regalsystem Seite 132

Atrium
Siehe Cattelan

Bd-Ediciones de diseño SA
291 Mallorca
E-09037 Barcelona

Bd-Ediciones de diseno SA wurde 1972 in Barcelona von einigen Architekten und Designern unter der Leitung von Xavier Carulla mit dem Ziel gegründet, völlig unabhängig Möbel und Accessoires herzustellen. Die Firma repliziert historische Stücke wie die Türbeschläge von Gaudí aus dem Jahr 1914; sie entwirft daneben zeitgenössische Designs in Zusammenarbeit mit internationalen Architekten. Bd-Ediciones arbeitet mit verschiedenen Industriezweigen zusammen und ihre Technologie reicht von rein künstlerischen Techniken wie in der Gaudí-Serie bis hin zu hochmechanisierten Prozessen.

Regalsystem Seite 132

Bonomi Design Ltd
Imperial Works
Perren Street
GB-London NW5 3ED

Regalsysteme

Cattelan Italia SpA
Via Pilastri 15
I-36010 Carre

Die Familie Cattelan ist schon seit Generationen in der Möbelherstellung tätig, und Cattelan SpA wurde zu Beginn der achtziger Jahre von Giorgio Cattelan gegründet. Marmor ist das wichtigste Material bei ihren Entwürfen, aber auch Glas und Holz finden immer mehr Verwendung. Die Kollektion umfaßt Tische, Stühle und Spiegel.

Ständer Seite 134

Diseño y Forma SA
63 Rda. Gral. Mitre
E-08017 Barcelona

Dieser innovative spanische Möbelhersteller gibt Arbeiten bei internationalen Designern in Auftrag.

Driade SpA
Via Padana Inferiore 12
I-29012 Fossadello di Caorso

Driade ist ein italienischer Hersteller, dessen Möbel seit der Firmengründung 1968 von einer durchgängigen Linie bestimmt werden, wie das Schranksystem von Antonia Astori, die Wandeinheiten »Oikos«, die Küchenschränke »Driade Chef«, die Büromöbel »Kaos« und auch die individuellen Einzelstücke, die als Kollektionen zusammengestellt werden. Die Produkte werden weltweit vertrieben.

Seite 123, 126, 130, 131

HERSTELLERNACHWEIS

Enea (Grupo Sidi)
Pol. Industrial
E-20052 Legorreta (Guipuzcoa)

Enea produziert variable Stausysteme von Wand zu Wand und Boden zu Decke aus festem, aber leichtem Aluminium, das sich in erster Linie für die private Einrichtung eignet.

Seite 126, 127

Fornasetti Srl
c/o Immaginazione Srl
Via Brera 16
I-20121 Milano

Die Mailänder Firma Fornasetti besteht schon seit vielen Jahren und führt die Produktion der Möbel und Ausstattung weiter, die der *trompe-l'oeil*-Kunsttischler Piero Fornasetti schon in den fünfziger Jahren entwickelt hat. Die Firma gibt sich einen künstlerischen Anstrich, und ihre handgearbeiteten Produkte werden in limitierter Stückzahl hergestellt.

Stauraum Seite 132

Interlübke GmbH & Co. KG
Ringstraße 145
Postfach 1660
D-4840 Rheda-Wiedenbrück

Mit der Einführung des 61 cm tiefen Schrankwand-Programms vor 20 Jahren hat Interlübke konventionelle Vorstellungen von Stauraum auf den Kopf gestellt. Dazu gehören Standardgerüste, die durch Hänge-, Falt- oder Schiebetüren ergänzt werden und so jedem Bedürfnis gerecht werden können.

Seite 123, 127, 128, 131

Inno-Tuote Oy
Merikatu 1
SF-00140 Helsinki

Die finnische Firma Inno produziert seit 1975 Inneneinrichtungen wie Möbel, Lampen, Kleiderständer, Papierkörbe, Beschläge und Badezimmerausstattung. Ihr Image lautet »herb, aber klassisch«, da ein zu raffinierter Umgang mit Materialien und Design leicht in Kitsch abrutschen kann. Bei diesen zukunftsweisenden Stücken tritt High-Touch an Stelle von High-Tech.

Stauraum Seite 134

IVM SpA
Via C. Cattaneo 90
I-20035 Lissone

IVM, gegründet 1950, glaubt an den Massenvertrieb von Industrieprodukten. Die gegenwärtige Produktion von Haus- und Bürogegenständen entspricht dieser Philosophie ohne jeden Formalismus, und ihr Design ist eher industriell als ästhetisch.

Klaus Block
Sieglindenstraße 5
D-1000 Berlin 41

Klaus Blocks Möbelstücke entstehen am Rande seiner Arbeit als Architekt. Er entwirft sie, und ein Freund von ihm, der Kunsttischler ist, stellt die Prototypen her. Diese werden dann auf Messen und Ausstellungen in Deutschland, Europa und Japan geschickt. Wenn die Stücke zurückkommen, werden sie auf den Markt gebracht.

Aktenschrank Seite 133

Marais International
16 Avenue Victoria
F-45001 Paris

Regalsysteme Seite 125, 127

Memphis Srl
Via Olivetti 9
I-20010 Pregnana Milanese

Memphis ist die einflußreiche Designer-Gruppe, die 1981 von Ettore Sottsass gegründet wurde. Von Anfang an hat Memphis die Prinzipien, auf denen das sogenannte moderne Design beruht, in Frage gestellt und ist so zu einem fast mythischen Symbol des New Design geworden. Memphis-Designstücke stehen in Museen und werden bis heute noch als Auftragsarbeiten angefertigt.

Mobles 114 SA
Enric Granados 114
E-08008 Barcelona

Dieser Hersteller von modernen Möbeln und Beleuchtung (gegründet 1978) exportiert seine Produkte nach ganz Europa, Australien, in die Vereinigten Staaten, nach Japan, Hong Kong und Taiwan. Er stellt auch Spezialanfertigungen her.

Muurame Oy
SF-15860 Hollola 2

Muurames Produktion besteht hauptsächlich aus Schranksystemen für private und öffentliche Räume, die über ausgezeichnete Möbelhäuser vertrieben und vor allem in die Vereinigten Staaten, nach Skandinavien und nach Belgien exportiert werden.

Stauraum Seite 133

Carl F. Petersen
G1 Koegevej 65
DK-2500 Valby

Hängeleiste Seite 134

Rexite SpA
Via Edison 7
I-20090 Cusago

Die 1968 in Cusago bei Mailand gegründete Firma Rexite stellt moderne Büro- und Privatausstattungen nach Entwürfen der Architekten Raul Barbieri, Giorgio Marianelli, Giotto Stoppino, Gabriella Montaguti und Kuno Prey her. Die Schranksysteme aus Aluminium wurden bei internationalen Wettbewerben ausgezeichnet.

Rosenthal Einrichtung
Wittelsbacher Straße 43
Postfach 1520
D-8672 Selb

Rosenthal-Möbel definieren sich durch ihr funktionales und ästhetisches Design. Drei Themen bestimmen die Grenzen des Möbelprogramms: sie sollen der Gastfreundlichkeit dienen, funktionales Design mit künstlerischem Ausdruck verbinden und sowohl zum Arbeiten als auch zum Leben dienen. Der italienische Künstler Marcello Morandini hat ein Schranksystem entwickelt, das einem konstruktivistischen Gemälde ähnelt.

Seite 124, 133

Saporiti Italia
Via Gallarate 23
I-21010 Besnate / Varese

Saporiti Italia ist eine der führenden Firmen im Bereich des modernen Designs und der Dekoration und hat ein großes Einrichtungs-Angebot für Privathäuser, öffentliche Räume, Theater, Banken, Hotels, Restaurants, Schiffe, Verwaltungs- und Konferenzräume. Seit 1945 haben Sergio und Giorgio Saporiti mit Unterstützung begabter Architekten Meilensteine in der Geschichte modernen Wohnens gesetzt, und Regalsysteme sind eines ihrer Produkte.

William Sawaya & Paolo Moroni
Via Manzoni 11
I-20121 Milano

Die Firma wurde 1984 in Mailand von den Inneneinrichtern William Sawaya und Paolo Moroni gegründet. Ihre Produktion beruht auf modernem Design mit unterschiedlichen kulturellen Hintergründen und verschiedenen Design-Konzepten. Das erklärt den individuellen Charakter jedes ihrer Stücke. Die Produktion konzentriert sich auf Möbel – Sofas, Tische, Stühle, Regale – und kleine Wohnaccessoires.

Regal Seite 132

SCP Ltd
135-139 Curtain Road
GB-London EC2A 3BX

SCP sind an Großbritanniens Wiedereinstieg in den internationalen Möbelmarkt beteiligt; sie machten 1980 mit dem Vertrieb von originalen Klassikern aus den dreißiger Jahren den Anfang. Heute geben sie Designs bei Matthew Hilton, Jasper Morrison und Nigel Coates in Auftrag. Die Firmenpolitik besteht in einer langfristigen Zusammenarbeit mit einigen wenigen Designern.

Skipper
Via Serbelloni 1
I-20122 Milano

Skipper wurde 1968 gegründet und versucht, Form und Funktion miteinander zu verbinden, was ihnen durch Marktforschung und die Verbindung von gutem Design mit technischer Perfektion gelingt. Zu der Skipper-Gruppe zählen die neun Firmen Arcani, Comput, Fucina, Green, In-Dy, Horus, Maxmill, Pollux und Relasto, die alle die oben genannten Maximen vertreten. Die Skipper-Kollektionen sind das Ergebnis von Experimenten, die sich durch Materialien und Techniken nicht beschränken lassen. Neue Methoden in Verbindung mit traditionellen Materialien führen zu innovativen Formen.

Regal Seite 125

Tebong
ZI Landean
F-35133 Fougères

Tebong wurde 1985 als Zusammenschluß von Pascal Bauer und Philippe Daney gegründet. Tebong ist die einzige französische Firma, die ausschließlich Möbel, Accessoires und Beleuchtung entwirft, herstellt und vertreibt.

Stauraum Seite 123, 134

Tecta Möbel
D-3471 Lauenförde

Tecta stellt neben modernen Möbeln wie den Schranksystemen und dem »Küchenbaum« von Stefan Wewerka auch die Bauhaus-Klassiker her.

Stauraum Seite 126

Tonelli Srl
Via della Produzione 61
I-61025 Montelabate (PS)

Regale Seite 124, 125

Tressera Design
Freixa 42
E-08021 Barcelona

Tressera hat die Einbau-Konstruktionen für den Film »Batman« entworfen. Die Firma gewinnt regelmäßig internationale Preise für ihre Designs und die Qualität ihrer Arbeiten. Das Material, das sie einsetzt, ist im wesentlichen Walnußfurnier, das mit verschiedenen hellen und dunklen Firnissen überzogen und mit Intarsien versehen ist, die die Oberfläche perfektionieren und die Qualität der Stücke ins Licht setzen.

Stauraum Seite 133

Zanotta SpA
Via Vittorio Veneto 57
I-20054 Nova Milanese

Zanotta ist einer der renommiertesten italienischen Möbelhersteller, dessen Möbel von weltbekannten italienischen Architekten entworfen werden. Achille Castiglioni ist einer der Stars. Seine beweglichen Wandschirme und Drehstühle bieten mobile funktionale Alternativen zu fixierten, konventionellen Konstruktionen.

Regalsystem Seite 125

Zerodisegno-Quattrocchio Srl
Via Isonzo 51
I-15100 Alessandria

Quattrocchio ist eigentlich eine Fahrradfirma, die 1919 in Italien gegründet wurde und sich dann der Entwicklung von Modulsystemen für Schränke zugewandt hat. Zu ihrem Programm gehört auch eine Kollektion freistehender Schranksysteme.

Ständer Seite 134

Bäder

Agape Srl
Via Ploner 2
I-46038 Frassino

Agape produziert und vertreibt seit 1973 Badezimmer-Ausstattungen. Ihre Produkte zeichnen sich durch das Design und die Qualität der Oberflächen ihrer Waschbecken und Badezimmeraccessoires aus, wie in den Spiegeln mit eingebauten Halogenlampen und Dimmern.

Accessoires Seite 147, 150

Albatros System SpA
Zona Industriale del Cosa 3
I-33097 Spilimbergo

Albatros hat ein Bade-Konzept mit integrierter Wassermassage entwickelt. Die sicheren und zuverlässigen Systeme, die in ergonomisch angepaßte, farbige Badewannen eingesetzt werden, erobern allmählich den Markt. Zur Ausstattung gehören Sprühsysteme auf dem Boden des Minipools und Raffinessen wie Unterwasserbeleuchtung und verschiedene Wassermassageköpfe.

Aloys F. Dornbracht GmbH & Co. KG
Postfach 1454
D-5860 Iserlohn

Die Firma Dornbracht ist weltweit bekannt für ihre designorientierten Armaturen. Sie kombiniert bei der Produktion ihrer Badezimmer-Armaturen europäisches Design mit deutscher Qualitätsarbeit, Präzision und Technik. Seit mehr als fünfzig Jahren hat Dornbracht die Standards für Messingarmaturen im Badezimmer gesetzt.

Badezimmer-Zubehör Seite 136, 137, 148, 149

American Standard
Department MET
PO Box 6820
Piscataway, New Jersey
USA 08855

Armaturen

Aqualisa Products Ltd
The Flyer's Way
Westerham
GB-Kent TN16 1DE

Duschen

Friedrich Grohe AG
Hauptstraße 137
D-5870 Hemer

Armaturen Seite 168

Barovier & Toso Vetrerie
Art. Riunite Srl
Fondamenter Vetrai 28
I-30141 Murano

Badezimmerspiegel Seite 150

Børma
C. N. Børma AS
Chr. Nielsens Ven 3
Post Box 279
DK-8700 Horsens

Badausstattung Seite 148

Carrara & Matta SpA
Via O. Vigliani 24
I-10135 Torino

Carrara & Matta SpA, gegründet 1940, ist ein führender Hersteller für Badezimmer-Accessoires und -Einrichtung aus Plastik sowie Duschvorhänge und -stangen. Qualität und Design bestimmen die Richtlinien von Carrara & Matta.

Ceramica Facis SpA
Via Sassacci 17
I-01033 Civita Castellana

Ceramica Facis, gegründet 1952, stellt handwerkliches Können an erste Stelle, ohne dabei jedoch die Entwicklung moderner Technologien zu vernachlässigen. Der Bildhauer France Valeri arbeitet an der Badezimmerzubehör-Serie, das die Firma als ständiges Forschungsprojekt in Sachen Industriedesign ansieht.

Cesame SpA
Zona Industriale/2a Strada
Casella Postale 179
I-95100 Catania

Cesame gehört zu den ersten Badezimmerherstellern, die die Produktion von Schamotte umgestellt hat in eine Kaolinmischung – aus britischem Kaolin und Lehm –, die ähnlich ist wie Porzellan. Weltweit vertreiben sie zwei Serien: In der einen nutzen sie die Faszination für keramisches Kunsthandwerk, in der anderen vertreten sie seit 1966 Emaillierungen.

Cesana SpA
Via Dalmazia 3
I-20059 Vimercate

Cesana war 1965 noch ein Familienunternehmen, das Spiegel- und Glaswaren herstellte. Inzwischen stellen vier Werke über 5000 verschiedene Formen von Duschkabinen aus Glas her; Cesana hat einen Rekord im Bereich der Badezimmerarmaturen erreicht. Sie haben ein Armatursystem mit Mischbatterie in der Säule der Duschkabine untergebracht.

Armaturen Seite 144

Comex
Via 4 Novembre 42
I-25064 Gussago-Brescia

Comex ist der führende italienische Hersteller für Badezimmerausstattungen in Messing, die in den Vereinigten Staaten, Kanada und Japan vertrieben werden. Die gesamte Ausstattung, vom Handtuchhalter bis zu den Spiegeln, von den Regalsets bis hin zu den Badezimmerschränken, sind aus solidem Messing mit einer Schutzschicht aus Lack.

Czech and Speake
39c Jermyn street
GB-London SW1Y 6DN

Bekannter Badezimmerausstatter mit einem großen Angebot an edwardianischen Mischhähnen, die zur Zeit eine neue Blüte in modernen Interieurs erleben, wie in John Youngs Thamesreach Penthouse.

Daryl Industries Ltd
Alfred Road
Wallasey
GB-Wirral L44 7HY

Daryl hat sich seit 1967 einen Ruf für Innovationen und Qualität im Bereich der Badezimmer-Armaturen gemacht; sie führten Neuigkeiten ein, die heute zur Standardausstattung zählen. Daryl eloxiert die Aluminiumrahmen der Duschtüren und Trennwände und verwendet nur gesintertes Glas, das sich für die Massageduschen und Dampfsysteme eignet. Die verstellbaren Wände lassen sich perfekt auch in Dachschrägen einpassen. Alle Duschwände lassen sich von links und von rechts einsetzen, die Installation ist einfach. Sie können aus einem großen Angebot an Rahmen mit verschiedenen Oberflächen und Glasarten wählen.

Duschen Seite 140, 144, 145

Duravit AG
Werderstraße 36
D-7746 Hornberg

Duravit wurde 1817 als Steingut-Fabrik im Schwarzwald gegründet, und heute präsentieren sie ihre Design-Serie »Dellarco« mit Badezimmerzubehör von Sanitäranlagen aus Keramik bis hin zu Badezimmeraccessoires. Sie sind der drittgrößte Hersteller von Badezimmerausstattungen in Keramik und kombinieren die alte Kunst des Töpferns mit den Ansprüchen der Fabrikproduktion.

Armaturen Seite 139, 147

Ecart International
5, Rue des Grands Augustins
F-75006 Paris

Ecart, das Palindrom von »trace« (= Spur), entwickelt Andrée Putmans Devise vom Fortschritt mit dem Blick in die Vergangenheit. Die Firma vertreibt, neben Klassikern der Eileen Gray-Kollektion und den Fortuny-Lampen, weltweit Putmans Geschirr, Möbel, Lampen, Stoffe sowie Badezimmeraccessoires.

Elkay Way International Ltd
GB-Halstead, Essex

Edelstahlarmaturen für Badezimmer, wie in John Youngs Thamesreach Apartment.

FIR Rubinetterie SpA
Via M. Gioia 64
I-20125 Milano

FIR Rubinetterie, gegründet in den späten fünfziger Jahren, stellt traditionelle Wasserhähne her, in den meisten Fällen für den weltweiten Export. Seit 1970 haben sie ihre Produkt-Palette komplett umgestellt und konzentrieren sich jetzt darauf, »Top-Qualität, Designer-Hähne und farbige Wasserhähne« zu produzieren. Ständige Forschung garantiert die neueste Technik sowie effektive und langlebige Produkte.

GEC Anderson Ltd
89 Hurkorner Road
GB-Bushey Hertfordshire

Sanitäranlagen aus Edelstahl wurden in dem Thamesreach Penthouse von John Young eingesetzt.

Gruppo Metals
Siehe Rubinetteria F.lli Fantini

Gruppo Novellini
Via della Stazione 2
I-46030 Romanore Borgoforte

Novellini kombiniert italienisches Design mit europäischen Qualitätsansprüchen und ist ein führender Hersteller für Duschwände und Badezimmerzubehör aus beschichtetem Sicherheitsglas und für Whirlpools in Acryl. Sie haben ein weit gestreutes Vertriebsnetz.

Badewannen Seite 142

Handles and Fittings Ltd
Unit 1A, Hazelwood Court
Hazelwood Lane
GB-London N13 5EY

Handles & Fittings Ltd sind Spezialisten für Beschläge und haben drei Serien moderner Türausstattungen auf den Markt gebracht. Diese wurde durch eine Badezimmerausstattung, elektrische Accessoires, Türstopper und Schlösser ergänzt, die alle exklusiv für sie in England hergestellt werden.

Inno-Tuote Oy
Merikatu 1
SF-00140 Helsinki

Die finnische Firma Inno produziert seit 1975 Inneneinrichtungen wie Möbel, Lampen, Kleiderständer, Papierkörbe, Beschläge und Badezimmerausstattung. Ihr Image lautet »herb, aber klassisch«, da ein zu raffinierter Umgang mit Materialien und Design leicht in Kitsch abrutschen kann. Bei diesen zukunftsweisenden Stücken tritt High-Touch an Stelle von High-Tech.

Accessoires Seite 150

Kartell SpA
Via delle Industrie 1
I-20082 Noviglio

Kartell wurde in den fünfziger Jahren gegründet und ist heute der führende Hersteller von Plastikmöbeln. Die Firma arbeitet mit international bekannten Designern zusammen, dazu gehört auch Matteo Thun mit seiner Spiegelkollektion.

Spiegel Seite 150

Milldue Arredi SpA
Via Balegante 7
I-31039 Riese Pio X

Milldue ist Spezialist in der Badezimmerproduktion und wurde 1977 gegründet. Sie hatten von Anfang an das Ziel, erstklassige Designs zu produzieren, ohne dabei die Kosten für den Kunden aus dem Auge zu verlieren. Sie verarbeiten Walnuß, Polyester, Lack und Ahorn; Arbeitsflächen gibt es in Polyesterlack, Marmor und Granit.

Badezimmerausstattung Seite 139

HERSTELLERNACHWEIS

Keramik Laufen
Sinterit
D-5431 Weroth

Laufen ist einer der führenden europäischen Keramikhersteller mit Produktionsstätten in der ganzen Welt. Sie vertreten die Devise von Qualität, Funktionalität und Design in ihrer gesamten Produkt-Palette, darunter auch Badezimmerzubehör, Wand- und Bodenkacheln, Geschirr, Schornsteine, Isoliervorrichtungen und Dachziegel. Ihre neuestes Design von F. A. Porsche, Waschbecken, Toilette und Bidet, bildet eine Einheit. Die Komponenten können nach Baukastensystem miteinander kombiniert werden.

Armaturen Seite 141, 145

Original Bathrooms Ltd
143-145 Kew Road
Richmond upon Thames
GB-Surrey TW9 2PN

Original Bathrooms hat einen Stammbaum, der bis zum »Original Pedestal Washdown Closet« von 1890 zurückgeht. Dieses Familienunternehmen bietet Design und Installation an, wie es auch für Küchen üblich ist.

Carl F. Petersen
G1 Koegevej 65
DK-2500 Valby

Die dänische Firma Carl F. Petersen stellt hochqualitative Produkte aus Edelstahl oder poliertem Messing her.

Badezimmerzubehör Seite 150

Rapsel SpA
Via Volta 13
I-20019 Settimo Milanese

Rapsel hat in den siebziger Jahren zunächst Textilien auf den Markt gebracht, dann Badezimmerzubehör mit Vola-Wasserhähnen aus Skandinavien. Danach haben sie Designs für Badewannen und Waschbekken in Auftrag gegeben, die zu den stromlinigen Wasserhähnen passen sollten. Das führte zu dem »Waschmobil« von Berger & Stahl, zu »Euclid« von Finn Skoedt, 1985 kam Philippe Starcks Waschbecken, dann »Rapsody« von Berger & Stahl und 1990 »Pan« von Turi & Gagliardi.

Badezimmerausstattungen Seite 139, 147, 150

Rubinetteria F.lli Fantini
Via Buonarotti 4
I-Pella Novara

Rubinetteria F.lli Fantini stellt die Entwürfe von Gruppo Metals her.

Armaturen Seite 148, 149

Rubinetteria M & Z
Via Casale 37
I-28010 Bolzano Novarese

Rubinetteria M & Z ist Hersteller von Sanitäranlagen mit über 20 Jahren Erfahrung. Sie produzieren Badezimmer- und Küchenwasserhähne in unterschiedlichen Farben und Überzügen nach Entwürfen von weltberühmten Designern.

Badezimmerhähne Seite 149

Rubinetterie Teorema SpA
Via XX Settembre 120
I-25020 Flero

Teorema hat seinen Hauptsitz in einer norditalienischen Gegend, die seit dem Mittelalter für Metallarbeiten bekannt ist. Teorema verbindet in seinen Wasserhähnen diese historische Tradition mit modernem italienischen Design.

Wasserhähne Seite 148, 149

Rubinetterie Toscane Ponsi
Via Volta 2
I-55049 Viareggio

Dieser Hersteller ist bekannt für technische Innovationen in der Produktion von Wasserhähnen. Ponsi entwirft und produziert seit 1935 Wasserhähne und Badezimmerzubehör. Die Produktion ist in der Toskana angesiedelt, vom Gießen bis hin zum Vertrieb. Die Firma legt großen Wert auf Ästhetik, Qualität und Zuverlässigkeit.

Wasserhahn Seite 149

Schmidt-Lackner-Design
Marktplatz 2
D-6900 Heidelberg

Das formelle Badezimmer ist ausgestattet mit verspielten und dennoch funktionalen Accessoires, zum Beispiel mit Griffen und auswechselbaren Ringen, mit denen man die Farben an den Wasserhähnen ab und zu verändern kann.

Armaturen Seite 149

Société André
24, Rue de Colmar
F-94170 Le Perreaux

Société André stellt Badezimmerzubehör her, darunter auch Andrée Putmans Waschbekken, das sie in Zusammenarbeit mit »Ecart« entworfen hat, einer Firma für Inneneinrichtung, die sie 1978 gegründet hat. Société Andrés Individualität, die sie in Frankreich und den Vereinigten Staaten berühmt gemacht hat, beruht auf Nüchternheit und Strenge. Ihr Ziel ist ein Interieur, das durch klare Linien und Harmonie des Materials beherrscht wird und modern, aber dennoch zeitlos wirkt. Die Produktionslinie von Société André setzt auf die so moderne »Flexibilität«, wodurch das Zubehör sich sowohl in ein privates Badezimmer als auch in einen öffentlichen Raum einsetzen läßt, wie es im amerikanischen Morgan Hotel der Fall ist.

Armaturen Seite 137

Spordoni Nuova Ceramica
Via Germanico 203
I-00192 Roma

Hersteller von Sanitäranlagen in gläsernem Porzellan, dessen Badezimmer einschließlich Bidet, Waschbecken und Toilette sowohl freistehend als auch eingepaßt lieferbar ist.

StudioLine
Via Torricelli 16
I-Fontane die Villorba

SudioLines Angebot an zusätzlichen Accessoires in vielen Materialien von Keramik über Metall bis hin zu Holz ermöglicht eine große Auswahl für jedes Badezimmer, so daß der Raum optimal genutzt werden kann.

Armaturen Seite 150

Svedbergs
1/2 Sandown Centre
Whitehorse Business Park
Trowbridge
GB-Wiltshire BA14 0XD

Svedbergs beherrscht den skandinavischen Markt und bietet ein komplettes Angebot mit Badewanne, Dusche, Waschbecken und Toilette sowie Spezialanfertigungen wie Whirlpools und Toilettentische oder auch Deckenkacheln mit eingebauten Lautsprechern und Halogenlampen.

Deckenlautsprecher Seite 28

Toni Armatur A/S
DK-Rodovre

Dänemark ist auf dem Markt der Badezimmerausstattung eine ernstzunehmende Konkurrenz für die italienischen Firmen.

Wasserhahn Seite 149

Toscoquattro Srl
Via P. Calamandrei sn
I-51031 Agliana

Die Produkte von Toscoquattro sind sehr vielseitig, sie reichen von Badezimmerschränken in massivem Holz mit Marmorflächen bis hin zu vielen Accessoires. Eine sorgfältige Auswahl der Materialien und das interessante Design haben der Firma seit ihrer Gründung 1980 einen guten Ruf in Japan, Kanada und ganz Europa verliehen.

Villeroy & Boch AG
Rotensteiner Weg
D-6640 Merzig

Villeroy & Boch stellen seit 250 Jahren feine Keramik her. Sie bieten eine Reihe effizienter Küchenbecken an, in denen sie modernes Design mit höchster Qualität in Keramik oder neuen synthetischen Materialien kombinieren. Ihre Waschbecken haben alle erdenklichen Größen und Formen und lassen sich so in alle Ecken einbauen.

Vola
I. P. Lund Trading ApS
Axel Kiers Vej 12
DK-8270 Hojbjerg

Vola-Wasserhähne, die in Dänemark hergestellt werden, sind ein Meilenstein im modernen Architekturdesign. Die einzigartige Kombination gekonnten Designs und feinen Handwerks wurde durch die Einführung des Vola-Designs Wirklichkeit. Es wurde 1968 von einem der weltweit führenden Architekten, Professor Arne Jacobsen, entwickelt. Heute gibt es Vola in der ganzen Welt.

Seite 147, 148

Küchen

AEG Haushaltsgeräte
Muggenhoferstraße 135
D-8500 Nürnberg 80

AEG arbeitet seit Ende des letzten Jahrhunderts mit den neuesten Technologien, um Haushaltsgeräte zu entwickeln – Herde, Spülmaschinen, Waschmaschinen und Trockner, Kühlschränke, Staubsauger und Dunstabzughauben. AEG ist um ökologisch sparsame Produkte bemüht und vertritt seit 1979 eine Politik, die »die Umwelt durch Technologie« zu retten versucht.

Alessi F.A.O. SpA
Via Privata Alessi 6
I-28023 Crusinallo di Omegna

Alessi produziert Edelstahl mit Stil und verfügt über einen weltweiten Ruf; ihre Produkte werden bei international bekannten Architekten und Designern in Auftrag gegeben. In keiner Designer-Küche fehlt ein Alessi-Kessel von Michael Graves oder Richard Sapper.

Küchenzubehör Seite 154

Allmilmö-Milewski
Möbelwerk Zeil KG
Obere Altach 1
D-8729 Zeil am Main

Küche Seite 158

Alno Möbelwerke GmbH & Co. KG
Heiligenbergerstraße 47
D-7798 Pfullendorf

Alno stellt seit 1930 Küchen in Holz – massive Eiche oder eine moderne Laminatkombination – oder mit einer Hochglanzoberfläche her, die in einem breiten Angebot von traditionellen Fronten bis hin zu stromlinienförmiger Modernität erhältlich sind. Alno ist der größte Küchenhersteller Europas und bevorzugt Materialien, die recycelt werden können. Sie verwenden nur einheimisches Holz.

Seite 153, 159, 160

Ariston
Siehe Merloni

Avonite
Sylmar Technology Ltd
10 Alderman's Hill
Palmers Green
GB-London N13 4PJ

Spülen Seite 166, 167

Blanco GmbH & Co
Postfach 11 60
D-7519 Oberderdingen 1

Seit mehr als 40 Jahren stellt Blanco hochqualitative Spülbecken und Haushaltsgeräte her. In eigenen Labors werden neue Materialien entwickelt.

Spülen Seite 167, 168

Boffi Arredamento Cucina SpA
Via Oberdan 70
I-20030 Lentate sul Seveso

Boffi Arredamento Cucina sind für ihr Küchen-Design weltweit bekannt – in erster Linie durch Stücke, die sie auf der Triennale, im New Yorker Museum of Modern Art und bei der Expo 85 in Tsukuba (Japan) ausgestellt haben. Seit 1940 haben sie mehrere Innovationen eingeführt: die ersten farbigen Polyester-Türbezüge, die erste Tür ohne Griff und die erste Tür mit vertikal gesetzten Holzstreifen.

Küchen Seite 161, 164

Robert Bosch Haushaltsgeräte GmbH
Hochstraße 17
D-8000 München 80

Bosch Haushaltsgeräte sind in der ganzen Welt vertreten. Die Firma kann sich rühmen, funktionales Küchendesign und neueste Technologie zu kombinieren. Erhältlich ist eine Vielzahl von eleganten Fronten, Schranktypen und Oberflächen; so werden individuelle Küchen geschaffen. Eine Bosch-Küche umfaßt Spülmaschine, Kühlschrank, Herd und Waschmaschine.

Küche Seite 163

Bulthaup GmbH & Co.
Systemmöbel Industrie
D-8318 Aich

Der Name Bulthaup ist international bekannt für erstklassiges Design und innovative Technologie in der Küche, die Produkte sind mit vielen Preisen ausgezeichnet. Fast 150 Farben und eine Vielzahl an Laminatoberflächen werden eingesetzt. Ausstellungsräume von Bulthaup finden sich in allen größeren europäischen Städten.

Küchen Seite 154, 165

Ciatti SpA
Via Valentini 8/D
I-50047 Prato

Ciatti, ein führender Hersteller von erstklassigen, sich gegenseitig ergänzenden Küchenmöbeln, ist bekannt für sein innovatives Design und seine Vielseitigkeit. Italienische Landmöbel werden in heller, leichter Birke neu interpretiert. Kräftige, aber elegante Stühle und Hokker setzen einen Akzent in dem revolutionären freistehenden System »Axis« für die kleine Küche.

Dacor
950 South Avenue
Pasadena
USA-CA 91109

Dacor ist Hersteller hochqualitativer, innovativer Haushaltsgeräte und Dunstabzugshauben.

Herd Seite 164

Ecart International
5, Rue des Grands Augustins
F-75006 Paris

Ecart, das Palindrom von *trace* (= Spur), entwickelt Andrée Putmans Devise vom Fortschritt mit dem Blick in die Vergangenheit. Sie vertreiben, neben Klassikern der Eileen Gray-Kollektion und den Fortuny-Lampen, weltweit Putmans Geschirr, Möbel, Lampen und Stoffe.

Küche Seite 158

Effeti SpA
Via B. Cellini 174
I-50028 Tavarnelle V.P.

Küchen von Effeti garantieren eine solide Inneneinrichtung feinster toskanischer Tradition, die das Design und den innovativen Stil auszeichnet. So werden ungünstig geschnittene Ecken mit speziell angepaßten Herden ausgestattet.

Küche Seite 156

F.lli Ferretti de Ferretto
Via Volterrana 60
I-56033 Capannoli

Küchen Seite 157, 162, 167

Franke AG
CH-4663 Aaburg

Die Schweizer Firma Franke ist weltweit einer der führenden Hersteller von Waschbecken, Wasserhähnen und Herden. Ihre Kücheneinrichtung ist bei Spezialisten, aber auch in Kaufhäusern erhältlich.

Waschbecken Seite 166, 167

I. P. Lund Trading APS
Axel Kiers Vej 12
DK-8270 Hoejbjerg

Vola-Wasserhähne, die in Dänemark hergestellt werden, sind ein Meilenstein im modernen Architekturdesign. Die einzigartige Kombination gekonnten Designs und feinen Handwerks wurden durch die Einführung des Vola-Designs Wirklichkeit. Es wurde 1968 von einem der weltweit führenden Architekten, Professor Arne Jacobsen, entwickelt. Heute gibt es Vola in der ganzen Welt.

Wasserhahn Seite 168

Magnificent Marble
High Street
GB-Sutton, Surrey

Die Firma Magnificent Marble stellt in ihren Werkstätten in Surrey Kamine und Öfen her, Küchenarbeitsflächen, Toilettentische und Badezimmer- und Wandpanellierungen in Marmor und Granit. Seit 1989 bieten sie Innnenarchitekten Design, Herstellung und Einbau an.

Merloni Domestic Applicances Ltd
Merloni House
20 Kennet Road
Crayford
GB-Kent DA1 4QN

Merloni vertritt zwei Marken, Ariston und Indesit. Indesit ist die zuverlässliche, erschwingliche Marke, Ariston die innovative und extravagante.

Kücheneinrichtung Seite 163

Miele & Cie.
Carl-Miele-Straße
D-4830 Gütersloh

Miele stellt Küchengeräte her, die als Rolls Royce auf Haushaltsebene bezeichnet werden; seit den siebziger Jahren produzieren sie auch Schränke und Ausstattungen. Heute steht der Name Miele als Synonym für Qualitätsküchen in der ganzen Welt. Ihr Design und ihre Produktionstechnologie finden in einer großen Auswahl an Küchen in Holz, Laminat, Lack- und Hochglanzoberflächen ihren Ausdruck, und sie bieten Architekten einen Service, der Design, Kalkulation und Installation umfaßt.

Neff GmbH
Silcher Weg 1
D-7518 Bretten

Küchenzubehör Seite 162, 163, 165

Pegler Ltd
St Catherine's Avenue
Doncaster
GB-South Yorkshire DN4 8DF

Wasserhähne Seite 168

Philips Deutschland GmbH
Steindamm 94
D-2000 Hamburg 1

Elektrogeräte Seite 162, 164

Poggenpohl
Möbelwerke GmbH & Co.
Postfach 2455
D-4900 Herford

Poggenpohl stellt seit über hundert Jahren Küchen her. Obwohl der Produktionsprozeß viele Veränderungen durchlaufen hat, ist ihr Ziel dasselbe geblieben: Die erstklassige Qualität und die Präzision ihrer spezialangefertigten Küchen werden mit modernem Design und höchster Funktionalität kombiniert. Über viele Jahrzehnte hat Poggenpohl sich in über 40 Ländern einen renommierten Namen gemacht.

Seite 155, 156, 157, 160, 161, 162

Salima/Tecnoarredo Srl
Via Mazzini 154
I-Chiusi Scalo

Salima hat das Ziel, einen hochqualitativen Markt zu begründen. Sie wollen den Wünschen ihrer Kunden genügen, ohne in die Massenproduktion zu gehen. Salima schafft es, in drei Tagen ein Design als Auftragsarbeit anzufertigen. Ihre Designs können in Ausstellungsräumen besichtigt werden.

Küchen Seite 160, 165

Scavolini SpA
Via Risara 60/70
I-61025 Montelabbate

Scavolini, ein führender italienischer Küchenhersteller, beliefert mit wachsendem Erfolg Kunden in der ganzen Welt. Ihre warmen und doch rationalen Küchen präsentieren das Beste, was italienisches Design zu bieten hat. Präzision in Planung und Marketing garantieren dem Kunden besten Service.

Siematic-Möbelwerke GmbH & Co.
August-Siekmann-Straße 1–5
D-4972 Löhne

Siematic, seit 1930 Hersteller von Küchen und Badezimmern, war unter den wachsamen Augen seines Gründers August Siekmann für viele Neuerungen in diesem Bereich verantwortlich. Ihre 34 Serien, die in ganz Europa und den Vereinigten Staaten vertrieben werden, bieten Hochglanzlackoberflächen, die mit Armaturen aus poliertem Chrom oder Messing kombiniert werden. Sie sind in kräftigen Farben lieferbar (Siematic hat ein leuchtendes Rot für die Serien 2002G, 400RG und 9009PF eingeführt).

Küchen Seite 155, 157, 161, 167

Siemens Elektrogeräte GmbH
Hochstraße 17
D-8000 München 80

Küchengeräte Seite 162

Smallbone & Co (Devizes) Ltd
Hopton Industrial Estate
London Road
Devizes
GB-Wiltshire SN10 2EU

Smallbone ist eine führende englische Designer-Firma für Küchen und verfügt über ein großes Programm an spezialangefertigten Küchen, die in ihrer Werkstatt in Wiltshire handgearbeitet werden. Sie haben gebleichte und gekalkte Holzoberflächen wiedereingeführt, und in ihrem Repertoire befinden sich moderne Küchen mit handbemalten Küchenmöbeln.

Smeg SpA
Via Circonvallazione Nord 36
I-42016 Guastalla

Die Entwicklung elektrischer Haushaltsgeräte in den letzten 35 Jahren, von den ersten Gasherden bis hin zu den modernsten Elektroöfen, hat Smeg an die vorderste Front der Herdhersteller sowohl in Italien als auch in der ganzen Welt gebracht. Seit 1970 verfolgt die Firma eine Politik der Innovation auf allen Gebieten elektrischer Haushaltsgeräte und hat eine Reihe von sowohl eingebauten als auch freistehenden Geräten auf den Markt gebracht, die nicht nur technologisch perfekt, sondern auch ästhetisch ansprechend sind.

Haushaltsgeräte Seite 162, 165

Strato SnC
di Marco Gorini e C
Via Nationale 65
I-23012 Castione Sondrio

Strato wurde 1987 von Marco Gorini & Gianna Farina gegründet.

Küchen Seite 153, 155, 161

Tantofex Ltd
Birches Industrial Estate
Imberhorne Lane
East Grinstead
GB-West Sussex RH19 1XG

Wasserhähne Seite 168

Tielsa Deutschland
Postfach 3620
D-4902 Bad Salzufflen

Tielsa gehört zur Wellmann GmbH, Europas größtem Küchenhersteller, und ist für den innovativen Einsatz ungewöhnlicher Materialien bekannt. Sie bieten 73 verschiedene Küchen-Designs in Laminat, Lack, Eiche, Kiefer und Ahorn an.

Villeroy & Boch AG
Vertrieb Bereich Küche
Rotensteiner Weg
D-6640 Merzig

Villeroy & Boch stellen seit 250 Jahren feine Keramik her. Sie bieten eine Reihe effizienter Küchenbecken an, in denen sie modernes Design mit höchster Qualität in Keramik oder neuen synthetischen Materialien kombinieren. Ihre Waschbecken haben alle erdenklichen Größen und Formen und lassen sich so in alle Ecken einbauen.

Waschbecken Seite 166, 168

Woodstock Furniture Limited
23 Pakenham Street
GB-London WC1X 0LB

Woodstock verarbeitet nur Harthölzer aus gemäßigten Klimazonen; die angestellten Tischler bauen jeden Schrank von Grund auf, meist Kombinationen aus fertigen und spezialangefertigten Stücken.

Küche Seite 154

Zanussi Elektrogeräte GmbH
Rennbahnstraße 72/74
D-6000 Frankfurt 73

Zanussi, Teil der Gruppe Electrolux, ist einer der führenden europäischen Hersteller von Spülen und Haushaltsgeräten und in allen europäischen Ländern bekannt. Design und Innovation sind die grundlegenden Mittel einer Strategie, die den Bedürfnissen der europäischen Kunden genügen will. Die Kollektion »Wizard« ist in Mattschwarz gehalten und hat internationale Preise eingebracht.

Haushaltsgeräte Seite 152, 162

Architekten und Designer

Tadao Ando Architect and Associates
5-23 Toyosaki 2
Chome Osadu-Ku
Japan 531

Architektur

Armstrong Associates
2 Hinde Street
GB-London W1 5RN

Architektur

Aukett Ltd
Albert Bridge House
127 Albert Bridge Road
GB-London SW11 4PL

Architektur

Pierre d'Avoine Architects
Tapestry Court
Mortlake High Street
GB-London SW14 8HJ

Architektur

Albert Bardawil
6-28 Hyde Park Gardens
GB-London W2 2NB

Architektur

Cecilia & Ottorino Berselli
Via Luzzago 6
I-Brescia

Architektur

Ron Brinkers & d'Soto
Engine Room
Spring House
10 Spring Place
GB-London NW5 3BH

Architektur

Butler & Radice
X Warehouse
Metropolitan Wharf
Wapping Wall
GB-London E1

Architektur

Michael Carapettan
c/o Jake George
Flat 8
1 Linden Garden
GB-London W2 4HA

Architektur

Gianfranco Cavaglia
Via Giolitti N. 11
I-19123 Turin

Architektur

Chassay Last Architects
90 Westbourne Terrace
GB-London W2 6QE

Architektur

David Chipperfield Associates
1a Cobham Mews
Agar Grove
GB-London NW1 9SB

Architektur

David Connor
Plato Place
72 Dionis Road
GB-London SW6 4TU

Architektur

Jo Crepain
De Pretlann 3
B-Kapellen 2080

Architektur

Gary Cunningham Architects
2700 Fairmount/200
Dallas
Texas 75201
USA

Architektur

Lynn Davis Architects
13 Harnet Street
Sandwich
GB-Kent CT13 9ES

Architektur

DIN Associates Ltd
Design Consultants
6 South Lambeth Place
GB-London SW8 1SP

Architektur/Design

Studio Epton
Via Cernaia 1
I-10121 Torino

Architektur

Luigi Ferrario
Via Castelfidardo 10
I-20100 Milano

Architektur

Frank Fitzgibbons
443 South Pedro
Los Angeles
CA 90013
USA

Architektur

Steven Forman Architect
160 East 48th Street
Studio 12-0
New York, NY 10017
USA

Architektur

Future Systems
27 Whitfield Street
GB-London W1P 5RB

Architektur

Alexander Gorlin
380 Lafayette Street
New York
NY 10003
USA

Architektur

Michael Graves
341 Nassau Street
Princeton
New Jersey 08540
USA

Architektur

Gwathmey Siegel & Associates
475 Tenth Avenue
New York
NY 10018
USA

Architektur

Steven Holls Architects
133 West 19th Street
New York
NY 10011
USA

Architektur

Michael Hopkins & Partners
27 Broadley Terrace
GB-London NW1 6LG

Architektur

Arata Isozaki & Associates
6-14 Akasaku 9
Chome Minato-Ku
Tokyo
Japan

Architektur

Franklin D. Israel
1375 Summit Ridge Place
Beverly Hills
Los Angeles CA
USA

Architektur

Charles & Maggie Jencks
Architects
19 Lansdowne Walk
Holland Park
GB-London W11

Architektur

Eva Jiricna Architects
7 Dering Street
GB-London W1R 9AB

Architektur

Jan Kaplicky
27 Whitfield Street
GB-London W1P 5RB

Architektur

Ben Kelly
10 Stoney Street
GB-London SE1 9AD

Architektur

McBride and Associates
560 Broadway, Suite 501
New York, NY 10012
USA

Architektur

Vico Magistretti
Via Conservatorio 20
I-20121 Milano

Architektur/Design

Javier Mariscal
Calle Pellaires 30-33
E-08019 Barcelona

Architektur/Design

Stefano de Martino Architects
26 Roupell Street
GB-London SE1 8TB

Architektur

Rick Mather Architects
123 Camden High Street
GB-London NW1

Architektur

Munkenbeck & Marshall Architects
113-117 Farringdon Road
GB-London EC1R

Architektur

One Off Ltd
62 Chalk Farm Road
GB-London NW1 8AN

Architektur

Outram Cullinan & Co Ltd
Kings Buildings
Smith Square
GB-London SW1

Architektur

John Pawson
77 Bond Street
GB-London W1Y 9DB

Architektur

Powell-Tuck Associates
Plato Place
72 Dionis Road
GB-London SW6 4TU

Architektur

Sergio Puente
Calle del Carmen 34
Colonia San Benabe
Ocotepei
Magdalena Cantreras
Mexico DF 10300

Architektur

Andrée Putman
Ecart
111, rue Saint Antoine
F-75004 Paris

Architektur/Design

Richard Rogers Partnership Ltd
Thames Wharf Studio
Rainville Road
GB-London W6 9HA

Architektur

Michael Russum
Birds, Portchmouth, Russum
Shoreditch Studio
44-46 Scruton Street
GB-London EC2A 4HH

Architektur

Charles Rutherfoord
51 The Chase
GB-London SW4 0NP

Architektur

Claudio Silvestrin
Studio 42
69 Chancery Lane
GB-London WC2A 1AF

Architektur

Stanton Williams
Studio 9A
17 Honeage Street
GB-London E1

Architektur

Philippe Starck
Rue de Dion, Monfort-l'amoury
F-78490 Paris

Architektur/Design

Jaime Tressera Clapés
C/Freixa, 42
E-08021 Barcelona

Design

Charles van den Hove
155 Rue Saint-Pierre
B-4000 Liège

Architektur

Von Gerkan, Marg und Partner
Elbchaussee 139
D-2000 Hamburg 50

Architektur

Andreas Weber
Nymphenburger Straße 79
D-8000 München 19

Architektur

David Wild Design & Build
44 Rochester Place
GB-London NW1

Architektur

Peter Wilson
Studio 3
5 Thurloe Square
GB-London SW7

Architektur

Chassay Wright
Chassay Architects
90 Westbourne Terrace
GB-London W2 6QE

Architektur

John Young Architect
c/o Richard Rogers
Partnership Ltd
Rainville Road
Thames Wharf
GB-London W6 9HA

Architektur

EINKAUFSFÜHRER

Die folgende Adressenliste erhebt keinen Anspruch auf Vollständigkeit, sondern enthält lediglich Vorschläge. Veröffentlichung der Adressen mit freundlicher Genehmigung der Zeitschrift Ambiente.

Bei Redaktionsschluß waren die neuen Postleitzahlen noch nicht bekannt. Bitte verwenden Sie bei schriftlichen Anfragen die neuen Postleitzahlen; das gilt ebenso für die Adressen der deutschen Hersteller.

Basel

Area AG
Steinenvorstadt 11
CH-4051 Basel

Möbel und Accessoires von Bauhaus-Klassikern bis zur Avantgarde; alte amerikanische Quilts; zeitgenössische Bilder und Grafiken; eigenes Inneneinrichtungsteam und Nähatelier; Designgalerie; Vorträge und Ausstellungen.

Domizil
Marc Stutzer
Inneneinrichtungen
Elisabethstraße 19
CH-4052 Basel

Zeitgenösisches Design und Reeditionen der klassischen Moderne; aktuelles Vollsortiment; Accessoires; eigene Entwürfe.

Minimal Showroom
Dufourstraße 7
CH-1452 Basel

»Schlichte, frische und vernünftige Möbel«; Unikate und Kleinserien; eigene Entwürfe; jährlich eine Designausstellung.

Wohnbedarf AG
Aeschenvorstadt 48
CH-4001 Basel

Bauhaus-Möbel; Stoffe; Leuchten; hauseigenes Innenarchitekturbüro mit Fachschreinerei; Präsentation junger, noch unbekannter Designer in verschiedenen Ausstellungen.

Berlin

Art + Industrie
Bleibtreustraße 40
D-1000 Berlin 12

Antiquitäten und Industriedesign des 20. Jahrhunderts.

Deplana
Mommsenstraße 71
D-1000 Berlin 12

Modern-avantgardistisches Design; Möbel; Office; Küche; Leuchten; Glas; Ausstellungen.

Depot
Bleibtreustraße 48
D-1000 Berlin 12

Büroeinrichtungen; Leuchten; Accessoires; französische Tischwäsche; Silber.

Dopo Domani
Pariser Straße 54
D-1000 Berlin 15

Avantgarde-Design; Beratungsbüro für Innenausbau.

Freilicht!
Suarezstraße 43
D-1000 Berlin 19

Klassisches und modernes Lichtdesign; Planung und Installation von Lichtanlagen.

Galerie Extra
Bleibtreustraße 41
D-1000 Berlin 12

Architekten- und Designerentwürfe von 1920 bis 1970; skandinavischer Silberschmuck von Hans Hansen und Georg Jensen; Beratung für Objekt-Sammeln; Ausstellungen.

Galerie Weinand
Oranienplatz 5
D-1000 Berlin 36

Internationales Avantgarde-Design der 80er Jahre; Möbel, Objekte, Prototypen, Teppiche, eigene Entwürfe von Inhaber und Designer Herbert J. Weinand; mindestens vier Ausstellungen pro Jahr im Grenzbereich Kunst-Design.

Kontor
Potsdamerstraße 93
D-1000 Berlin 30

Modernes Design; Büromöbel; Teppiche; Porzellan; Accessoires; kleine Ausstellungen.

Kusian
Blankestraße 4
D-1000 Berlin 51

Klassische Moderne; Vollsortiment inklusive Stoffe, Teppiche, Porzellan, Accessoires, Bilder, Skulpturen; alle drei Monate Ausstellungen mit Gegenwartskunst in eigener Galerie.

Lammfromm & Vogel
Bayreuther Straße 36
D-1000 Berlin 30

Extravagante Stoffe; große Auswahl antiker Kelims; Sonderanfertigung von Teppichen und Bettdecken; hauseigenes Nähatelier mit Polsterei.

Modus
Wielandstraße 27/28
D-1000 Berlin 15

Modernes europäisches Design, zeitgenössische Wohnkultur; Möbel; Leuchten; Stoffe; Teppiche; Porzellan; Glas; Accessoires; zahlreiche Veranstaltungen; Ausstellungen junger Künstler.

Raab Einrichtungshaus
Carl-Schulz-Straße 53
D-1000 Berlin 20

Moderne Klassik und Gegenwartsdesign; Wohn-, Büro- und Gartenmöbel; Leuchten; Stoffe; Teppiche; Planung und Einbau; eigene Entwürfe; Ausstellungen von Designern und Designergruppen; Galerie für moderne Kunst.

Schneller Wohnen
Pohlstraße 58
D-1000 Berlin 30

Klassische und designorientierte Möbelkollektion; Objektberatungen.

Simpson's
Wilmersdorferstraße 74
D-1000 Berlin 12

Dekorative Raumgestaltung; Möbel; Antiquitäten; Leuchten; Stoffe; Teppiche; Accessoires; ausgefallene Verpackungen.

Untermann
Nürnberger Straße 18
D-1000 Berlin 30

Teppiche; persische Kelims; Stoffe, Tapeten; Möbel; Leuchten; Accessoires; eigenes Planungsbüro; Nähatelier und Polsterei.

Düsseldorf

Bel et Bon
Bastionstraße 10
D-4000 Düsseldorf 1

Dekorationen im Landhausstil; alte Kelims; Kolonialmöbel aus Korb; Sonderanfertigungen; Tisch-, Raum- und Fensterdekorationen; Eigenfabrikationen aus Stoffen.

Einrichtungshaus Berges
Flingerstraße 11
D-4000 Düsseldorf

Klassisch-moderne Kollektionen; avantgardistische Möbel und eigene Teppichentwürfe; Planung von Inneinrichtungen; Ausstellungen neuer Objekte und junger Designer.

Fausel, Biskamp
Kasernenstraße 6
D-4000 Düsseldorf 1

Exklusive Inneneinrichtungen, Planung und Ausführung, Zusammenarbeit mit namhaften Architekten und Designern.

Galerie D-Signers
Sonderburgstraße 1a
D-4000 Düsseldorf 11

Avantgardistische Design- und Kunstobjekte; eigenes Planungsbüro; Ausstellungen und Ausstellungsorganisation.

Hee Wohnen &
Hee
Projektpartner
Friedrich-Ebert-Straße 3–33
D-4000 Düsseldorf

Italienische Kollektionen; Möbelklassiker; Designausstellungen; Büro- und Objektbereich.

Licht im Raum
Graf-Adolf-Straße 49
D-4000 Düsseldorf

Internationales Lichtdesign; eigene Entwürfe von Niedervoltsystemen; Lichtsteuerungsplanung und Installation; Ausstellungen mit Vorträgen von Designern und Architekten.

Made in
Heinrich-Heine-Allee 19
D-4000 Düsseldorf

Internationales Avantgarde-Design; Reeditionen von modernen Klassikern; Einrichtungsplanung; Projektkoordinierung; Sonderanfertigungen; Ausstellungen im Grenzbereich zwischen Kunst und Design.

Magazin
Berliner Allee 15
D-4000 Düsseldorf 1

Avantgardistisches, aber gebrauchswertorientiertes Design; eigene Entwürfe.

Rincklake van Endert
Schadow Platz 3–5
D-4000 Düsseldorf

Klassische, moderne Kollektionen; individuelle Planung von Innenausbauten; hauseigene Werkstatt und Polsterei mit Nähatelier.

Tecno Deutschland
Friedrich-Ebert-Straße 9
D-4000 Düsseldorf

Innovative, klassisch-moderne Office-Kollektionen; Leuchten; Möbel; Teppiche; Accessoires; Editionsmöbel von Ricardo Bofill; eigene Entwürfe; komplette Innengestaltung.

Tecta Einrichtungshaus
Kreuzstraße 20
D-4000 Düsseldorf 1

Klassisch-modernes Design; Avantgarde; Anfertigungen eigener Entwürfe nach Kundenwunsch; Ausstellungen junger Künstler; komplette Einrichtungsplanung; Möbel; Leuchten; Teppiche; Stoffe; Porzellan; Glas; Accessoires.

Und
Hüttenstraße 40
D-4000 Düsseldorf

Designgalerie für avantgardistisches und ökologisches Design; individuelle Beratung und Anfertigungen für den Wohn- und Officebereich; Design-Ausstellungen; Designmanagement.

Wolf Schäfer
Bastionstraße 10
D-4000 Düsseldorf 1

Dekorative Living-Art; originelle Einrichtungsideen aus der ganzen Welt; Schmuckkollektionen; ausgefallene Schaufenstergestaltung.

Frankfurt/Main

Art to Use
Eschersheimer Landstraße 57
D-6000 Frankfurt 1

Designgalerie für avantgardistische Möbel- und Wohnobjekte; Prototypen und Unikate für Sammler; Beratung für Innenarchitektur; Ausstellungen.

Hans Frick Inneneinrichtungen
Goethestraße 19
D-6000 Frankfurt 1

Moderne Klassiker; italienische und internationale Avantgarde; Möbel; Leuchten; Accessoires; eigenes Planungsbüro.

Leptien 3
Stephanstraße 1–3
D-6000 Frankfurt 1

Italienische Möbelkollektionen; Bauhausklassiker; Avantgarde-Objekte; innenarchitektonische Ausbauten; Ausstellungen.

Neuhaus Einrichtungen
Hanauer Landstraße 139–145
D-6000 Frankfurt

Zeitgenössische Design-objekte; avantgardistische Möbel; innenarchitektonische Konzepte; Design-Ausstellungen.

Pur Pur
Deutschherrnufer 32
D-6000 Frankfurt 70

Italienisches Design; serielle Avantgarde; Innenarchitektur für Privat- und Objektbereich; Ausstellungen.

Vitsoe-Design
Kaiserhofstraße 10
D-6000 Frankfurt 1

Funktionale Designentwürfe; Einzel- und Büromöbel; Beratung und Entwürfe von Objekteinrichtungen; Ausstellungen.

WK-Spezial
Neue Mainzer Straße 20
D-6000 Frankfurt 1

WK-Einrichtungshaus mit klassisch-modernen bis eleganten Möbelkollektionen; Gesamtplanung für den Wohnbereich; Design-Ausstellungen.

Hamburg

Aida
Magdalenenstraße 18
D-2000 Hamburg 13

Avantgarde-Design; Wohn-, Büro- und Küchenmöbel; Leuchten; Stoffe; Teppiche; Porzellan; Glas; Accessoires; Planungsbüro; Ausstellungen.

Atelier für Design
Dorotheenstraße 103
D-2000 Hamburg 60

Klassisch-moderne Möbelkollektionen vor allem italienischer Hersteller; Büro-, Küchen- und Gartenmöbel; Leuchten; Stoffe; Accessoires; eigene Entwürfe; Ausstellungen.

Beckmann
Klosterstern 4
D-2000 Hamburg 13

Moderne Möbel-Kollektionen; Büro- und Gartenmöbel; Leuchten; Stoffe; anatolische Kelims; Geschirr; Bistroglas; Accessoires; Einzelobjekte junger Designer; eigene Entwürfe.

Bornhold
Neuer Wall 70-82
D-2000 Hamburg 36

Klassisch-moderne Stilrichtung; Büro- und Gartenmöbel; Leuchten; Stoffe; Accessoires; eigene Entwürfe; Planungsbüro mit Tischlerei; Ausstellungen.

Clic Inneneinrichtung
Neuer Wall 69
D-2000 Hamburg 36

Klassisch-moderne italienische Möbel und funktionelles Design; Leuchten; Stoffe; Accessoires; Büro-, Küchen- und Gartenmöbel; eigene Entwürfe; Planungsbüro für Innenausbau; Ausstellungen.

Freistil
Gertigstraße 13
D-2000 Hamburg

Möbel, Leuchten und Gebrauchsdesign des 20. Jahrhunderts; amerikanische Kühlschränke und Toaster der Fifties; selbstentworfene Stahlmöbel der Besitzerin Birgit Leffers.

Gärtner
Große Bleichen 23–27
D-2000 Hamburg

Internationale Kollektionen; überwiegend klassisch-moderne Büromöbel; Designer-Accessoires; Leuchten; Stoffe; Entwurf und Gestaltung von Privat- und Objekteinrichtungen.

Home
An der Alster 72
D-2000 Hamburg 1

Trend-Dekorationen; Accessoires; Kleinmöbel; Stoffe; Glas; Antiquitäten; Einrichtungsberatung; eigene Entwürfe; Ausstellungen.

Kayenburg Linear
Einrichtungen
Osterfeldstraße 6
D-2000 Hamburg 54

Überregionle Planung und Realisierung von »Arbeitswelten«; eigene Entwürfe; Büromöbel; Leuchten; Stoffe; Teppiche; Bestell-Versand.

Magazin
Dorotheenstraße 53
D-2000 Hamburg 60

Klassisch-moderne Möbelkollektionen; Büroeinrichtungen, Accessoires; Leuchten; Geschenk- und Deco-Artikel; eigene Entwürfe; Planungsbüro; Objekteinrichtungen; Lichtkonzepte.

Marktex
Neuer Wall 63
D-2000 Hamburg 36

Marktex-Kollektionen; Ausstellungen; Gesamteinrichtung und Bauleitung.

Möbel Perdu
Fettstraße 7a
D-2000 Hamburg 36

Galerie für Architektur, Design und Kunst; deutsche und internationale Avantgarde der 80er Jahre; Möbel; Leuchten; Kristall; Keramik; Accessoires; Unikate; Prototypen; Kleinserien; Ausstellungen zwischen Kunst und Design; eigene Entwürfe.

Naefke & Co.
Eppendorfer Landstraße 60
D-2000 Hamburg 20

Modernes Design und Avantgarde; Einzelmöbel; Leuchten; Stoffe; Teppiche; Porzellan; Glas; Accessoires; Beratung.

Rosenthal Studio-Haus
Neuer Wall 22
D-2000 Hamburg 36

Einzelmöbel; Tischkultur; Leuchten; Teppiche; Ausstellungen.

Stil Novo
Bogenstraße 5
D-2000 Hamburg 13

Unikate und Möbelklassiker der 30er bis 50er Jahre; Büromöbel; Leuchten; Porzellan; Accessoires; antike Möbel und Objekte; Bestell-Versand; Ausstellungen.

Wichers
Mittelweg 162
D-2000 Hamburg 13

Klassisch-modernes und avantgardistisches Design; Wohn-, Büro- und Gartenmöbel; Leuchten; Stoffe; Teppiche; Glas; alte Kelims; Künstler- und Möbelobjekte; Ausstellungen.

Köln

Abitare
Auf dem Berlich 3-5
D-5000 Köln 1

Italienisches Design; avantgardistische Objekte; Ausstellungen.

Absolut
Apostelnstraße 24
D-5000 Köln 1

Funktionelles und avantgardistische Design; Büro- und Gartenmöbel; Leuchten; Stoffe; Accessoires; eigene Entwürfe; Planungsbüro; Ausstellungen.

Beleuchtungshaus Remagen
Neumarkt 35–37
D-5000 Köln 1

Leuchten-Vollsortiment, klassisch bis modern; Halogen- und Außenleuchten; Energiespar-Techniken; Planungsbüro für Privat- und Objektbereich; Sonderanfertigungen; Ausstellungsforum.

Casa Bella
Brüsseler Straße 17
D-5000 Köln 1

Modernes Wohn-Design; italienische Möbel-Kollektionen; Leuchten; Stoffe; Accessoires; Architekturbüro; Konzeption und Gestaltung von Inneneinrichtungen; eigene Entwürfe.

Ligne Roset
Hohenstaufenring 57
D-5000 Köln 1

Modernes bis avantgardistisches Design; Möbel; Büromöbel; Teppiche; Leuchten; innenarchitektonische Beratung; Ausstellungen.

Magazin
Luxemburgerstraße 48-58
D-5000 Köln 1

Funktionelles, modernes Design; italienische Einzelmöbel; Leuchten; Accessoires; Katalogversand.

May Raum-Design
Friesenstraße 5–15
D-5000 Köln 1

Reeditionen von Möbel-Klassikern; Avantgarde-Möbel; italienische Kollektionen; Konzepte für den Wohn- und Arbeitsbereich; eigene Schreinerei und Polsterei; Ausstellungen.

Museum + Design
Kurt-Hackenberg-Platz 1
D-5000 Köln 1

Industriedesign; Unikate; Möbel-Klassiker.

Pesch-Wohnen
Kaiser-Wilhelm-Ring 22
D-5000 Köln 1

Modernes Design; Möbel; Textilien; Leuchten; Büro-, Küchen- und Gartenmöbel; Porzellan; Glas; Teppiche; eigene Entwürfe; Ausstellungen.

Rick Mulligan
Hohenstaufenring 48
D-5000 Köln 1

Klassisch-moderne Einzelmöbel; eigenes Nähatelier; Planungsbüro für komplette Inneneinrichtung.

München

Atelier Pilati
Amiraplatz 3
D-8000 München 2

Dekorative Einrichtungen; Leuchten; Stoffe; Teppiche; Wohn-Accessoires; eigene Entwürfe; Ausstellungen.

Cardiac Designhaus
Tal 67
D-8000 München 2

Zeitgemäße avantgrdistische Entwürfe; Designobjekte weltbekannter Designer und Architekten; eigene Entwürfe.

Casa Möbel
Leopoldstraße 121
D-8000 München 40

Bauhaus bis internationale Avantgarde; italienisches Design; eigenes Architekturbüro; Ausstellungen.

Designfunktion
Schleißheimer Straße 141
D-8000 München 40

Klassisch-moderne Büromöbel für Privat- und Objektbereich; Leuchten; Stoffe; Teppiche; Accessoires; Planung; Ausstellungen.

Die Einrichtung
Brienner Straße 12 /
Wittelsbacher Platz 1
D-8000 München 2

Inneneinrichtung von klassisch über modern bis Landhaus-Stil; eigene Kollektion; innenarchitektonische Gestaltung; Ausstellungen.

Die gute Form
Ludwigstraße 6
D-8000 München 2

Modernes Design; Schwerpunkt Leuchten; Büro- und Küchenmöbel; Accessoires; Beleuchtungskonzeptionen.

Ecco
Leopoldstraße 145
D-8000 München 40

Modernes Wohndesign und funktionelle Objekte; Ausstellungen.

Focus Einrichtungen
Leopoldstraße 87
D-8000 München 40

Klassisch-moderne Kollektionen; avantgardistisches Design; komplette Inneneinrichtungen; Ausstellungen.

Form im Raum
Maximilianstraße 25
D-8000 München 22

Klassisch-modernes Wohndesign; internationale Kollektionen; Möbel; Leuchten; Stoffe; Accessoires; Anfertigung individueller Einzelstücke; Ausstellungen.

Gert M. Weber
Feilitzschstraße 24–26
D-8000 München 40

Eigene Entwürfe in klassisch-modernen Stil; Ausstellungen.

Magazin
Rumfordstraße 3
D-8000 München 5

Modernes funktionelles Design; Wohn-, Büro- und Küchenmöbel; Leuchten; Teppiche; Accessoires.

Rom Galleria
Reichenbachstraße 24
D-8000 München 5

Avantgardistisches und modernes Design; Eigenentwürfe; Vernissagen.

Steininger Wohndesign
Nymphenburger Straße 58–60
D-8000 München 2

Zeitgemäßes Interior-Design; komplette Privat- und Objekteinrichtungen; Designer-Ausstellungen.

Tecno
Lenbachplatz 4
D-8000 München 2

Klassisch-moderne Bürokollektionen; Leuchten; Accessoires.

Thimian Einrichtung
Müllerstraße 3
D-8000 München 5

Avantgardistisches Design; Bauhaus-Klassiker; Büromöbel; Leuchten; eigene Entwürfe; Ausstellungen.

Wunderhaus
Feringastraße 4
D-8043 München-Unterföhring

Exklusive und avantgardistische Einrichtungs- und Designobjekte; eigene Entwürfe der Architektin und Designerin Anna Golin; eigenes Planungsbüro mit Werkstatt; Ausstellungen.

Wien

Barwig
Neulerchenfelderstraße 42
A-1160 Wien

Klassisch-moderne Möbel-Kollektionen; Küchen- und Glasmöbel; eigene Entwürfe; Planungsbüro; Ausstellungen.

Castelli
Kanne Gasse 8
A-1150 Wien

Moderne Büro- und Objekteinrichtung; Leuchten; Stoffe; Planungsbüro; Ausstellungen.

Design Rampf
Kinderspitalgasse 3
A-1090 Wien

Modernes Leuchtendesign; Kleinmöbel; Accessoires; eigene Entwürfe; Planungsbüro; Bestell-Versand; Ausstellungen.

Die Kommode
Lerchenfelderstraße 12
A-1080 Wien

Zeitgenössisches, avantgardistisches Design; ausgefallene Möbelkollektionen; Eigenentwürfe; Design-Ausstellungen.

Frech & Co
Himmelpfortgasse 20
A-1010 Wien

Klassisch-moderne Inneneinrichtungen; Leuchten; Stoffe; Sonderanfertigungen; Ausstellungen.

Henn
Naglergasse 29
A-1010 Wien

Modernes Möbeldesign; Leuchten; Stoffe; Planungsbüro; Ausstellungen; Bestell-Versand.

Hitzinger & Hitzinger
Ungargasse 59–61
A-1030 Wien

Modernes und klassisches Interieur; Möbel; Leuchten; Stoffe; Tapeten; eigene Werkstatt; Ausstellungen.

Johann Backhausen & Söhne
Kärntnerstraße 33
A-1010 Wien

Kunst- und designorientierte Wohntextilien; Designer-Teppiche; eigene Stoffentwürfe; Planungsbüro; Ausstellungen.

Menchini
Längenfeldgasse 3
A-1120 Wien

Modern-klassische Möbel-Kollektionen; Leuchten; Stoffe; eigene Entwürfe; Bestell-Versand; Ausstellungen.

Thonet
Kohlmarkt 6
A-1010 Wien

Showroom für das Thonet-Programm; klassisch-moderne Leuchten; Stoffe; Teppiche; Bestell-Versand.

Wolfgang Bischof
Judenplatz 6
A-1010 Wien

Klassisch-moderne italienische Möbelkollektionen; Wohn-, Büro- und Gartenmöbel; Leuchten; Stoffe; Teppiche; Ausstellungen; Bestell-Versand.

Zürich

Container
Oetenbachgasse 26
CH-8001 Zürich

Hauptsächlich Accessoires; eigene Entwürfe; Ausstellungen.

Fredy Fritz
Froschaugasse 5
CH-8001 Zürich

Möbel von Art déco bis Avantgarde; eigene Entwürfe; Design-Ausstellungen.

Mobitare
Wohnland/Hochbord
CH-8000 Zürich

Avantgardistisches Design aus Italien und Spanien.

Schöner Wohnen Haus
Weinbergstraße 65
CH-8006 Zürich

Klassische Moderne und Avantgarde; Gesamtplanung für Häuser und Inneneinrichtungen; Ausstellungen.

Walter Haas
Trittligasse 24
CH-8001 Zürich

Originalmöbel und Sammlerstücke des 20. Jahrhunderts.

Wohnflex
Asylstraße 68
CH-8032 Zürich

Reeditionen von Bauhaus-Möbeln; Avantgarde-Design.

Zingg-Lamprecht AG
Am Stampfenbachplatz
CH-8006 Zürich

Internationales Möbeldesign; Sonderausstellungen neuer Kollektionen.

REGISTER

REGISTER

BIBLIOGRAPHIE

Calloway, Stephen
Raumdesign
Wohnen im 20. Jahrhundert
Busse und Seewald, 1991

Coad, Emma Dent
Spanish Design and
Architecture
Studio Vista, 1990

Collins, Michael
Design und Postmoderne
Droemer, 1990

Ambiente
Euro Design Guide
Ein Führer durch die Designer-
szene von A–Z
Heyne, 1992

Frampton, Kenneth
Die Architektur der Moderne
Eine kritische Baugeschichte
Deutsche Verlags-Anstalt, 1983

Glancey, Jonathan
Die neue Moderne
Wohnen in den 90er Jahren
Mosaik Verlag, 1990

Glancey, Jonathan
New British Architecture
Thames and Hudson, 1989

Huygen, Frederique
British Design
Image and Identity
Thames and Hudson, 1989

Jencks, Charles
Die Neuen Modernen
Von der Spät- zur
Neo-Moderne
Deutsche Verlags-Anstalt, 1990

Jencks, Charles
Was ist Postmoderne?
Artemis & Winkler, 1990

Jencks, Charles
Die Sprache der postmodernen
Architektur
Entstehung und Entwicklung
einer alternativen Tradition
Deutsche Verlags-Anstalt, 1988

Julier, Guy
New Spanish Design
Thames and Hudson, 1991

Klotz, Heinrich (Hrsg.)
Die Revision der Moderne:
Postmoderne Architektur
1960–1980
Prestel, 1984

Künstler des Bauhauses
Arbeiten von 26 Meistern und
Schülern aus der Zeit von 1919
bis 1983
Kunstverlag Weingarten, 1984

Mauries, Patrick
Fornasetti, Designer of Dreams
Thames and Hudson, 1991

Pasca, Vanni
Vico Magistretti Designer
Ernst & Sohn, 1991

Rogers, Richard
Richard Rogers and Architects
Academy Editions, 1985

Wingler, Hans Maria
Das Bauhaus
1919 – 1933
Weimar, Dessau, Berlin und
die Nachfolge in Chicago
seit 1937
DuMont, 1975

DANKSAGUNGEN

Danksagungen der Autorin

Mein Dank gilt Hilu Ginger für ihre wertvolle Hilfe bei den Recherchen, Graham Bell für das Registerprogramm, meinen Söhnen James und Oliver Niesewand sowie meinem Mann Christopher Ward für ihre Hilfe und Unterstützung.

Gedankt sei ebenso allen Herstellerfirmen, Agenten und Designern, die großzügig eine hervorragende Auswahl an Material zur Verfügung stellten, sowie dem Originalverlag Mitchell Beazley.

Bildnachweis

Die Abbildungen wurden von den Herstellerfirmen und Architekten zur Verfügung gestellt, ausgenommen die folgenden:

Arcaid

Seite 1
Seite 2
Seite 5
Seite 8
Seite 10: alle
Seite 13
Seite 15
Seite 17
Seite 18: 2, 4, 5
Seite 20: 1, 2, 3, 4, 5, 6
Seite 22: 2, 7, 10
Seite 24: 1, 5, 6, 7, 11
Seite 26: 7, 8, 10, 11
Seite 28: 8, 9
Seite 30: 5, 6, 7, 11
Seite 34: 4
Seite 36: 1, 6, 7
Seite 38: 5 , 7, 8
Seite 40: 1, 2, 10, 11
Seite 42: 1, 2, 3, 4, 5, 6, 7, 8, 9
Seite 44: 1, 10
Seite 50: 4
Seite 51
Seite 52: 1, 2, 3, 4, 5, 6
Seite 54: 1, 2, 5, 6, 9, 11
Seite 56: 2, 4, 5, 6, 7, 9
Seite 58: 1, 2, 3, 7, 8, 9
Seite 60: 1, 3, 4, 6
Seite 64: 6
Seite 65
Seite 66: 1, 2, 3, 4, 5
Seite 68: 1, 2, 3, 5, 7, 8
Seite 70: 1, 2, 3, 4, 7, 8
Seite 72: 1, 5, 7, 9
Seite 74: 5, 8, 11
Seite 77
Seite 78: 1, 2, 3, 4, 5
Seite 80: 1, 2, 3, 11
Seite 82: 1, 2, 3, 5, 6, 7
Seite 84: 1, 3, 4, 5, 7
Seite 86: 3, 4, 5, 6, 7
Seite 88: 1, 2, 3, 4, 5, 6, 7
Seite 90: 1, 2, 3, 4, 5, 7
Seite 91
Seite 92: 2, 3, 4
Seite 94: 1, 6, 7
Seite 96: 3, 8
Seite 98: 1, 6, 9
Seite 100: 3, 5, 6, 10
Seite 102: 1
Seite 103
Seite 104: 4, 5, 7
Seite 106: 1, 2, 4, 5, 9, 10, 11
Seite 108: 1, 8, 9
Seite 110: 1, 10, 11, 12
Seite 112: 5, 12
Seite 114: 11
Seite 118: 12, 13
Seite 120: 4
Seite 121
Seite 122: 1, 5, 6
Seite 124: 5, 11
Seite 126: 6, 7, 9
Seite 128: 8, 9, 10, 11
Seite 130: 2, 3, 5, 6, 7
Seite 135
Seite 136: 1, 2, 5, 6
Seite 138: 1, 3, 4, 5, 9
Seite 140: 2, 3, 4, 5
Seite 142: 1, 3, 4, 6, 7
Seite 144: 1, 8
Seite 146: 1, 3
Seite 148: 10
Seite 150: 2, 5
Seite 151
Seite 152: 1, 4, 7
Seite 154: 4
Seite 156: 4
Seite 158: 2, 6, 7, 8
Seite 160: 2, 6, 7
Seite 162: 1, 10, 12
Seite 164: 3
Seite 166: 2, 6